农业生产性服务对农户生产效率的影响及对策研究

田 媛 张永强 著

中国农业出版社

北 京

本书系安徽省教育厅高校人文社会科学重点项目（SK2021A0216）；2022 年度安徽省高校科研计划项目——优秀青年科研项目（2022AH030071）。

前　　言

　　农业生产性服务是促进农业产业链、价值链升级的重要引擎，是实现小农户与现代农业发展有机衔接的重要途径。特别在农业生产所面临的"三量齐增"和"三本齐升"的困局，农业劳动力趋于老龄化和女性化、小农户占比大、土地流转进程缓慢等问题将长期存在，严重影响粮食安全和农业高质量发展，如何突破制约现代农业发展面临的资源约束、劳动力分化、耕地面积减少等各种瓶颈，解决未来"谁来种地""如何种地"等问题十分迫切。目前，农业生产性服务发展势头迅猛，以分工深化和多元主体融合激发的服务规模经济效应逐步显现，农业生产性服务很可能成为破解上述难题的有效路径。政府重视引导发展农业生产性服务，2020年农业农村部发布的《新型农业经营主体和服务主体高质量发展规划（2020—2022年）》提出，农业生产性服务要在破解农村未来"谁来种地"难题的同时提升农业生产经营效率，推动农业农村现代化和乡村全面振兴，明确了农业生产性服务在现行制度背景下的战略地位。基于此，本书需要重点回答以下问题：第一，现阶段农业生产性服务是否发挥了实质性作用真正带动农户高效生产？农业分工深化驱动规模经济增长的内在作用机制如何？第二，农业生产性服务能否缓解农户资源约束，提高要素配置水平？第三，如何采纳服务才能显著提高农户生产效率？未来农业生产性服务模式创新方向是什么？

　　为回答以上问题，本书主要从单要素生产率和生产技术效率两个维度分析农业生产性服务的应用效果，深入阐释农业生产性服务应用对农户要素配置和生产效率的作用机理，考察不同类型服务对农户生产效率的差异化影响，明确不同服务模式的运行特征及其带农高效生产水平。本书主要针对黑龙江省水稻作物进行分析，具体原因在于：第一，黑龙江省水稻种植面积和产量都位居中国产粮大省前列，具有明显的资源优势和稻米产业竞争优势，选择黑龙江省水稻主产区作为研究区域具有典型性和代表性。第二，水稻作物种植环节繁杂，对人力和物力等资本需求较大，亟须借助农业生产性服务转变传统生产经营方式。此外，黑龙江省水稻机械化、规模化经营优势明显，利用农业生产性服务推动技术创新有利于农业转型升级发展。第三，黑龙江省作为全国粳稻第一大省，重视产业链前后端的延伸，致力于生产优质稻米迎合高端消费市场需求，对高端增值服务需求更加强烈，因此，本书针对水稻作物展开深入分析。研究内容及具体研究结果如下。

第一，考察农户采纳农业生产性服务的要素配置效应。分析农业生产性服务应用水平影响农户土地流转、技术投入、劳动力投入和农业资本投入的作用机理，利用工具变量模型、泊松模型、两阶段控制函数模型等探究农业生产性服务应用水平对上述作用机理进行实证检验，考察劳动密集型服务、技术密集型服务和产业链上下游服务对农户要素配置的差异化影响。结果表明：其一，农业生产性服务应用有助于扩大农户土地转入规模、促进技术采纳和降低农业劳动力投入，产生显著的土地规模经营效应、技术改进效应和劳动力替代效应，但农业生产性服务应用对农业资本投入并未产生显著影响。其二，农业生产性服务对农户技术应用水平的促进作用最为显著，其次是土地流转，最后是劳动力投入。劳动密集型环节服务对农户技术采纳和土地流转有显著促进作用，技术密集型环节服务对农户技术采纳有显著促进作用，产业链上下游服务对农户技术采纳和劳动力投入有显著促进作用。

第二，探究农业生产性服务及不同类型服务对农户生产技术效率的差异化影响。基于分工理论、规模经济理论等分析农业生产性服务及不同类型服务影响农户生产技术效率的作用机理，利用多元回归模型、工具变量模型和内生转换回归模型等对上述作用机理进行检验，探索构建农业生产性服务的增产增效机制。结果表明：其一，农业生产性服务对农户生产技术效率有显著促进作用，农户服务参与程度越高，对生产技术效率促进作用越显著；对于实际采纳服务的农户，如果他们未采纳服务，生产技术效率将下降 0.044 5；农户种植经验、家庭借贷情况、家庭总收入、土地细碎化程度对农户生产性服务采纳决策有显著影响。其二，土地流转、技术采纳和劳动力投入三个变量在农业生产性服务影响农户生产技术效率中发挥部分中介效应；土地细碎化程度高、家庭收入水平低、土地经营规模小和农户风险规避意识是影响农业生产性服务应用效果的约束条件。其三，相比未采纳服务农户，农户采纳植保服务和收割服务对生产技术效率的促进效应最明显，其次是耕整地服务、销售服务、插秧服务和农资供应服务，农户采纳育秧服务和施肥服务并未对农户生产技术效率产生显著影响。其四，相比未参与服务农户，产业化服务模式促进农户生产技术效率提升 0.056 3，合作化服务模式促进农户生产技术效率提升 0.050 9，市场化服务模式促进农户生产技术效率提升 0.044 4，产业化服务模式对农户生产技术效率促进作用最强。

第三，探究农业生产性服务应用对农户单要素生产率的差异化影响。分析农业生产性服务应用对农户单要素生产率的作用机理，运用超越对数随机前沿生产函数测算农户耕地利用效率、劳动生产率和化肥投入效率，利用工具变量模型和多值处理效应模型对上述作用机理进行检验，利用回归调整方法分析各单要素生产率对农户生产技术效率的贡献程度。结果表明：其一，农业生产性服务应用水平对农户耕地利用效率、劳动生产率和化肥投入效率均有显著正影响。其二，各单要素生产率对农户生产技术效率的贡献度存在显著差异，耕地利用效率对农户生产效率贡献度最大，其次是化肥投入效率，最后是劳动生产率；合作化服务模式对农户耕地利用效率和劳动生产率促进作用最显著，产业化服务模式对农户化肥投入效率促进作用最显著。

结合以上研究结果，本书得到以下研究结论：第一，农业生产性服务能够有效缓解农户面临的土地约束、技术约束和劳动力约束，提高农户要素配置水平，有助于转变农户传统生产经营方式。第二，农业生产性服务应用通过改变农户要素配置水平进而影响生产技术效率，大规模、高收入、风险偏好型农户采纳服务能够获得显著的分工收益；水稻植保服务和收割服务的市场供给有效性较高，水稻育秧服务和施肥服务的市场供给有效性较低；产业化服务模式通过一体化管理、产业链服务供给和服务联结机制创新带农高效生产能力最强。第三，农业生产性服务应用对耕地利用效率和化肥投入效率的改善程度最明显，农业分工深化后，土地和化肥资源利用水平明显提升；产业化服务模式具备供给一体化服务和创新服务联结机制的内在组织优势，对农户化肥投入效率促进作用最明显。

结合以上研究结论，从农业服务供给内容、农业服务与要素市场建设、农业服务模式创新和农户服务采纳认知四方面针对性提出相应政策建议。第一，强化高质量、低成本服务的有效供给，主要从构建多元化多层次服务体系、培育农业服务领域专业人才、完善农业生产性服务市场建设三个维度阐述。第二，完善农业要素市场建设，主要从推动土地连片流转规模化经营、优化农村劳动力非农就业环境和创新农业技术服务推广方式三个维度阐述。第三，引导农业服务模式创新发展，主要从推动传统服务模式转型升级、构建紧密的农业服务联结机制和强化对规范型服务组织扶持三个维度阐述。第四，增强农户对农业生产性服务经济价值和环境价值的认知，主要从强化农业生产性服务应用的信息渠道建设和发展农业公益性服务辅助经营性服务供给体系两个维度阐述。

　　本书由安徽财经大学金融学院田媛、东北农业大学经济管理学院张永强著，其中，田媛负责撰写全文，张永强对其进行指导，提出宝贵意见。专著可作为农业经济学课程参考教材及课后延伸读物。

著　者
2023 年 10 月

目　　录

第一章 引 言

生产效率是经济学最核心的内容，特别在农业生产中，如何投入最少的农业资源获得最大的产出成为保障国家粮食安全、推动农业可持续发展的关键。传统粗放型农业生产模式难以实现生产效率最优，而农业生产性服务的引进在优化要素配置和改变传统经营方式上发挥显著成效。本章节通过厘清农业生产性服务发展历程及其带来的实际影响，为后面章节构建农业生产性服务影响生产效率的理论框架奠定坚实基础。

第一节 研究背景

自实行家庭联产承包责任制以来，农户自主经营的种粮积极性大大提高，农业生产力得以释放，农民温饱问题得以解决，但同时也引发了农户小规模分散经营的弊端，小农户面临市场风险大、要素利用率低、标准化水平弱等诸多挑战，引发分散小农户与社会化大生产之间的矛盾，制约了小农户与现代农业发展的有机衔接。现阶段，农业现代化发展核心战略由"去小农化"向"再小农化"政策变迁，我国承包耕地农户共 2.07 亿户，通过土地流转经营 30 亩①以上的农户仅占全国农户总数的 5%，如何转变传统小农户生产经营方式，提升小农户内生发展能力对于推进农业现代化发展具有极其重要的意义。通过土地流转实现规模经营是再造中国"小农经济"的主要策略，但是其面临挑战也逐渐增多：一方面，由于土地产权不稳定增加了农户土地流转交易成本和经营风险；另一方面，农地流转面临体制性约束不断增强，从土地社会保障功能和乡土情怀的角度看，容易激发农户资源禀赋效应弱化土地流转进程。因此，构建完善的农业社会化服务体系，通过农业分工深化推动服务规模经营，对于促进小农户与现代农业有机衔接具有必然逻辑性。特别在农业生产面临"三量齐增"和"三本齐升"的困局，农业生产性服务很可能成为突破多重农业资源约束、打破小农传统经济结构、提高规模经济效应的重要驱动。基于此，政府出台一系列政策推动农业生产性服务快速发展。2017 年农业农村部出台《关于

---

① 亩为非法定计量单位，1 亩≈667 米²。下同。——编者注

加快发展农业生产性服务业的指导意见》《农业部办公厅关于大力推进农业生产托管的指导意见》等，指出要加快培育各类农业服务组织，大力开展面向广大农户的农业生产性服务，重点支持薄弱环节服务供给。党的十九大报告指出，"健全农业社会化服务体系，实现小农户和现代农业发展有机衔接"，加快培育多元化、专业化、市场化的服务组织，促进传统小农户向现代小农户转变。2020 年中央 1 号文件《中共中央、国务院关于抓好"三农"领域重点工作确保如期实现全面小康的意见》中强调将"健全面向小农户的农业社会化服务体系"作为农村重点改革任务。2020 年农业农村部发布的《新型农业经营主体和服务主体高质量发展规划（2020—2022 年）》提出，农业生产性服务要在破解未来"谁来种地"难题的同时，提升农业生产经营效率，推动农业农村现代化和乡村全面振兴。在政策引导下，农业生产性服务规模不断扩大。截至 2019 年，全国农业生产托管服务面积超过 15 亿亩次，其中服务粮食作物面积达 8.6 亿亩次，服务带动小农户超 6 000 万户，占全国农业经营户的 30%。

政府开展一系列政策措施扶持发展农业生产性服务，那么农业生产性服务是否发挥了实质性作用真正带动农户高效生产呢？农业分工深化驱动规模经济增长的内在作用机制如何？农业生产性服务能否缓解农户资源约束，提高生产效率？农业服务市场与要素市场的相互关联机制如何构建？采纳怎样的服务、如何采纳服务才能显著促进生产效率提升？农业服务交易联结机制如何优化……以上问题在现有研究中缺乏系统全面的理论分析和实证检验，特别对于生产环节繁杂的水稻作物，对人力和物力等资本需求大，对农业生产性服务需求更加迫切。此外，稻农采纳服务程度低且服务交易关系不稳定、服务质量难以保证等问题突出，有必要针对水稻作物进行深入分析。基于此，本书以黑龙江省水稻主产区作为样本区域，基于分工理论、规模经济理论等深入分析农业生产性服务应用水平对农户生产效率的作用机理，考察不同类型服务对农户生产效率的差异化影响，明确不同服务模式的运行特征及其带农高效生产的水平，进而找到壮大农业服务外包市场的实施策略，发现多元服务主体合作共赢的有效服务模式，降低薄弱环节服务供给风险，最大程度保障粮食安全，推动农业高质量发展。

第二节　研究目的

总体目的基于纵向维度，从生产技术效率和单要素生产率两个方面构建农业生产性服务应用影响农户生产效率的理论框架，并分析农业生产性服务应用对农户要素配置的作用机理。基于横向维度，比较分析农户采纳不同类型服务、参与不同服务模式产生的生产效率差异，考察不同类型服务、不同服务模式影响农户生产效率的作用机理。通过理论框架构建和实证检验得到应用农业生产性服务的增产增效机制，发现农业生产性服务模式的优化路径，并就下一步深化农业生产性服务市场发展方向和措施提出建设性意见。具体目标如下。

第一，探究农业生产性服务对农户要素配置的影响。分析应用农业生产性服务对农户土地流转、技术采纳、劳动力投入和农业资本投入的作用机理，深入了解农业生产性服务应用与农户要素配置之间的逻辑关系，考察不同类型服务对农户要素配置的差异化影响，明确农业生产性服务应用在缓解农户资源约束、优化要素配置结构方面的重要作用。

第二，探究农业生产性服务对农户生产技术效率的影响。分析农业生产性服务及不同类型服务影响农户生产技术效率的作用机理，比较分析农户采纳劳动密集型环节服务、技术密集型环节服务和产业链上下游服务产生的技术效率差异，考察不同类型服务供给有效性；分析不同服务模式的运行特征及带农高效生产水平，探究农户参与不同服务模式对生产技术效率的差异化影响；分析农业生产性服务对不同类型农户生产技术效率的影响，明确提升农业生产性服务应用效果的内在约束条件。

第三，探究农业生产性服务对农户耕地利用效率、劳动生产率和化肥投入效率的影响。分析农业生产性服务应用对农户单要素生产率的作用机理，探究各单要素生产率对生产技术效率的贡献度，考察应用农业生产性服务对单要素配置的驱动效果。比较分析农户参与不同服务模式对单要素生产率的差异化影响，明确不同农业生产性服务模式的优化路径和适用条件。

第四，依据理论分析和实证检验结果，找到壮大农业生产性服务市场的实施策略，提出激发显著分工经济效应的政策目标、具体实施路径和配套制度支持体系。

第三节 研究意义

探讨农业生产性服务对农户生产效率的影响具有重要的理论意义和现实意义，拓展了分工理论和农户行为理论体系，推动农业现代化的快速发展。

一、理论意义

第一，通过构建"农业生产性服务应用—农户要素配置"的理论框架，厘清农业生产性服务应用对农户土地流转、劳动力投入、技术采用和农业资本投入的作用机理，估计采纳农业生产性服务产生的要素配置效应，丰富家庭效用函数等相关理论的扩展应用。考察农业生产性服务影响农户生产效率的传导路径，进一步扩展农户行为理论的应用范围。

第二，研究通过比较分析不同服务模式的运行特征及带农高效生产水平，考察市场化服务模式、合作化服务模式和产业化服务模式对农户生产效率的作用机理，探讨不同服务模式运行机制的差异，明确创新农业服务模式的路径选择，有助于完善分工理论和产业组织理论在农业领域中的扩展应用，为构建农业生产性服务应用效果的理论框架进行有益补充。

二、实践意义

第一，通过探究农业生产性服务应用对农户生产效率的影响及传导机制，评估应用农业生产性服务在转变农户传统生产方式、推进农业现代化发展中发挥的重要作用，有助于形成农业生产性服务长效发展机制，为确保服务供给质量、提升服务规模经济等相关政策制定提供参考。

第二，通过厘清农业生产性服务应用与农户要素配置之间的逻辑关系，发现农业生产性服务在缓解农户资源约束、提高农户要素配置水平方面的作用路径，有助于明确农业生产性服务高质量发展等相关政策制定的推进重点，针对性地提出关于完善农村基础设施、优化农村要素市场等配套支撑体系建设的政策建议。

第三，通过农户参与不同服务模式对生产技术效率和单要素生产率的比较分析，明确未来农业服务模式的创新路径选择，有助于设计优化农业生产性服务市场的实施方案，相关成果不仅可以为农业生产性服务领域提供新的经验证据，澄清理论界一些旧有的模糊认识，而且可以为政府决策提供理论基础和实践启示。

第四节　国内外研究综述

为了厘清国内外关于农业生产性服务与生产效率的研究现状，本节从农业生产性服务内涵、服务交易成本及其对农业生产的影响几方面展开文献综述。

一、国外研究综述

1. 农业生产性服务内涵及影响因素分析

（1）农业生产性服务内涵及功能的相关研究。生产性服务业在二战后兴起并发展，Greenfield 等（1966）和 Benjamin 等（2018）认为生产性服务是向生产者而非最终消费者提供的服务和劳动产品。生产性服务覆盖行业范围大，包括金融、法律、商务、保险、物流等诸多行业的服务产业。Cherukuri 等（2014）认为农业生产性服务行业是协助完成农业产前、产中、产后各环节作业的服务行业，是农业发展的第三次动能。Postner 等（1982）研究发现农业生产性服务业快速发展助推农业经济水平不断提升。Kenneth 等（1998）认为农业生产性服务业投入越多，农业全要素生产率提升效应越明显。Goe 等（2002）认为农业生产性服务发挥了助推农业产业集群的重要作用，有效协调农业产业链，能够提高农业整体运行效率。国外研究中认为生产性服务与外包两个概念具有紧密的联系。Krugman 等（1996）和 Arndt 等（2001）强调外包主要包含制造外包和服务外包两部分，其中，制造外包是指生产过程转移到其他主体上，服务外包是指某环节服务内容的转移，如财务业务的转移、人事业务的转移等。可知，农业生产性服务外包具体指农户通过购买服务将部分生产环节转移给外包者，以实现农户资源的合理配置。

（2）农业生产性服务采纳行为的影响因素研究。国外学者对于农业生产性服务采纳行为影响因素的相关研究主要从农户资源禀赋、外部环境和服务成本收益几个维度展开。在农户资源禀赋方面，Gianessi 等（2005）认为农户家庭劳动力投入不足、雇佣劳动力成本高是促使农户采纳有机农业服务的关键因素，美国较高的工资水平也有助于促进农户采纳有机农业服务。Kruseman 等（1998）采用 Tobit 回归模型估计发现牛奶收入占比、家庭经营规模、非农就业时间显著影响牧场主在牧草种植环节外包决策。Davis 等（2012）在对比分析荷兰农场主与日本小农户的农业生产性服务外包水平时，发现荷兰农场主购买服务支出比例大，因为荷兰农场主经营规模大，能够利用服务弥补劳动力不足的困境。Machila 等（2015）通过分析小农户参与农业推广服务所带来的经济效益，发现经营规模对农户采纳农业推广服务有显著正影响。在外部环境方面，Fan 等（2017）实证分析信息通信技术对小农户参与农业服务市场的影响，发现互联网和电话的快速发展对小农户参与农业服务市场具有促进作用，并且产生积极的溢出效应。Yang 等（2017）利用贝叶斯空间杜宾模型分析新西兰奶农采用管理实践服务的影响因素，发现新西兰奶农采纳管理实践服务存在空间依赖性，社会网络关系和信息获取渠道是农民采用管理实践服务的决定因素。Wollni 等（2017）认为社会规范、信息传递等因素对农户采纳有机农业推广服务有显著推动作用。Keil 等（2015，2016）探究印度东部地区农户采用免耕技术服务的决定因素，农户社会网络通过提升农户免耕技术服务采纳认知、降低小型农户服务交易成本，促进农户采纳免耕技术服务。在服务成本方面，农业生产过程中交易成本与管理成本的比较是影响服务外包决定的关键，如果内部管理经营成本小于交易成本，农户倾向选择独自经营，如果内部经营成本大于交易成本，生产者倾向选择外包。Gillespie 等（2010）分析美国西部地区牧场主采纳青贮饲料供应服务的影响因素，发现降低初始投资成本是促进牧场主采纳饲料供应服务的重要考量因素。Grossman 等（2008）认为农业生产性服务采纳行为决策归根到底是出于成本和利益考虑的结果，采纳服务面临的成本约束主要包括运输成本、信息交流成本和潜在风险成本等。

2. 农业生产性服务对农业生产的影响研究

（1）农业生产性服务对生产效率的影响研究。Sattaka 等（2017）认为农业生产性服务对农户生产效率和收入影响差异显著，难以获得统一的结论，主要原因在于受到地理条件、村庄经济环境、农户个体特征及家庭特征异质性的影响。Gorg 等（2004）和 Egger 等（2006）认为农户采纳生产性服务通过嵌入先进技术实现专业化分工，提高要素产出率，激发要素替代效应，对生产率有显著促进作用。Picazo 等（2006）探究了生产性服务对西班牙柑橘种植户技术效率的影响，并发现农户采纳农业生产性服务和技术效率之间存在显著正向关系。Ragasa 等（2018）利用倾向得分匹配法发现签订书面合同的生产服务外包计划能够提高加纳农户采纳农业新技术的概率，有助于农业总产量稳定提升，但是对盈利能力产生显著的负面影响，原因是采纳新技术的交易成本和投资成本高。Riera 等（2016）比较采纳轮作技术服务的蓖麻农户与未采纳服务农户的生产效率与家庭收入，发现进行蓖麻轮作地块的农户的生产效率与收入显著高于未进行轮作蓖麻地块的农户。Kassie 等（2011）分析农户参与服务组织进入市场的绩效，发现服务组织可以改善小农户进入市场和采纳农业技术的途径，降低交易成本，提高农户整体收益，建议培育农业服务组织要注重提升社会效益贡献度、培育声誉信誉机制等。Liu 等（2018）通过构建农业分工与合作统一的研究框架，得到农户参与分工合作能够提高生产迂回程度，有助于推进整体生产效率的提升。从要素供给视角发现，粮食种植过程中农业生产性服务显著改善了农户行为决策的外部条件，使其扩大土地经营规模成为可能，激发显著的规模经济效应。Paudela 等（2019）研究发现农业机械服务有助于扩大土地经营规模，保证粮食安全和农户收入水平的提升。Gebrehiwot（2015）认为农业生产性服务能够有效推动农业技术进步，实现以资本对劳动力的替代，产生成本节约效应，提高整体生产效率。Wossen 等（2017）认为农户与服务主体可以建立生产合作关系，通过部分环节服务外包转变为农业生产投资主体，激发规模经济效应，促进先进技术的应用和生态效益的提升。Mfitumukiza 等（2020）认为乌干达国家农业咨询服务对农户家庭收入具有显著促进作用。Lyne 等（2017）研究发现由农业企业、非政府组织、服务机构提供的农业推广服务对农户家庭收入及净收入具有显著正影响。Quark

（2019）利用 PSM 倾向得分匹配法发现农业推广服务可以提高农民收入，并创造就业机会，同时农业推广服务能够传播有效信息、开展技术培训和提供参与激励措施等，提高农户生产技能水平。Mi（2020）研究农业服务外包对农户福利的影响，发现购买农业服务能够通过增加家庭收入、提高消费者支出和改善劳动简易性来提升小农的福利。Elias 等（2013）通过对埃塞俄比亚小农户参与农业推广服务效果的研究，发现农业推广服务对带动小农户收入水平提高有显著促进作用。Bachke（2019）基于莫桑比克农户调查表明，农户参加合作组织有助于提升信息获取能力以及释放增产潜力，显著提高农户福利水平，包括家庭财富价格和食品消费等。Kakabadse 等（2000）指出农业服务之所以赢得农户认可的关键在于高水平高质量技术服务的输出，提高农户经营管理水平，农户服务市场参与度提升，有助于扩大产出增量，激发规模经济效应。Githiomi 等（2019）分析了农户采纳病虫害防治服务产生的经济收入及溢出效应，结果表明，农户采纳病虫害防治服务提高了柑橘和木瓜的平均毛利率约38％和27％，同时发现农户采纳病虫害防治服务具有跨商品、跨地域、跨时间溢出效应。

（2）采纳不同环节服务对农业生产的差异化影响。Baiyegunhi 等（2019）认为采纳不同环节服务的福利效应存在差异，稻农采纳产前和产中环节的知识技术服务对家庭收入、消费支出和劳动便利均有显著影响。Wolf（2003）基于美国奶牛养殖过程的实际调研，发现牧场主会将饲养环节外包出去，将繁重的母牛饲养任务交给其他农户，便于缓解自身劳动力投入的不足，有助于牧场主扩大养殖规模，提高农业收入和生产效率。农业生产中采纳育种、施肥服务等技术密集型服务有助于激发技术改进效应，促进农业产量提高和生产效率改善。Keil 等（2016）认为在劳动密集型环节采纳农机服务，与家庭自有劳动力投入相比，更有可能造成效率损失，原因在于农机服务本质为雇工劳动。Picazo 等（2019）认为劳动集约型和资本集约型服务对农户生产率均有显著促进作用。不同规模、不同收入水平的农户进行分工合作都有助于促进生产效率的提高。

3. 农业生产性服务交易成本的相关研究

Alexander（2001）认为分工与市场容量存在相互性，分工深化扩大市场容量的同时伴随交易成本的增加，从农户的视角，与服务能力较强的服务主体合作，有益于降低小麦等农作物的交易成本。Wander 等（2004）认为牧场主进行服务交易的过程中会明显意识到交易成本的存在，通过签订合同的契约方式实现最终总成本（即交易成本和生产成本）最小化，有助于增强牧场主采纳服务的信心。Grover 等（1996）研究发现，服务契约安排、服务双方的信任对于稳固服务交易稳定性至关重要。Khan 等（2019）分析了合同农业对巴基斯坦土豆种植户和玉米种植户的收入和生产率的影响，发现签订合同的农户倾向于雇佣各种服务，促进先进技术的嵌入，对劳动力市场产生显著的积极溢出效应，降低了农户对接市场的交易成本。Kleemann 等（2015）认为服务交易中正式契约通过降低交易成本能够产生显著的经济效应，促进人均经营收入稳步提升。在市场经济环境下，共有产权和政府经营并非农业机械化发展的最有效途径，私人产权与契约合作下的市场化农机服务是小规模农户实现农业机械化的有效经济方式，因为显著降低了双方信息不对称和机会主义行为。Kadhim 等（2018）认为稻农购买农业机械服务注重对交易成本的考察，特别对于与服务相关的信息搜寻、服务交易协商和服务质量监督等过程，其中，服务质量监督成本是影响农户雇佣服务决策的最关键因素，同时，文化素质较高、耕地面积大于等于 3.75 公顷、收入水平较高的农民更容易意识到交易成本显著影响农户采纳服务行为的决策。Oliveira 等（2018）探究巴西咖啡种植户购买机械服务面临的交易成本，认为签订服务外包合同是降低资产专用性和外部不确定性的有效途径，农场规模、优质咖啡产量、服务供应商类型是影响农户签订服务外包合同的关键因素。

二、国内研究综述

1. 农业生产性服务内涵及影响因素分析

（1）农业生产性服务内涵及外延。2015 年 12 月发布的《国务院办公厅关于推进农村一二三产业融合发展的指导意见》，首次提出"发展农业生产性服务业"，意味着农业生产性服务业已成为农业现代化发展的战略核心，成为推动农村一二三产业融合、促进农业规模经营、完善农村双层经营体制的重要引擎。姜长云（2020）认为农业生产性服务是指在农业生产过程中被用于中间投入的服务。张红宇（2019）认为，农业生产性服务业是指直接或间接帮助农业经营主体完成农业生产各个环节作业的社会化服务。冀名峰（2018，2019）认为农业生产性服务业是指"下地干活"那部分社会化服务，真正帮助农民解决"谁来种地、如何种好地"的问题。庄丽娟等（2011）认为农业生产性服务主要分为产前良种培育以及农资供应服务，产中农技推广、信息咨询、病虫害防治等，产后运输、包装和销售等服务。关于农业生产性服务的内涵，现有研究主要聚焦于农业生产性服务的本质属性、功能定位及作用等方面。冀名峰（2018，2019）认为农业生产性服务业聚集大量现代生产要素，有能力提供技术研发、科学管理、农产品销售、品牌打造、信贷保险和物流等农业全产业链的服务，推进了社会化分工的深化发展。罗必良（2017，2020）认为农业生产性服务通过促进农户参与社会化分工体系，推动农业生产外部规模经济。张露等（2019，2021）认为农业生产领域的专业化服务是引导小农生产进入农业产业化和现代化发展轨道的重要路径。在功能定位方面，农业生产性服务能够有效缓解农业劳动力不足、农村劳动力老龄化等约束，及时在春耕秋收时节进行耕作，避免集中用工不足等问题。农业生产性服务能够缓解技术障碍，便于将如技术、信息等现代生产要素嵌入农业生产中，提高农业产量的同时产生显著的技术溢出效应。农业生产性服务有助于降低土地细碎化程度，促使小农户有机联合，提高农户组织化水平，产生显著的规模效益，推动服务规模经营。

（2）农业生产性服务采纳行为的影响因素研究。国内学者聚焦农业生产性服务采纳行为的研究主要从农户资源禀赋、外部环境等方面展开。在农户资源禀赋方面，农村劳动力雇佣成本高、家庭劳动力老龄化成为促进农户购买农机服务的重要因素。农户家庭面临资金约束越强，采纳农机服务概率越大。蔡键等（2017，2019）运用多元 Logistic 模型得到农村劳动力外出务工引致的劳动力雇佣成本提高、农户经营规模过小是导致农机服务外包行为的根本原因。杨宇等（2018）分析了土地细碎化对于农户采纳农机服务造成的规模效应、阻隔效应和结构效应，得到土地细碎化增加了农机服务作业成本，改变了种植作物品种结构，造成耕作时间差异化，降低农户采纳农机服务概率。申红芳等（2014，2015）、陈品等（2018）认为农户特征、要素禀赋、社会化服务程度、政策环境等因素对水稻生产环节外包行为有显著影响，农户年龄对劳动密集型环节服务外包有显著正影响，农户家庭收入水平对技术密集型环节外包有显著正影响。孙顶强等（2016，2019）研究病虫害防治服务外包决策的影响因素，得到农户中毒经历、风险规避程度和农场规模增加了农户采纳病虫害防治服务的概率。苏卫良等（2016）学者认为农户家庭非农就业对农机服务投入有显著正影响，揭示了应用农机服务能够产生劳动力替代效应。在外部环境方面，刘家成等（2019）基于劳动分工视角探究农业生产服务外包行为决策机制，发现外部非农就业机会越多，农户采纳生产性服务的概率就会增加，说明农户是否采纳服务是在充分权衡服务成本收益之后做出的理性决策。李宁等（2019）分析农地确权对农业机械化选择的影响，认为农地经营权的细分为农户采纳农业机械服务提供更多制度空间，应降低农户参与服务市场的交易成本。段培等（2017）认为服务市场价格、本村有无专业服务中心等环境因素对农户采纳服务具有显著影响。胡新艳等（2015，2020）认为资产专用性越强、农业经营风险越大、生产环节劳动密集程度越高对农业分工的促进作用越显著。

2. 农业生产性服务对农业生产的影响研究

（1）农业生产性服务对农户生产效率的影响研究。关于农业生产性服务对农户生产效率的影响，生产效率的衡量指标通常以土地产出、农业技术效率、农机作业效率、农业生产效率、成本效率、低碳生产效率等表示。潘经韬等（2018）利用 DEA-Tobit 模型得到农机作业服务对机械作业效率具有显著促进作用。孙顶强等（2016）通过研究发现整地服务和插秧服务能够显著提升水稻生产技术效率，病虫害防治服务能够降低水稻生产技术效率，揭示服务环节劳动监督成本高对技术效率的抑制作用大。杨子等（2019）分析农业生产性服务对农业生产效率的影响，得到小农户与规模经营主体存在技术选择、外部交易成本与地块规模等方面的差异，社会化服务对小农户技术效率的提升作用低于对规模经营主体的提升作用。杨万江等（2017）认为田间管理服务对种植面积小于 80 亩的农户的生产技术效率有提升作用，而种苗供应服务对种植面积大于 80 亩的农户的生产技术效率有提升作用，说明不同环节服务与土地经营规模有显著的匹配关系，扩大土地经营规模和扩大服务市场容量都是实现农业规模经营的有效方式。陈品等（2018）研究发现病虫害防治过程中农时管理不及时对最终产出有显著影响，农户采纳病虫害防治服务能够缓解农时延误对产量的负影响，但同时发现小范围服务外包容易产生作业监督难度大、作业标准化等问题，建议扩大服务需求，催生服务外包市场，培育生产性服务组织的同时，还要推进土地规模经营进程。刘强等（2017，2018）发现金融保险服务、技术服务、机械服务和加工销售服务等对于提高农户成本效率具有显著促进作用，但农资供应服务并未对农户成本效率产生正影响，说明农资供应商等服务主体应该重视投资成本过高的问题。梁志会等（2019，2020）认为雇工服务和农机服务对水稻低碳生产效率具有显著促进作用，但容易增加碳边际减排成本，揭示采纳农业服务能够产生显著的生态效益，但存在较高的成本约束。农业生产性服务主要通过激发技术改进效应和劳动力替代效应进而提高农业产量，增加农业经营性收入。曹光乔等（2019）认为确保秸秆还田服务效果的关键在于补贴激励与可靠的熟人关系，便于服务组织与农户交换市场信息资源，降低服务交易成本，提高农户生产效率。宋震宇等（2020）认为农业分工深化促进生产效率提升，而且分工深化在规模经营与生产效率之间具有显著调节作用。

（2）不同环节服务对农业生产的差异化影响研究。新古典经济学的代表人之一萨伊（Say）根据要素密集度和依赖度，将生产过程分为资本密集型、劳动密集型和技术密集型。曹峥林等（2017）从交易成本的视角指出，相较于劳动密集型服务应用，技术密集型服务应用效果对区域经济发展水平、农业补贴比例等外部环境有着更高的要求。申红芳等（2014，2015）研究发现农户采纳技术密集型环节服务对技术效率促进作用更显著，从单个环节看，植保环节和育苗环节服务外包对技术效率的影响显著。张忠军等（2015）认为农户选择劳动密集型环节服务并未对水稻生产效率产生影响，而农户选择育秧、无人机植保等技术密集型环节服务能够显著提高水稻生产效率，原因在于劳动密集型环节服务主要包括农机服务，农机服务能够有效替代自家劳动力投入，节约劳动力投入对生产效率影响较弱，而技术密集型环节服务通过转变农户传统生产方式，对水稻生产效率的影响可能相对较大。林俊瑛（2019）发现烟农采纳劳动密集环节服务的技术效率略高于采纳技术密集环节服务的生产效率。王志刚等（2011）认为推动农业规模经营发展，一定要从重点推广劳动密集型环节服务延伸到技术密集型环节服务再到全环节服务的方向转变。

（3）关于农业生产效率影响因素的相关研究。农户特征、家庭经营特征、外部环境等因素是影响农业生产效率的关键因素。李霖等探究菜农参与不同产业组织模式对生产技术效率的影响，发现农户蔬菜种植年限、受教育程度、家庭人口数量、参与技术培训次数和气温波动对生产技术效率有显著负影响。黄莉等（2017，2019）实证分析发现户主文化程度、家庭固定资产总价值和家庭总支出对农户生产效率有显著正影响。廖文梅等（2020）通过研究发现户主年龄和地块数量对农业生产效率有显著负影响，户主是否为村干部、农业设施价值对农业生产效率有显著正影响。耿鹏鹏（2021）实证分析发现村庄有非农经济促进农户生产效率显著提升，村庄统一提供农资供应服务、技术培训服务对农户生产效率有显著负影响。

3. 农业生产性服务对农户要素配置的影响研究

姜松等（2016）认为农业生产性服务通过推进农业分工深化，显著降低交易成本，推进土地规模经营，实证分析发现灌溉服务、机耕服务、病虫害防治服务和种植规划服务对土地规模经营有显著正影响，但农资采购服务和劳动力外出服务对土地规模经营并未产生显著影响。杨万江等（2017）实证分析了稻农兼业、生产性服务与水稻种植面积决策之间的关系，得到农户兼业能够产生显著的投资效应和劳动力流失效应，农户兼业增加农业服务投资需求，便于扩大农户的种植规模。杨子等（2019）从缓解农户资源禀赋约束视角出发，分析农业生产性服务外包对土地规模经营的作用机制，得到农业生产性服务外包能够缓解农户资金约束、劳动力约束和技术约束，进而扩大土地经营规模。翁贞林等（2019）探究采纳不同环节服务对农户转入土地的影响，实证分析得到采纳整地和收割环节服务有助于促进农户转入农地，采纳插秧和烘干环节服务对农户转入土地影响不大。洪炜杰（2019）认为服务外包市场发展水平越高，激发大规模农户对土地的转入，抑制小规模农户对土地的转入，农机服务外包能够有效替代劳动力，影响要素配置结构，转变农户生产经营方式。陈超等

（2012，2020）通过构建生产性服务外包影响农户土地转入的理论框架，发现生产性服务外包对小农户转入土地有显著抑制作用，对大农户转入土地有显著促进作用，采纳技术密集型环节服务显著抑制小农户转入土地的规模，促进大规模农户转入土地比例。

4. 农业生产性服务交易成本的相关研究

已有文献主要从扩大服务市场、增加农户社会资本、推进村庄集体行动、强化契约约束四个方面探究降低农业服务交易成本的相关研究。蔡荣等（2014）指出，只有在交易成本较低的情况下，服务外包才会被选择。仇童伟等（2018，2019，2020）发现做出是否采纳农业生产性服务的行为决策主要取决于采纳服务和自主经营的交易成本比较。马九杰等（2019）认为农户采纳农业服务，由于信息不对称和监督困难，容易出现机会主义行为或者"敲竹杠"行为，形成较高的交易成本，导致服务效率低下。在服务市场方面，杨丹（2019）认为农业社会化服务市场竞争越激烈，合作社越倾向以较低的服务价格、创新的服务模式争夺企业市场份额，降低服务交易成本，有助于农户总福利的提升。杨进等（2019）将服务看作农业生产过程的中间产品交易，认为个体参与社会化分工水平越高，生产性服务外包需求增加，服务市场规模扩大，服务交易成本降低，服务交易效率得以提升。在农户社会资本方面，钟真等（2019，2020）认为社会网络不仅可以拓展农户信息获取渠道，整合分散的土地资源，还可以降低农机服务交易成本，提升整体服务效果。社会资本包括社会信任、社会制度、社会网络等维度，其在协调农户间的合作、降低交易成本方面具有重要作用。张士云等（2020）认为种粮大户积累的社会资本能够抑制雇工服务中的机会主义行为，其中网络、组织和集体行动三个维度的社会资本对雇工服务中机会主义行为有显著的抑制作用，对生产效率有显著的促进作用。在村庄集体行动方面，刘家成等（2019）从水稻生产环节外包角度分析中国分散农民集体行动难的原因是协调与交易成本高，具有良好信任程度和村民自治程度的村庄对农户采纳服务的集体行动有显著调节作用。章仁俊等（2007）认为成员间稳定的信任机制有助于构建群体内部的道德体系，并在多次交易中转化为共同行动和集体决策，交易成本得以降低，形成有效的分工协作。在契约约束方面，美国经济学家威廉姆森认为签订时间较长的契约更有助于促使服务方增加物质资产、人力资产等专用性投资，合作交易中的声誉机制能够规范双方交易行为，禁止发生违背契约的行为。科斯提出，市场长期契约和声誉资本通常可以避免服务交易中的"敲竹杠"行为，揭示农业服务交易双方形成长期契约关系便于规避机会主义行为和不确定性。毛慧等（2018）认为契约农业弱化了农户生产风险与销售风险，应降低搜寻成本和谈判成本，提高农户采纳技术服务和培训服务的概率。农户签订书面契约为了获取更先进的生产技术与服务，稳定的契约关系便于提升农户技术创新能力，缓解资金与信贷约束，帮助其降低市场风险与交易成本。蔡键等（2017，2019）从服务主体视角出发，通过委托代理理论分析农机手机会主义行为的产生机理，得到与农户签订契约、引入中介组织能够降低农机手的机会主义行为，揭示如何降低交易成本与风险是促使小农户采纳农机服务的关键问题。刘波等（2016）认为关系契约对服务外包效果的影响大于正式契约的影响，其中关系契约中社会信任及合作伙伴关系起到至关重要的作用。

5. 农业生产性服务模式的相关研究

关于农业服务模式的研究主要运用案例分析法对典型服务模式进行分析，利用计量方法进行分析的研究相对较少。穆娜娜等（2019）运用案例分析法分析仁发合作社垂直一体化服务模式和新田地合作社契约协作服务模式的运行特征，发现有部分环节服务需求的农户倾向选择契约协作服务模式，完全脱离农业的农户倾向选择垂直一体化服务模式。垂直一体化服务模式和契约协作服务模式能够解决信息不对称的问题，优化生产组织方式，显著降低交易成本，提高服务质量，同时提升农户采纳多环节服务的积极性。农业社会化服务模式是促进小农户融入现代农业的有效载体，作为以经济利益为纽带衔接农业生产各环节的服务组织形式，不仅实现资金、土地、技术、人才等生产要素的有效匹配，而且为下游销售端提供高质量的原材料，增加农产品整体附加价值，提升农业产业链运行效率。随着农业社会化服务模式不断优化，服务模式的垂直一体化协作程度不断增强，降低服务交易成本的同时有助于获取服务规模经济，大大提升农业生产效率。大多数研究基于理论分析或者实践案例得出农业社会化服务模式通过提供优质农资、技术推广和指导、良好的销售渠道等，规范农户生产行为，对降低农户经营成本、提高农业生产效率、增加农户总收益具有积极作用。也有研究聚焦某一种服务模式，探讨其运行绩效，张琛等（2020）通过对全托管服务模式的案例分析，发现服务主体资源整合能力越强、所处地理环境更优越、服务市场容量更大，便于扩大服务交易半径，提高全托管服务模式绩效。土地托管模式重构服务交易的供给端和需求端，通过市场下沉和组织化程度提升激发服务规模经济效益。赵祥云（2020）通过分析西安土地托管模式的治理结构，认为土地托管模式的稳定性需要正式合约与关系治理结构发挥协同作用，进而提高农户组织化程度，降低服务交易成本。韩春虹等（2020）认为产业服务组织模式通过聚集资本实力和市场势力，实现资金融合、品牌融合和服务联合，延长农业产业链，有助于提高小农户粮食产出和生产效益。温日宇等（2019）发现全产业链服务模式让农户平均增收 3 000 多元/公顷，增收效应主要来源于规模化订单、标准化管理和品牌化营销。冀名峰（2018，2019，2020）认为农业生产托管是服务规模经营的主要形式，具体分为全托管服务模式、多环节托管模式、劳务托管模式、订单托管模式等，发展多元托管模式、培育托管服务组织是推进农业规模经营的重要途径。

三、国内外研究述评

综上所述，国内外学者围绕农业生产性服务内涵及外延、农户采纳农业生产性服务的影响因素、农业生产性服务对农业生产的影响等方面进行深入研究。国外关于农业生产性服务的研究集中于农业咨询服务、土地管理实践服务、生态系统服务和气候变化服务等高端增值服务对农户生产行为的影响，国外农业服务市场发展较成熟；国内研究主要集中于探讨不同类型生产端服务对农户生产行为及经济收益的影响。已有成果为本书研究提供良好的理论基础和经验借鉴，但仍存在以下不足。

第一，现有研究主要集中探讨影响农户采纳服务行为的因素，关于农业生产性服务应用效果的研究较少，且现有研究未能从多要素投入产生的技术效率和单要素生产率两个视角考虑农业生产性服务的应用效果，难以深入探究农业生产性服务的增产增效机制。同时，现有研究框架缺少对不同类型服务的具体内容、服务供给方式及功能效果等方面较为全面系统的分析，缺少将不同类型服务纳入一个研究框架来分析其与多维生产效率之间的关系，特别是围绕产业链上下游环节服务对农户生产效率影响的研究较少。在研究方法上，忽略农业生产性服务存在明显的内生性问题，容易造成估计结果偏误。因此，本书研究基于分工理论、规模经济理论构建农业生产性服务及不同类型服务影响农户生产效率的理论分析框架，利用工具变量法和内生转换回归模型等方法解决农业生产性服务变量的内生性问题，科学评估农业生产性服务对农户生产技术效率、耕地利用效率、劳动生产率和化肥投入效率的影响，不但拓展了农业规模经济的内涵，而且也为开展多种类型的适度规模经营提供经验支撑和理论基础。

第二，现有研究忽略农业生产性服务作为中间要素嵌入农业生产中，对农户要素配置结构产生的影响，聚焦于农业生产性服务对农户生产效率的影响路径及传导机制的不足。因此，本书构建"农业生产性服务—要素配置—生产效率"的理论分析框架，全面系统考察农业生产性服务对农户土地流转、技术采纳、劳动力投入和农业资本投入的影响，运用理论与实证相结合的方法系统分析农业生产性服务是否产生显著的土地规模经营效应、技术改进效应、劳动力替代效应和成本节约效应。同时，比较分析土地要素、技术要素、劳动力要素和农业资本要素在农业生产性服务影响农户生产技术效率中发挥的中介作用。有针对性地提出完善农村要素市场的具体政策建议，构建农业服务市场与农业要素市场相互关联的有效机制。

第三，现有研究多数针对农业生产性服务具体内容展开分析，忽略了农户在获得某环节服务基础上，服务主体类型及服务交易形式对农户生产效率的影响。现有研究缺少运用理论与实证分析相结合的方法探讨农户参与不同服务模式的生产效率，关于不同服务模式的运行特征及其带农高效生产的作用机制尚未厘清。因此，本书研究结合相关文献和实际调研将农业生产性服务模式划分为三类，即市场化服务模式、合作化服务模式和产业化服务模式，考察农户参与不同服务模式产生的生产效率差异，明确不同服务模式对农户生产效率的作用机理，有助于提出优化农业服务模式的具体路径，满足不同层次农户的服务需求。通过以上问题系统的研究，有助于对农业生产性服务市场的运行效果作出科学判断，便于为下一步制定满足当前现实需求的政策目标提供参考借鉴。

第五节　研究的内容、方法和技术路线

为了实现研究目标，本节针对性设计五方面研究内容，并运用调研访谈法、计量分析法和比较分析法进行分析。

一、研究内容

第一，黑龙江省水稻生产及服务发展现状分析。首先，从水稻生产投入和产出两方面对黑龙江省水稻发展现状进行分析；其次，对研究区域的基本情况进行简要介绍，分析研究区域水稻生产性服务发展的宏观环境及现实情况，考察研究区域水稻平均成本收益及生产性服务供需情况；再次，介绍研究数据来源，并对主要变量进行定义及描述性统计；最后，总结黑龙江省水稻生产性服务发展中存在的问题。

第二，农业生产性服务对农户要素配置的影响。首先，探究农业生产性服务产生的要素配置效应，阐释农业生产性服务影响农户要素配置结构的内在机理，利用工具变量模型、泊松模型和两阶段控制模型分析农业生产性服务对农户土地流转、劳动力投入、技术采纳和农业资本投入的影响；其次，研究劳动密集型服务、技术密集型服务和产业链上下游服务对农户要素配置的差异化影响，探讨不同类型服务产生的要素配置效应及其优化提升策略。

第三，农业生产性服务对农户生产技术效率的影响及差异化研究。首先，阐释农业生产性服务及不同类型服务对农户生产技术效率的作用机理，利用内

生转换回归模型、倾向得分匹配模型等考察农业生产性服务应用对农户生产技术效率的影响；其次，探究不同服务模式运行特征及其对农户生产技术效率的影响效应。总结黑龙江省几种典型生产性服务模式，探究其运行特征，阐释市场化服务模式、合作化服务模式和产业化服务模式影响农户生产技术效率的作用机理，利用倾向得分匹配模型探究农户参与不同服务模式产生的技术效率差异，明确未来农业生产性服务模式的创新路径选择；最后，考虑到农户资源禀赋异质性，分别探讨农业生产性服务对土地经营规模、土地细碎化程度、家庭收入水平和风险偏好程度不同群组农户生产技术效率的差异化影响，分析制约农业生产性服务应用效果的约束条件。

第四，农业生产性服务对农户单要素生产率的差异化影响。首先，阐释农业生产性服务对农户耕地利用效率、劳动生产率和化肥投入效率的作用机理，利用 Tobit 模型和工具变量法进行实证检验；其次，利用回归调整方法探究耕地利用效率、劳动生产率和化肥投入效率对农户生产效率的贡献程度；最后，考察市场化服务模式、合作化服务模式和产业化服务模式对农户单要素生产率的差异化影响，考虑到农业服务模式选择的内生性问题和样本选择性偏差问题，利用多值处理效应模型进行分析验证。

第五，推动农业生产性服务高效发展的实施方案及政策建议。通过对农业生产性服务要素配置效应、多维生产效率的具体分析，总结农业生产性服务的增产增效机制，有针对性地提出壮大农业生产性服务市场的实施策略，提出激发显著分工经济效应的政策目标、具体实施路径和配套政策支持体系，为下一步深化农业生产性服务市场发展的方向和措施提出建设性意见。

二、研究方法

调研访谈法：针对黑龙江省农业社会化服务典型示范县、水稻主产区进行问卷访谈，调研对象包括服务主体（农机合作社、专业服务组织及农业企业）、服务对象和普通农户，采取分层抽样和随机抽样相结合的调研方法分别对服务主体和农户进行一对一访谈。

计量分析法：利用超越对数随机前沿生产函数测算农户生产技术效率、耕地利用效率、劳动生产率和化肥投入效率；利用两阶段最小二乘法、泊松回归模型等估计农业生产性服务应用对农户各类要素配置的影响；利用普通最小二乘法、工具变量模型、内生转换回归模型和倾向得分匹配模型等估计农业生产性服务及不同类型服务对农户生产技术效率的影响；利用工具变量模型、多值处理效应模型等分析农业生产性服务及不同服务模式对农户单要素生产率的影响。

比较分析法：利用比较分析法探究农户采纳服务与未采纳服务的要素配置

效应差异和生产效率差异；比较分析农户采纳不同类型服务产生的生产技术效率差异；比较分析农户参与不同农业服务模式产生的生产效率差异。

三、技术路线

以下为本书开展研究的技术路线（图1-1）。

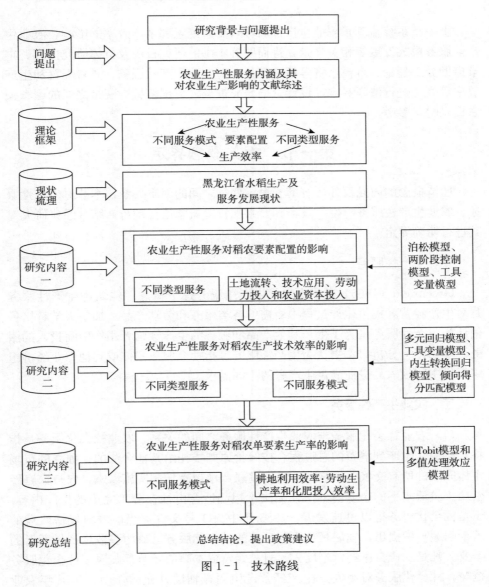

图1-1 技术路线

第二章 概念界定与理论基础

上一章系统梳理了农业生产性服务对要素配置和生产效率的影响、农业生产性服务模式发展等相关文献,进而明确本书的研究目的及具体研究内容。本章借助分工理论、规模经济等核心理论,对农业生产性服务、要素配置和生产效率等概念进行清晰界定,设计全书研究框架,为剖析核心变量之间的逻辑关系提供科学参考。

第一节 相关概念界定

厘清概念的内涵及外延有助于揭示变量之间的因果关系,本节对生产性服务、农业生产性服务、生产效率和要素配置等概念进行剖析,结合经典研究对其进行明确界定。

一、生产性服务

Greenfield(1966)最早提出了生产性服务这个概念,他认为生产性服务是对生产经营者提供生产过程中所需的各类服务和劳动产品。加拿大学者格鲁伯认为生产性服务是为了生产其他产品和服务的生产经营者用作中间投入的服务。基于以上分析,本书认为生产性服务是指社会服务主体或其他专业经济组织提供中间投入品进而满足生产者的不同需求。

二、农业生产性服务

(1)农业社会化服务与农业生产性服务之间的关系。农业社会化服务是指将农产品从生产到消费的总过程,按等价原则委托给其他合法的、独立的市场主体完成的所有交换关系之和。自家庭联产承包责任制实施以来,农户家庭经营属于较低水平的企业内分工,无法承担起适合由社会分工完成的生产内容,于是社会化服务得以迅速发展。1983 年中央 1 号文件《当前农村经济政策的若干问题》中提出,发展聚集不同环节的社会化服务已成为多数生产经营者的需要。凡是农户自主经营难度大、自主经营成本高的环节都归属于社会化服务范畴,社会化服务对小农户生产经营产生明显辅助补充的作用。2017 年农业部发布的《关于加快发展农业生产性服务业的指导意见》中指出，农业生产性服务业是直接完成或协助完成农业产前、产中、产后各环节作业的社会化服务。因此，农业生产性服务属于农业社会化服务的重要组成部分，主要是指直接替农民下地干活的社会化服务。孔祥智等（2009）学者认为，农业生产性服务与农业社会化服务在指导方向和具体内容方面具有显著的一致性，但显著差异性在于农业生产性服务侧重强调服务作业环节的系统性和配套性，农业社会化服务侧重强调服务供给的市场化、产业化以及服务的价值创造功能。

（2）农业生产性服务与农业生产托管服务的共性和差异。农业生产性服务是指以盈利为目的的为农业生产各个环节提供关于产前、产中和产后的要素配给、种植管理和加工销售等方面的服务，农业托管服务是指将耕地、收割这些工序环节部分或全部交给专业服务组织完成，是不流转土地就能实现农业规模经营的途径，农业托管服务属于农业生产性服务的一种形式。二者共性在于均是作为中间投入品用于产品生产过程中的服务，具有市场化、外部化和专业化的特征，均是推进农业制度变迁和现代农业产业体系渐进发育的有效方式。

二者的差异主要在于：第一，服务需求结构的差异。农业生产性服务的需求主体不仅仅是普通农户，还包括家庭农场、专业大户和农民专业合作社等新型农业经营主体，经营规模较大的新型农业经营主体对产前和产后高端增值服务的需求更大；农业托管服务的需求主体主要集中于小农户、兼业农户和老龄劳动力，具备土地经营规模小、家庭非农收入占比高和务农体力能力不足等特点，对耕种管收等产中服务需求更迫切。第二，服务主体类型的差异。农业托管服务主体主要包括种植专业合作社、农机合作社、村集体组织、农业企业和政府部门等；农业生产性服务供给主体不仅有各类农民专业合作社、农业企业等，还有金融机构、保险公司、农资供应商、粮食收储企业等，服务主体类型多元化。第三，多元制度关系嵌入程度差异。农业托管服务呈现多元制度关系嵌入特征，通常是由农业企业、合作社和政府部门等多元主体合作提供服务，有助于提高服务组织供给能力，激发托管服务的正外部性，降低服务交易成本和经营风险；农业生产性服务主体供给方式较单一，服务资源在部门、行业较分散，关系型嵌入程度较低。

（3）关于农业生产性服务的分类和概念界定。Reinert（1998）认为，农业生产性服务主要包括农资配送、农业技术、农业机械、农产品质量保障、农产品营销以及金融保险等服务。农业农村部提出，农业生产性服务主要包括农机作业及维修服务、农业市场信息服务、农业绿色生产技术服务、加工服务、营销服务等，服务领域覆盖农业生产、农村生活和农业生态等领域，服务内容覆盖生产、加工和销售各个环节，从单一满足农业生产需求向满足农业产业发展、生态环境保护和乡村建设等多维需求转变。关于水稻种植的生产性服务，结合相关学者研究，随着农业技术水平的提高、资源配置的细化，水稻农事活动可分为整地、育秧、插秧、肥料管理、灌溉管理、病虫害防治、收割 7 个生产环节。

本书中农业生产性服务是指以盈利为目的为农业生产各个环节提供关于产前、产中和产后的要素配给、种植管理和加工销售等方面的服务，本书主要包括农资供应服务、育秧服务、耕整地服务、插秧服务、施肥服务、植保服务、收割服务和销售服务。

其中，农资供应服务和销售服务属于产业链上下游环节服务，育秧服务、耕整地服务、插秧服务、施肥服务、植保服务和收割服务属于产中服务。产中服务按照生产环节特性划分为劳动密集型环节服务和技术密集型环节服务，劳动密集型环节主要是指劳动强度大、作业过程费时费力、较繁杂、受农时限制明显的环节，本书主要包括耕整地、插秧和收割三类服务；技术密集型环节主要是指在农业生产过程中，对个体种植经验、知识储备水平和技术应用能力要求高、需求大的环节，包括作业时间的灵活性和作业完成的高效性，本书主要包括育秧、施肥和植保三类服务。

（4）农业生产性服务的内涵界定。第一，农户将水稻生产部分环节外包给有能力的服务主体，不涉及土地产权的转移，一切关于土地流转的情形（带地入社、土地入股等），均不属于服务交易行为；第二，农户采纳某环节服务，农业投资主体转变为市场化服务主体，具备低成本、短期性、季节性的服务特点，其中，农业经营主体单独租赁机械自行耕作、农户雇佣劳动力独自完成使用机械的工作或者雇佣劳动力完成摆盘、挑苗、补苗等劳务活动的行为均不属于使用农业生产性服务范畴；第三，农业生产性服务是一种生产与消费过程同时进行的中间投入品，无法贮藏，不能通过存货来应对市场需求变化，不能转售或退还，具有易逝性；第四，农业生产性服务类型多样，被视为难以控制质量、难以有效评估的中介投入品，容易受到服务主体能力、服务交易方式、市场环境等各种因素的综合影响，服务产品存在较大波动性。

三、农业生产性服务模式

根据产业组织理论，农业生产性服务模式是指农户、新型农业经营主体、村集体组织、专业协会和农业企业之间进行各类服务交易形成的合作关系、契约关系和市场交易关系等。服务模式是获取服务基础上优化服务交易关系的过程，有助于解决服务交易关系松散、服务质量难以保证和服务双方信息不对称等服务交易问题。梳理以往研究对农业服务模式的分类，主要围绕以下标准进行划分：一是依据服务内容实现机制划分为产业服务组织模式、合作服务组织模式和市场服务组织模式；二是根据农户与下游主体交易方式和利益联结机制划分为市场交易模式、完全横向交易模式、部分横向交易模式和纵向协作模式；三是按照服务主体带动作用的性质划分为"市场＋农户""合作社＋农户""农业企业＋农户"和"中介组织＋农户"；四是按照服务契约关系为标准，划分为市场交易契约模式、关系型契约模式、纵向一体化契约模式和混合式契约模式；五是按照土地托管方式为标准，划分为全托管服务模式、多环节托管模式、劳务托管模式和订单托管模式。基于以往研究成果，通过对样本区域水稻生产性服务应用情况的调查，基于垂直协作理论与农业服务模式内涵界定，本书按照服务交易形式和服务组织类型对农业服务模式进行划分，划分为产业化服务模式、合作化服务模式和市场化服务模式，从市场化服务模式到合作化服务模式再到产业化服务模式，服务组织由农机大户等市场化服务主体向农民专业合作社和农业企业转变，服务交易形式由市场化交易向契约协作和一体化协作交易转变，服务双方垂直协作紧密程度不断增强，利益分配方式由市场价格结算到服务价格优惠和股份分红分配方式转变。

具体每一种模式的定义如下：第一，市场化服务模式是指农机大户、家庭农场等市场服务组织通过供给有偿服务的方式，将小农户卷入社会化分工，关于服务价格、服务地点、服务时间等主要以口头契约为主，服务对象与服务主体间属于纯粹的市场交易关系，通常服务以市场交易价格结算，服务内容主要以单一环节或多环节服务为主，服务交易关系相对松散；第二，合作化服务模式是指农户通过自发组建合作社或者参与合作社实现农业要素的整合和组织资源的共享，合作社统一为入社农户提供产前、产中和产后的各项服务，以"保底＋分红"或者服务价格优惠等利益联结为主，属于将分散农户组织起来融入现代农业发展中的服务模式；第三，产业化服务模式是指农业企业等服务组织以正式契约和关系契约为纽带，联合村集体等中介组织为农户提供产前、产中和产后一体化服务，通常以"保底＋分红"、二次利润返还和服务价格优惠等利益联结为主。

四、生产效率

效率是经济学领域的核心概念，农业生产效率主要包括土地生产率、劳动力生产率、全要素生产率、农业技术效率等。农业生产属于多项要素投入与单项要素产出的过程，用土地生产率、劳动生产率等来反映农业生产效率仅能展现单要素产出的情况。农业生产技术效率可以视为多要素投入节约程度的集中体现。本书提出的生产效率既包括考虑多要素投入的生产技术效率，又包括考虑单要素投入的耕地利用效率、劳动生产率和化肥投入效率。

具体定义如下：生产技术效率指农户在现有技术水平下，投入相同要素实现最大农业产出或获得相同农业产出实现最小农业投入的能力，即农户生产要素投入与粮食产出的匹配程度，反映了农业要素投入的有效利用程度和实际生产活动接近最优生产前沿面的水平。单要素生产率指耕地、农业劳动力和化肥要素投入产生的效率，具体指在真实产出和其他要素投入不变的情况下，某一类要素投入的最低投入量与实际投入量之比。单要素投入效率越低，说明此要素投入量与潜在最小要素投入量差距较大，要素可节约的空间越大。

五、要素配置

在经典的生产函数模型里面，农业生产要素主要包括土地、劳动力和资本，基于要素替代理论，采纳农业生产性服务必然影响到劳动力、资本和土地等生产要素投入结构，有必要对本书提出的重要的"要素配置"变量进行概念界定。借鉴以往的相关研究，本书对要素配置的定义为：农业生产中通过合理配置土地、劳动力、资本和技术等要素进而实现帕累托改进的过程。

具体上，劳动力要素配置是指农户对家庭劳动力在农业领域与非农领域之间的配置，本书用农户家庭在农业部门劳动力投入情况反映家庭劳动力配置状况。土地要素配置是指土地从经营水平低的农户流转到经营水平高的农户的过程，土地流转是农户配置土地要素的重要方式。资本要素配置是指农户合理采购农资、合理施用农药化肥、进行固定资产投资等对农业资本进行投资配置的过程。技术投入是指农户在现有水平下通过采用各类先进技术实现技术改进、产出增加的过程。

第二节　理论基础

理论基础是构建全书研究框架的根基，本节结合分工理论、规模经济理论、交易成本理论和农户行为理论对研究进行合理设计，确保整体框架的合理性和逻辑性。

一、分工理论

分工理论最早出现于亚当·斯密的《国富论》中，他指出分工是生产率提升的源泉，分工能够提高生产者的熟练程度，有助于机械的规模应用，节省了不同环节的转换成本和学习成本，即"斯密定理"。分工理论主要包括：第一，分工会显著提高环节劳动生产率。原因是一方面分工能够实现专业的人完成专业的事，劳动力熟练程度提升，节省浪费于其他环节的时间；另一方面，分工有利于发明创造和改进工具，有助于推动机械技术的发明应用。第二，分工产生的原因是产品交换，但是分工程度受市场范围大小的限制。新古典经济学认为市场是促进分工的有效手段，但是同时面临分工交易费用的增加，如何平衡分工深化与交易费用增加的矛盾是关键。马克思在亚当·斯密提出的分工理论的观点基础上，提出分工与合作实现专业化生产对最终产出的贡献。马克思（1894）从产品联系方式、劳动力联系方式、生产资料聚集方式、生产要素结合方式、分工的实现形式和分工主体的关系 6 个方面对社会化分工和技术型分工进行了区分。Young（1928）在亚当·斯密和马克思提出分工理论的基础上，提出"杨格定理"，从个体专业化水平、中间环节生产链条长度和每一链条环节中的产品种类数三个方面阐述分工的基本概念，认为迂回化生产是实现分工的有效手段，通过解析劳动分工、报酬递增和组织结构之间的内在关联，发现劳动分工的演进有效促进规模报酬递增。在"杨格定理"的基础上，杨小凯（1999，2003）研究发现分工能够产生迂回化经济效果，主要在于下游产品的全要素生产力随着上游产品数量或种类数量增加而增加。杨小凯利用超边际均衡分析法发现了分工深化伴随着明显的交易费用，提升交易效率是推进分工演进的重要驱动，当交易效率高时，分工经济大于交易费用，分工实现均衡。依托杨小凯的研究框架，庞春（2010）通过对外包分工的研究发现个体独自经营向服务外包转变，会伴随着生产经营的专业化、最终品的市场分工、技术研发市场的形成与扩大、产业链的延伸，还会显著提高最终品生产效率、增加市场总容量、提高人均真实收入。通过以上分工理论的系统梳理，发现农业分工深化与服务市场容量、服务主体资源配置效率、最终产品市场容量、自供成本与外包服务成本比较、服务市场交易效率等因素紧密相关。

基于分工理论的梳理分析，农业生产性服务交易本质属于农业分工深化的过程，农业生产由于生命特性、季节特性和劳动监督特性导致其难以像工业部门那样进行精细分工，但随着农业机械化水平提升、农村劳动力大量转移，服务市场容量得以扩大，促进农业农村部分环节分工深化，对生产效率有显著促进作用。特别对于劳动密集型环节，机械替代劳动力的程度偏高，跨区农机服务队的成熟发展和机械服务设备的日趋完善，农机服务市场发展迅速，服务市场交易成本下降，促使规模报酬递增。农业生产性服务应用效果容易受到交易成本的影响，有效的生产经营形式、正式制度与非正式制度的约束机制、扩大服务市场容量等均是降低服务交易成本的有效途径。

二、规模经济理论

规模经济理论是由亚当·斯密提出的，强调分工专业化对生产力提升有显著促进作用。分工产生的经济效应会受到市场容量和规模的限制，市场规模扩大激发分工深化的内生动力，激发更显著的规模经济效应。马克思（1894）对小规模生产经营提出了质疑，认为生产效率提高的有效前提是在实现产业化联合、资产扩张的大规模合作基础之上，经营规模不断扩大的进程中伴随简单分工协作向机械设备为基础的专业化协作转变。古典经济学派在市场规模促进分工深化、分工促进生产效率提升等观点上达成了广泛的共识，但强调随着经营规模的扩大，要素协调利用难度增加，平均成本提高，规模经济的产生建立在一定区间内。萨缪尔森认为，如果产出的上涨幅度大于各类要素的投入幅度，平均成本不断下降，那么该阶段即为规模经济，反之则是规模不经济。

新古典经济学派的规模经济理论。马歇尔（2005）首次明确提出"规模经济"的概念，他认为，规模经济分为内部规模经济与外部规模经济，内部规模经济是从企业角度理解经营规模与规模报酬间的关系，是指厂商在扩大生产规模的时候，内部经营结构发生变化促使其成本降低、产量增加和效益提高的现象。外部规模经济则是指当整个产业的企业数量增多、整个行业产量增加、行业内每个企业获得更多的知识积累和技术进步，产生显著干中学效应，促使该产业中各个企业规模收益递增。阿林·杨格（1996）进一步揭示规模经济产生的原因在于规模扩大引致的分工生产需求，推进迂回生产促进规模报酬递增，最终形成分工深化、规模报酬递增与经济增长之间的动态演进关系。

通过对规模经济理论的系统梳理，发现规模经济主要包括外部规模经济和内部规模经济，规模经济的本质驱动为分工和专业化，规模经济受市场容量、组织形式、交易成本和产权细分结构等因素影响显著。规模经济理论为构建农业生产性服务影响农户生产效率的理论框架奠定坚实的理论基础，农业生产性服务的本质为分工专业化生产，也是促进规模经济的重要驱动。具体内在机制在于要素优化配置，农户购买生产性服务，打破农户家庭资源禀赋限制，缓解农户资金约束、技术约束和劳动力约束，促进农业机械等新技术的广泛运用，提高农户技术应用能力和人力资本水平，优化农业要素配置结构，对农业内部规模经济有显著促进作用。从外部规模经济的角度，农业生产性服务的应用可以提高迂回生产程度，提升农产品市场化水平、改善服务市场条件、增加农产品市场容量，有助于激发农业外部规模经济。国家通过创建良好的服务交易平台、制定服务市场监督管理体制、设立农业托管服务试点区域等方式，有助于激发农业外部规模经济效应。

三、交易成本理论

美国芝加哥大学教授罗纳德·哈里·科斯在其著作《企业的性质》中提出了"交易成本"，它是指在能够获得外部市场信息的条件下，人们在谈判交易过程中产生的产权保护费用、交易费用，谈判费用、合同签订费用和监督费用等。继罗纳德·哈里·科斯对交易成本进行概念引出后，诺斯（1994）将交易成本定义为"规定和实施构成交易基础契约的成本"，并将交易成本分为市场型交易成本、管理型交易成本和政治型交易成本，并对交易成本与分工之间的关系进行了探讨。诺斯认为交易费用追其本质还是劳动和专业化分工的问题，随着人们交际范围不断扩大，需要与不同类型的人进行交易、信息交换，面对彼此之间的不熟悉与外部环境的不确定性，人们需要完成信息获取、谈判交易、监督约束等多样工作，交易成本不断增加。威廉姆森（1998）将交易费用分成事前交易费用和事后交易费用两个部分，事前交易费用是指在交易发生前明确双方权利和义务过程中产生的各种成本，事后交易费用是指交易发生后履行各项权利义务中产生的各种成本。同时，威廉姆斯从资产专用性、交易不确定性和交易频率三个方面提出了交易费用的研究范式。

第一，资产专用性是指某项资产被重新调配使用的程度。资产专用性越强，交易费用越高。例如，农业生产中农户购买大型农机具在作业效率、作业质量上都具有显著优势，但需要较高成本的投资，资产专用性较强，且农户往往面临一定的沉没成本，资产利用效率较低，产生较高的交易费用，进而激发了农业组织制度的演进。基于混合治理机构或科层治理机构的企业发展有助于规避农户资产专用性弊端，最大化降低交易成本，揭示了"农业企业＋合作社（村集体）＋农户"等类似的服务模式通过将农户组织起来，统一供应农业机械服务、农业技术服务等，实现一体化管理，降低农户专用性投资产生的沉没成本、折旧成本等，提高服务交易效率。第二，交易不确定性。交易不确定主要包括市场不确定性和生产不确定性，市场不确定性代表个体应对外部市场环境、市场竞争状况等面临诸多挑战，信息不对称较强，个体面临较高的搜寻信息、谈判和监督等交易成本。生产不确定性主要指农户生产经营过程中面临自然灾害、产品变质、经营管理不当等因素冲击，容易影响农户预期收益稳定性，而且农户想规避自然风险需要付出较高的防范成本，如技术投资和保险期货投资等。第三，交易频率。交易频率是指交易的次数，个体涉及的交易频率越高，支付的交易费用越高。农业生产具有季节性和不连续性特征，增加了农业要素的交易频率，交易频率和半径的受限影响了交易规模的扩大，容易增加交易成本。

契约管理与服务交易成本的关系。契约主要包含正式契约和非正式契约。正式契约作为由第三方强制实施的契约，具有完备性和约束性，即制定的契约条款对未来可能产生的情况作出明确规定，此过程能够被法院观测和证实。现阶段农业生产性服务中的契约签订形式、契约约束力并不完善，难以形成有效的风险分担机制与利益共享机制，致使服务交易风险与不确定性等问题深化。因此，服务交易中正式契约的签订十分必要，明确服务交易价格、服务环节、服务质量要求和利益分配关系等关键条款，成为有约束力的服务交易规制工具。非正式契约也属于关系契约，关系契约引入的关键在于交易双方的有限理性及契约的不完整性，关系契约治理主要包括自我履约机制、声誉机制和关系性规制。首先，自我实施契约形式基于个体对违约效益和付出代价的比较得出，当交易各方认识到履行契约能够保证自身利益，他们才会选择遵守契约。其次，关系契约中的声誉机制是指当一方违约时，另一方采取触发战略，投机方能够认识到获得的短期利益是以损失未来长期收益为代价的，从而降低机会主义行为，实现关系契约的自我实施。例如，声誉机制在农业生产性服务交易中的应用，服务主体提供服务未能按照预期约定完成规定任务，农机作业不彻底、服务质量差等导致农户产生明显的产量损失和经济损失，结合契约理论应该采取有效的制裁工具减少服务主体承接的服务项目和资金支持，通过将其纳入服务诚信黑名单，三年内限制服务供应权利等声誉惩罚机制约束服务主体作业行为，提高服务质量和交易效率。最后，关系性规则成为关系契约中有效的治理机制，关系性规则主要包括信任、交流和柔性管理，如在农业生产性服务交易中应该重视构建交流互动平台，互相学习交流可以有效降低服务信息不对称等问题，并提高服务交易双方信任度。基于以上分析，农业生产性服务交易中建立服务关系契约极其重要，特别对于服务质量难以监督、服务效果难以识别的育秧、施肥、植保等环节，构建涵盖自我履约机制、声誉机制和关系性规制的服务关系契约能够有效抑制服务机会主义行为，提高服务交易稳定性。

农业生产性服务模式创新与服务交易成本的关系。美国经济学家富兰克·奈特是芝加哥学派的创始人，他认为组织变迁就是不断降低不确定性的过程。科斯认为企业存在目的是节约因市场交易次数过多而产生的交易成本。威廉姆森（1998）认为如果组织之间通过合同契约的形式，建立一种持久性的组织关系，交易成本将会大幅度降低。资源配置过程越复杂，市场发挥的调节作用越小，把市场交易转变为组织内部交易，有助于降低交易成本。在农业生产性服务发展中，有必要借助混合治理结构优势，创新发展新的农业生产性服务模式，如"农业企业＋农民专业合作社＋农户"等服务模式，将市场交易成本内化为组织内部成本，促使产业间的市场分工向产业内分工转化，显著降低服务交易成本。

交易费用理论是本书研究的一个重要切入点，也是农业生产性服务影响农户生产效率的一个重要传导机制。农业生产性服务的发展本质为社会化分工，分工深化的关键决定因素为交易成本大小，如何降低服务交易成本对于激发农业生产性服务的经济效应极其关键。现实情况中，农户采纳农业生产性服务必然伴随着交易成本，主要体现在搜寻不同类型服务信息、与服务主体进行谈判、服务过程中质量监督、服务结束后成果验收等，通过农业组织制度创新和契约管理等方式降低交易成本是提高农业服务应用效果的有效路径。

四、农户行为理论

农户行为理论主要有三种派系，包括舒尔茨（1987）的形式经济学派、恰亚诺夫（1996）的实体经济学派和黄宗智（2000）的历史学派。形式经济学派中，舒尔茨在《改造传统农业》中，提出小农是贫穷而有效率的，农户生产要素配置符合帕累托最优原则。传统小农可以根据市场变化快速做出决策，结合自身优势，实现要素的合理匹配。基于舒尔茨观点，Popkins（1979）强调农户存在理性的动机，并存在"进取精神"，便于促进要素优化配置，实现利润最大化。Roumasset（1977）提出，农民多数属于风险规避型，特定情况下选择风险概率低的事件可能性更大。赫伯特·西蒙（1989）提出，由于受到信息不对称、个人能力有限等条件制约，农户难以预见未来，因此会结合自身需求主观选择最满意的方案。实体经济学派中，恰亚诺夫提出农民家庭结构特征决定家庭的经济活动量，不同类型家庭经济活动量存在明显不同；然后，以劳动消费均衡理论为基础，提出家庭消费需求决定了劳动量水平。基于以上分析，恰亚诺夫发现小农户处于自给自足的经营模式，以满足家庭消费为主要目标，实现农业生产经营风险最小化，并未以实现利润最大化为最终目的。历史学派的代表黄宗智教授在《华北的小农经济与社会变迁》一书中，提到小农的生产决策与家庭消费需求、市场价格和生产成本均有紧密关联，以实现家庭利润最大化为目的。尽管形式经济学派和实体经济学派在观点上存在差异，但都认为小农是理性的。前者提出，小农是以利润最大化为目标，在可选择的方案中做出最优决策。后者反映小农的生存理性，并在收入正效用和劳动负效用中寻找平衡点，以满足家庭消费目标。黄宗智则认为，小农的生产决策是家庭消费决策和利润最大化决策的结合。可以总结出农户是理性的，农户以"利润最大化"为目标进行经营生产和要素配置，农户家庭决策是根据家庭消费需求、市场供需、生产成本等不同动机有机结合产生的结果，具有复合性和变动性的特点。

基于一系列农户行为理论的梳理，发现农户虽然经营规模小且分散，但是属于有效率的经济组织，结合自身需求会做出风险最小化和利润最大化的决策。通过对样本区域调研发现，现阶段农户不同于以往的传统农户，多数属于功能性小农和商品性小农。随着农业制度变迁、农业技术进步和农产品市场转型升级发展的动态变化，农户生产投资决策、销售渠道、资源配置能力都有不同程度的改变，经济行为决策随着外部环境变化不断适应调整。以农户购买农业生产性服务为例，当农户自主经营面临较高的学习成本和沉没成本，显著高于服务外包成本，农户将转变传统生产方式参与分工生产，当农户自主经营能够合理配置各类生产要素时，其投资成本低于服务外包成本，农户倾向选择自主经营。

第三节　分析框架设计

本书基于分工理论、规模经济理论等构建农业生产性服务影响农户生产效率的分析框架，如图2-1所示。本书假定农户行为是理性的，通过采纳农业生产性服务优化要素配置水平，影响农户生产效率。首先，本书将农业生产性服务作为中间投入品，基于分工理论分析农业生产性服务对农户要素配置和生产效率的作用机理和影响程度，考察农业生产性服务的要素配置效应和生产率效应；其次，考虑到农业生产性服务主要包括农资供应服务、育秧服务、耕整地服务、插秧服务、施肥服务、植保服务、收割服务和销售服务，不同类型服务技术属性及特征存在显著差异，有必要考察不同类型服务对农户要素配置及生产技术效率的作用机理及差异化影响；最后，农户在获取不同服务内容的同时，服务交易形式及服务主体来源等对服务应用效果影响大，有必要考察不同农业生产性服务模式的运行特征及其带农高效生产的水平，分析农户参与不同服务模式对农户生产技术效率和单要素生产率的差异化影响。以上三部分理论分析分别从纵向维度回答了农业生产性服务是如何影响农户要素配置结构进而影响农户生产效率，从横向维度回答了不同类型服务和不同服务模式对农户生产效率的差异化影响，系统全面考察农业生产性服务应用的增产增效机制，发现提升不同类型服务供给有效性的具体路径，明确未来农业生产性服务模式的创新方向。进而为促进农业生产性服务高质量发展、培育高水平农业服务组织、创造良好的农业服务市场环境提供有效参考借鉴。

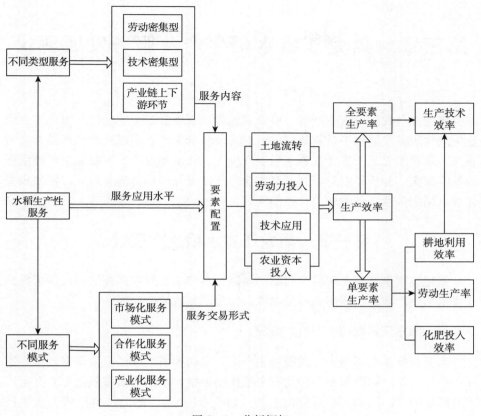

图 2-1　分析框架

第四节　本章小结

首先，本章对生产性服务、农业生产性服务、农业生产性服务模式、生产效率等关键变量进行概念界定，为构建理论分析框架厘清边界；其次，详细介绍分工理论、规模经济理论、交易成本理论和农户行为理论，阐述相关理论在农业生产性服务影响农业生产效率中的具体应用；最后，设计全文分析框架，为之后的作用机理分析与实证检验奠定基础。

第三章 黑龙江省水稻生产及服务发展现状

黑龙江是我国粮食主产省，肩负着保障国家粮食安全的重任。黑龙江省农业生产性服务发展水平及其效应分析对其他粮食主产区实现高产稳产具有参考意义。本章节立足于黑龙江省水稻生产投入、产出和农户采纳农业生产性服务的基本事实，分析稻农对不同环节农业生产性服务的行为响应差异，发现黑龙江省水稻生产性服务发展中存在的问题。

第一节 黑龙江省水稻生产现状

阐述客观事实是发现科学问题的基础，本节结合问卷调查法深入剖析黑龙江省水稻生产现状，阐述选择黑龙江省作为研究区域的原因。

一、黑龙江省水稻生产投入情况

黑龙江省是全国最大优质粳稻主产区，水稻种植区域已覆盖全省各地，第一、第二、第三和第四积温带均有水稻作物种植，水稻种植面积在100万亩以上的区域有11个县，50万亩以上的区域有29个县，黑龙江省已成为水稻产业发展集聚区。

（1）黑龙江省水稻种植面积的变化情况。黑龙江省水稻种植面积变动趋势如图3-1所示，总体来看，黑龙江省水稻种植面积呈逐步递增趋于平缓的变化趋势，2008年水稻播种面积为262.9万公顷，2018年水稻播种面积为378.3万公顷，相比上涨43.90%。农业劳动力与化肥要素变化趋势与水稻播种面积变动趋势相一致，如何提高单位土地面积的要素投入效率极其关键。同时，水稻播种面积的平缓发展态势对于耕地资源的合理利用、新型农业经营主体的高质量培育、先进技术和大型农业机械的推广应用提出了更迫切的要求。

（2）黑龙江省水稻农业劳动力投入的变化情况。黑龙江省水稻农业劳动力投入变动趋势如图3-1所示，人数呈现平缓下降的趋势，2008年水稻农业从业人员总数为678万人，2018年水稻农业从业人员总数为603.5万人，相比下降11%，2013年至2014年水稻农业从业人数由666.7万人下降到647.9万人，下降幅度最大。水稻农业从业人数的下降一方面原因在于农业机械化水平的提升，实现对劳动力要素的有效替代；另一方面在于城乡收入差距扩大吸引更多农业劳动力转移到非农领域。从变化趋势来看，随着农业机械化水平的大幅度提升并未对农业劳动力投入造成明显的替代，一定程度上揭示了农地确权颁证、土地"三权"分置等土地产权制度的确立在提高土地经济价值和社会保障价值、强化农户资源禀赋效应方面产生显著影响，导致更多农业劳动力留在农村。

（3）黑龙江省水稻农资投入的变化情况。黑龙江省水稻生产中化肥投入变化趋势如图 3-1 所示，化肥要素投入变化趋势呈现平缓的增长，2008 年化肥投入量为 198.9 万吨，2018 年化肥投入量为 245.6 万吨，相比增长 23%，化肥投入要素的变化一方面由于农业劳动力投入的下降，容易提高农药化肥等非劳动要素的投入强度；另一方面为了确保粮食产量不下降，农户倾向追加化肥

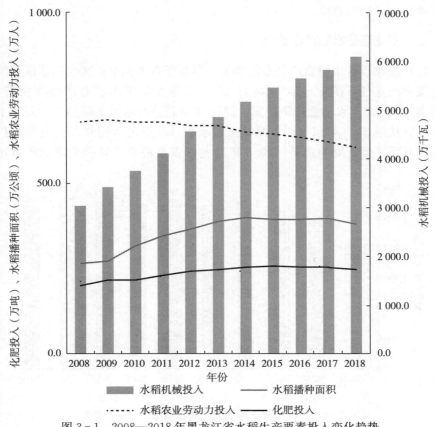

图 3-1　2008—2018 年黑龙江省水稻生产要素投入变化趋势

投入数量和次数，揭示了高品质消费市场需求尚未对生产端要素投入质量产生规范约束。如何科学合理地施用农药化肥，对有效降低农业面源污染极其重要。

（4）黑龙江省水稻机械投入的变化情况。黑龙江省水稻机械化水平的变动趋势如图 3-1 所示，水稻机械化水平呈现逐步提高的态势，增长幅度较大。2008 年水稻机械总投入达到 3 018.4 万千瓦，2018 年水稻农业机械总投入 6 082.4 万千瓦，相比上涨一倍，说明水稻全程机械化水平明显提升。相比于农药、劳动力和土地等其他生产要素，农业机械要素投入比例增长最明显，农业机械要素对于农业产出的贡献较大。2019 年，黑龙江省水稻栽植机械化程度达 90％以上，共拥有水稻栽植机械 16 万多台，其中进口、合资及国内生产的各类插秧机近 6 万台，水稻直播机近 1 200 台，水稻全程机械化水平的提升不仅有效替代了成本高昂的劳动力，而且提高了农业生产力，为稻米产业高质量发展奠定了坚实基础。

二、黑龙江省水稻产出情况

（1）黑龙江省水稻总产量变化情况。黑龙江省水稻主产区承担着保障国家粮食安全的重任，图 3-2 为 2009—2018 年黑龙江省水稻总产量变化情况，2014 年和 2017 年水稻总产量较高，2018 年水稻总产量呈下降趋势，同比下降 4.75％。从图 3-3 可以看出，黑龙江省水稻总产量占全国总产量变动趋势呈现先提升后平缓下降的趋势。2008 年黑龙江省水稻总产量占全国总产量比例

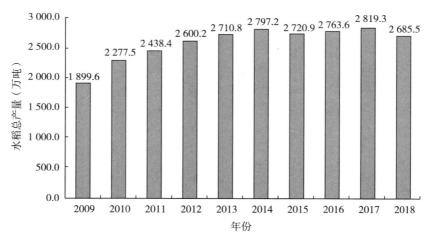

图 3-2　2009—2018 年黑龙江省水稻总产量变化趋势

为 9.6%，2018 年黑龙江省水稻总产量占全国总产量比例为 12.66%，相比上涨 3.06%，成为当之无愧的全国水稻种植面积第一大省、产量第一大省。2008 年黑龙江省水稻总产量为 1 899.6 万吨，2018 年黑龙江省水稻总产量达到 2 685.5 吨，相比于 2009 年上涨 41.37%，说明农业机械的普及应用、农药化肥等要素投入的增加对于提升水稻总产量有显著促进作用，水稻总产量不断提高有助于提升农户种粮积极性，为水稻新品种技术、直播技术和病虫害防治等技术的推广应用提供有效驱动。

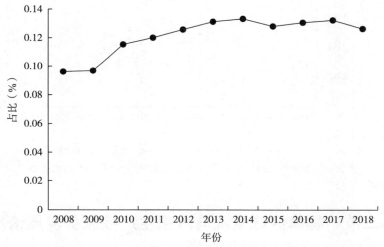

图 3-3　2008—2018 年黑龙江省水稻总产量占全国总产量变化趋势

（2）黑龙江省水稻单产水平变化情况。黑龙江省水稻单产水平与全国水稻单产水平对比趋势如图 3-4 所示，黑龙江省水稻单产水平始终高于全国水稻单产水平。根据《黑龙江统计年鉴》和《中国统计年鉴》数据统计，黑龙江省水稻单产水平均值为 7 081 千克/公顷，全国水稻单产水平均值为 6 308 千克/公顷，黑龙江省水稻单产水平显著高于全国水平。全国水稻单产水平呈现先上升后下降随后趋于平缓上升的变化趋势，2011—2013 年全国水稻单产水平处于较高态势，2016 年后黑龙江省水稻单产水平与全国水稻单产水平差距逐渐缩小。总体看，黑龙江省水稻单产水平的提高揭示了黑龙江水稻生产能力不断增强，为保证国家粮食安全、实现农业高质量发展目标做出了巨大贡献。

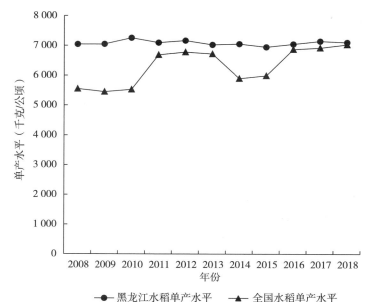

图 3 - 4　2008—2018 年黑龙江省水稻单产与全国单产对比趋势

第二节　样本区域概况与水稻生产性服务发展情况

本节从供给侧和需求侧两方面介绍样本区域农业生产性服务组织、农户购买农业生产性服务及其收益情况，发现农业生产性服务供需结构失衡、服务主体供给方式单一和农户组织化获取服务能力不足等问题。

一、样本区域概况与数据来源

研究区域概况。本书研究选择黑龙江省水稻主产区作为研究区域，其原因主要有：第一，黑龙江省具有独特的生态资源、自然条件和气候特点，肥沃的黑土地、长时间的生长季日照和丰富的水资源为水稻生长提供了良好的生长环境，土壤有机质含量相对较高，流域面积 50 千米^2 以上的河流有 1 900 多条，并形成了 4 个主要水稻优势产业带，为黑龙江省生产高品质水稻奠定了良好的资源基础。此外，黑龙江省水稻种植面积和产量都位居中国产粮大省前列，具有明显的资源优势和经济竞争优势，选择黑龙江省水稻主产区作为研究区域具有典型性和代表性。第二，水稻作物种植环节繁杂，对人力和物力等资本需求较大，亟须借助农业生产性服务转变传统生产经营方式。此外，黑龙江省水稻种植机械化水平、规模化经营水平较高，有利于促进水稻栽培技术、插秧技术、施肥技术、病虫害防治等现代技术的推广应用，对水稻生产技术服务、田间管理服务等需求更加迫切。第三，黑龙江省作为粳稻第一大省，重视产业链前后端的延伸，致力于生产高品质稻米迎合高端市场消费需求，对于水稻规范化生产、种植技术标准等有更为严格的要求，对高端增值服务需求更加强烈。

数据来源。本书数据来源来自课题组于 2020 年 7—11 月在黑龙江省水稻主产区调研获得的一手数据，在新冠感染疫情防控的关键时期，课题组首先确定样本区域，在样本区域内招募当地调研员，调研员主要是来自黑龙江省东北农业大学、黑龙江八一农垦大学和黑龙江农垦职业技术学院，家在样本区域农村的本科生和研究生，要求家乡调研员在不离村的情况下进行就地调研，调研前已通过线上进行非常系统的培训。此外，在一些样本区域难以招募当地调研员，课题组通过与乡镇领导和村集体对接，进而获得村庄服务主体和农户的联系方式，每户平均进行时长为 40 分钟的电话访谈。其中，面对面访谈问卷 283 份，电话访谈 209 份。首先，采用分层随机抽样方法对黑龙江省水稻主产区进行样本区域选择，根据自然条件、地理位置、村庄经济水平、水稻播种面积和水稻产量选取黑龙江省 13 个水稻主产区作为调研区域，分别为五常市、尚志市、延寿县、通河县、方正县、桦川县、富锦市、庆安县、北林区、鸡西市、密山市、泰来县、甘南县，调研区域涵盖了社会化服务试点区域与非试点区域，样本区域选择具有代表性和差异性。其次，在 13 个县（区、市）随机选取 2 个乡镇，每个乡镇随机选取 2 个村，在每个村选取 1～2 个服务主体，8～12 个农户。调研内容主要涵盖水稻生产、服务外包、土地流转、投入产出和农户经济收益等情况。基于此，农户调研样本共 492 户，剔除部分信息严重缺失的样本，剩余有效样本 453 户，有效率达到 92.07%。

2020 年 5 月，课题组首次在鸡西市、密山市进行预调研，根据预调研情况调整问卷内容。2020 年 7—9 月，课题组开展正式调研，首次获取 10 个地区 382 份样本，2020 年 11—12 月进行补充调研，获取 3 个地区 110 份样本，合计 492 份（表 3-1）。问卷具体内容见附录。

表 3-1 样本数量及地域分布

分布	五常市	尚志市	延寿县	通河县	方正县	庆安县	北林区	泰来县	甘南县	桦川县	富锦市	密山市	鸡西市	合计
数量（个）	47	40	46	38	46	30	26	31	42	37	38	40	31	492
比例（%）	10	8	9	8	9	6	5	6	8	8	8	8	6	100

二、样本农户特征及水稻种植成本收益情况

如图3-5所示，样本户主年龄主要集中在40～55岁，40岁以下户主占比为22.30%，55岁以上户主占比为20.31%，调研样本中户主整体年龄偏高。如图3-6所示，样本户主平均受教育程度为初中水平，小学及以下学历占比为18.10%，高中及以上学历占比为4.42%，受教育程度普遍偏低。样本户主中党员占比为20.3%，平均种植经验为14.613 6年，说明农户水稻平均种植年限较长，经验较丰富。样本中46.57%农户为风险偏好型农户。在农户家庭禀赋特征方面，样本农户家庭劳动力总数平均为4.026 4人，农户家庭发生借贷行为占比为44.81%，农户家庭购置农业机械现值平均为12.478 1万元（表3-2）。

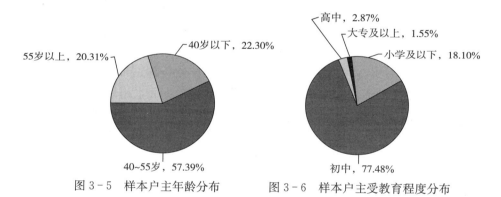

图3-5　样本户主年龄分布　　图3-6　样本户主受教育程度分布

表3-2　样本农户个体及家庭经营特征统计

特征	变量名称	变量说明及赋值	均值	标准差
户主特征	年龄	户主年龄（年）	48.114 7	9.408 1
	受教育程度	户主受教育程度	1.878 5	0.507 2
	政治面貌	户主是否为党员（是＝1，否＝0）	0.203 0	0.402 7
	种植经验	种植水稻年限（年）	14.613 6	8.114 6
	风险偏好	新品种是否愿意尝试，一半可能使现在的产量翻倍，一半可能会减产1/3（是＝1，否＝0）	0.465 7	0.512 4

（续）

特征	变量名称	变量说明及赋值	均值	标准差
家庭经营特征	家庭劳动力总数	家庭劳动力总人数	4.026 4	1.106 7
	家庭是否有贷款	是否从银行、农村信用社等正规机构进行借贷（是＝1，否＝0）	0.448 1	0.595 0
	土地细碎化程度	地块数占总面积的比值	0.095 6	0.194 9
	家庭农业机械现值	家庭持有农机现值（万元）	12.478 1	13.491 6
	家庭总收入	上年家庭总收入（万元）	10.162 3	17.022 6
	种植规模	上年土地经营规模（公顷）	16.578 1	27.769 3

数据来源：根据调研数据整理获得。

农户家庭经济情况如表 3－3 所示，农户家庭总收入平均为 10.16 万元/年，农户收入水平主要集中于中等收入和中等偏下收入水平，家庭总收入高于 10 万元占比为 27.15％，高收入群体占比较低，农户间收入差距大。

表 3－3　农户家庭总收入分布

家庭总收入区间（万元）	户数（户）	占样本总数比例（％）
＞3	132	29.14
3～10	198	43.71
＜10	123	27.15

如表 3－2 所示，农户土地经营规模平均 16.578 1 公顷，其中土地经营规模大于 133.33 公顷的农户占比为 23.62％，6.68～133.33 公顷的农户占比为 30.02％，3.33～6.67 公顷农户占比为 17.22％，3.33 公顷以下农户占比为 29.14％。说明样本农户整体土地经营规模较大（表 3－4）。

表 3－4　农户土地经营规模分布

土地经营规模区间（公顷）	户数（户）	占样本总数比例（％）
＞3.33	132	29.14
3.33～6.67	78	17.22
6.68～133.33	136	30.02
＜133.33	107	23.62

样本农户水稻种植成本收益情况。如表 3－5 所示，2019 年样本农户平均种植面积为 16.578 1 公顷，平均拥有稻田块数为 5.331 1 块，农户水稻单产水

平为 14 061.40 斤①/公顷，每斤售价平均为 1.544 0 元，获得总收益为 21 758.160元/公顷。农户种植水稻投入总成本为 15 144.365 元/公顷，其单位种子支出、农药支出、化肥支出、机械雇佣支出、人工雇佣支出、土地租金和其他费用支出分别为 632.869 元/公顷、750.620 9 元/公顷、1 703.102 0 元/公顷、1 122.541 元/公顷、2 072.058 元/公顷、6 728.711 元/公顷和 2 134.463 元/公顷，种子支出占总成本的 4.178 9%、农药支出占 4.956 4%、化肥支出占 11.245 8%、机械雇佣支出占 7.412 3%、人工雇佣支出占13.682 0%、土地租金占 44.430 5%、其他费用支出占 14.094 1%，通过成本收益统计得出农户种植水稻利润为 5 953.78 元/公顷，调研结果与黑龙江省整体水稻成本收益情况一致，但是不同区域水稻种植成本收益会有差异。具体来看，水稻种植成本投入较高，其中土地租金成本占比最高，其次是其他费用和人工雇佣支出。结合调研实际情况，土地流转的高昂费用已成为农户种地面临的巨大挑战，容易造成资金约束，影响农业投资能力；人工成本高主要是因为水稻的插秧环节、施肥环节和收割环节需要较多的劳动力投入，插秧环节过程繁杂，摆盘、拉苗、挑苗、补苗等环节仍需要大量的人工投入，在农村劳动力大量外移的趋势下劳动力雇佣成本逐年上涨，2019 年挑苗平均人工成本高达 450~550 元/公顷，补苗平均人工成本 200~300 元·天·人。因此，雇工成本仍是水稻种植中面临的重要挑战；人工收割成本在样本农户中占比较低，人工收割成本 600~700 元·人·天，这类情况主要发生在小农户或者五常有机寒稻区域，小农户经营规模小，通常采取人工收割方式；五常有机寒稻倾向采用人工收割方式，有效防止机械作业损伤秧苗，促使稻谷切口更接近于根茎，让稻谷茎叶的水分和营养继续流向稻粒，保证稻米的口感；农户施肥环节雇佣人工现象也普遍存在，施肥机械作业占比低，主要原因在于施肥机械对农机手要求高，技能较差容易压倒秧苗，而且施用肥料大部分是固体肥，无人机携带固体肥能力差，难以实现大面积机械作业。

表 3-5　农户水稻种植成本收益

变量名	单位	均值	标准差
种植面积	公顷	16.578 1	27.769 3
土地地块	块	5.331 1	5.305 3
土地产出	斤/公顷	14 061.40	2 324.81

---

① 1 斤＝500 克。——编者按

（续）

变量名	单位	均值	标准差
水稻售价	元/斤	1.544 0	0.394 9
总收益	元/公顷	21 758.160	6 890.128
总成本	元/公顷	15 804.380	9 235.583
种子支出	元/公顷	632.869	224.596
农药支出	元/公顷	750.620 9	489.906 5
化肥支出	元/公顷	1 703.102 0	587.988 8
机械雇佣支出	元/公顷	1 122.541	1 670.690
人工雇佣支出	元/公顷	2 072.058	6 106.009
土地租金	元/公顷	6 728.711	3 111.461
其他费用支出	元/公顷	2 134.463	655.833

数据来源：根据调研数据整理获得。

三、样本区域水稻生产性服务采纳情况

（1）农户采纳农业生产性服务行为分析。农户是否采纳某环节服务取决于服务所带来效益高低的权衡，农户在追求利润最大化的目标下，结合自身资源优势和具备的实力进行评估，对采纳服务引致的交易成本与产生的经济收益进行权衡。如表 3-6 所示，采纳服务农户占样本总数比例为 65.12%，说明现阶段种植水稻借助专业化服务完成的农户占比较高。具体从不同环节服务内容看，采纳农资供应服务农户占比为 16.11%，采纳育秧服务农户占比为 8.17%，采纳耕整地服务农户占比为 33.55%，采纳插秧服务农户占比 50.99%，采纳施肥服务农户占比为 11.48%，采纳植保服务农户占比为 49.23%，采纳收割服务农户占比为 46.36%，采纳销售服务农户占比为 18.10%，采纳服务农户占比由高到低分别为插秧服务、植保服务、收割服务、耕整地服务、销售服务、农资供应服务、施肥服务和育秧服务。采纳插秧服务和植保服务农户占比最高，采纳施肥服务和育秧服务农户占比最低，说明水稻种植中施肥、育秧等技术密集型环节服务外包水平较低，大多数农户在施肥和育秧环节仍然选择独自完成，测土配方施肥服务、育秧服务推广应用程度较低，技术服务市场供给有效性有待完善，特别在服务交易形式、服务关系管理等方面还需强化。通过实际调研发现，农户普遍反映测土配方施肥服务存在明

显的信息不对称和机会主义行为，有机肥服务面临较高的成本投入和销售端的不确定性。采纳农资供应服务和销售服务的农户占比较低，说明农业产前和产后服务供给属于薄弱环节，原因在于承接产业链服务供给主体数量少且能力不足，农户采纳产前产后服务面临的信息不对称性较强。从产中不同环节服务占比看，采纳劳动密集型环节服务的农户占总数比为 63.79%，采纳技术密集型环节服务的农户占总数比为 55.19%，技术密集型环节服务外包程度较低，主要在于育秧、施肥和植保等技术服务市场发展水平低，且服务交易中容易出现服务质量难以监督或者机会主义行为等问题，降低服务参与积极性。

表 3-6　农户采纳农业生产性服务行为的频数分布

服务类型	户数（户）	比例（%）
采纳任意一种服务	295	65.12
采纳产前和产后服务	111	24.50
采纳产中服务	295	65.12
采纳劳动密集型环节服务	289	63.79
采纳技术密集型环节服务	250	55.19
农资供应服务	73	16.11
育秧服务	37	8.17
耕整地服务	152	33.55
插秧服务	231	50.99
施肥服务	52	11.48
植保服务	223	49.23
收割服务	210	46.36
销售服务	82	18.10

数据来源：根据调研数据整理获得。

从不同环节服务的支出水平看，如表 3-7 所示，农户购买服务支出平均 841.305 8 元/公顷，其中服务支出占农业经营成本投入比例最高的是插秧服务和收割服务，其次分别为耕整地服务、育秧服务、施肥服务和植保服务，说明农机服务市场发展较好，得到稻农广泛的认可与信任，采用农业机械服务进行农业生产具有普遍性和高效性，农业技术服务市场发展有待提升，服务质量难以保证、服务方式单一、服务交易关系松散等导致稻农采纳技术环节服务水平低。

表 3-7 不同环节服务支出的描述性统计

服务类型	服务支出（元/公顷）	服务支出占农业经营成本比例（%）
育秧服务支出	585.753 7	6.45
耕整地服务支出	908.763 2	10.01
插秧服务支出	1 674.159 0	18.45
施肥服务支出	204.881 0	2.26
植保服务支出	179.024 9	1.97
收割服务支出	1 495.253 0	16.48
购买服务平均支出	841.305 8	9.27
农业经营成本投入（不包括土地租金）	9 075.669 0	

数据来源：根据调研数据整理获得。

（2）农户参与不同服务模式的分析。从服务模式看，如表 3-8 所示，农户参与市场化服务模式占比为 36.20%，农户参与合作化服务模式占比为 15.23%，农户参与产业化服务模式占比为 13.69%。其中，参与产业化服务模式农户占比最小，参与市场化服务模式农户占比最大，说明目前农业生产性服务供给多处于松散的市场交易关系中，服务交易规范性、服务主体供给方式选择存在诸多不确定性。农户参与产业化服务模式占比最低，主要是农业企业、农民专业合作社等主体承担产业化服务供应面临较大的经营风险和较高的交易成本，且产前产后服务市场容量小，交易效率低。从服务主体看，农民专业合作社、农业企业等主体服务供给内容、服务方式有待完善，合作社由于"精英俘获"容易对小农户造成服务边缘化，核心成员和普通社员在权利分配、利益获取等方面未能保证公平分配，影响服务功能的发挥。农业企业与农户进行交易，由于产业链服务供给不稳定、两者地位悬殊导致农户权益容易被侵犯，二者缺乏稳定的信任机制和利益联结机制，降低农户参与产业化服务积极性；从服务交易形式看，服务交易中尚未形成有效契约约束和紧密利益联结机制，导致农户选择合作化服务或者产业化服务面临较高的交易成本。

表 3-8 农户参与不同服务模式统计

服务模式	户数（户）	占总样本户数比例（%）
市场化服务模式	164	36.20
合作化服务模式	69	15.23
产业化服务模式	62	13.69

数据来源：调研问卷整理获得。

（3）农户采纳服务来源及服务获取难易程度。无论农户采纳何种服务，都涉及与不同服务主体之间的交易。结合调研实际情况，农户采纳服务的主体来源主要有市场化服务组织，农民专业合作社，农业企业、多组织联合等，如表3-9所示。其中，农业企业、多组织联合为21.02%的农户提供各类服务，农民专业合作社为23.39%的农户提供各类服务，市场化服务组织为55.59%农户提供各类服务。其中，市场化服务组织提供服务的占比最高，主要以供给耕整地、插秧、收割等劳动密集型环节服务为主，农民专业合作社主要以供给劳动密集型环节和技术密集型环节服务为主，农业企业、多组织联合主要以供给产业链上下游服务和技术密集型环节服务为主。可以看出，市场化服务组织供给产业链服务能力较差，将分散农户组织起来的能力不足，农民专业合作社能够提高农户组织化程度，但产业链服务功能发挥较弱，农业企业产业链整合能力较强，但农业企业与农户间利益分配难以均衡，影响双方合作交易。

表3-9　不同服务的供给主体分布情况

来源主体	服务户数（户）	占比（%）
市场化服务组织	164	55.59
农民专业合作社	69	23.39
农业企业、多组织联合	62	21.02

数据来源：调研问卷整理获得。

从服务获取难易程度看，54.05%的农户获取育秧服务需要提前预约，46.05%的农户获取耕整地服务需要提前预约，90.90%的农户获取插秧服务需要提前预约，75.00%的农户获取施肥服务需要提前预约，89.24%的农户获取植保服务需要提前预约，71.43%的农户获取收割服务需要提前预约，农户预约占比越高，说明服务可获取难度越大。可以看出，插秧服务、植保服务、施肥服务可获取难度较大，因为在抢种抢收的关键时节，插秧、植保、施肥环节对农业机械和劳动力的需求量较大，且为了保证在规定时间完成耕作内容，需要提前预约才能及时获取相应服务，供不应求的局面容易造成服务价格的不稳定。调研发现，农户对不同环节服务质量满意度存在差异，服务质量满意度较高的环节有耕整地服务、植保服务和收割服务，农户对服务质量满意度较低的环节有插秧服务和施肥服务，服务质量满意度差异产生的原因主要在于服务主体供给能力有限、服务监督成本高和服务质量效果难以识别等（表3-10）。

表3-10　农业生产性服务获取难易程度的分布情况

服务类型	样本数（个）	获取服务需要提前预约占比（%）
育秧服务	37	54.05
耕整地服务	152	46.05
插秧服务	231	90.90
施肥服务	52	75.00
植保服务	223	89.24
收割服务	210	71.43

数据来源：调研问卷整理获得。

（4）农业生产性服务的交易成本分析。总体来看，农户采纳服务的信息成本平均为2.828 4，谈判成本平均为2.423 1，监督成本平均为2.603 6，服务交易中信息成本和监督成本较高，谈判成本较低，结果与调研实际情况相符，农户采纳服务前通常会向周边农户打听农业服务价格、服务主体来源、服务能力等相关信息，服务作业期间农户通常会在周边观望，一方面便于与服务主体进行作业要求沟通，另一方面有助于监督服务作业质量（表3-11）。

表3-11　农业生产性服务的交易成本统计

交易成本类型	测度指标	总体评价	平均分值
信息成本	服务价格信息搜寻成本	2.708 8	
	各类服务信息了解成本	2.952 9	2.828 4
	周边农户服务采纳情况了解成本	2.823 4	
谈判成本	服务价格公平合理的谈判成本	1.324 5	
	服务要求制定成本	2.960 2	2.423 1
	服务成果验收成本	2.984 5	
监督成本	服务合同签订成本	1.684 3	
	服务质量监督成本	3.752 7	2.603 6
	服务作业沟通成本	2.373 8	

数据来源：调研问卷整理获得，总体评价为依据李克特量表计算的分值。

（5）农户特征与农业生产性服务采纳行为分析。农户采纳服务行为决策主要是基于家庭内部资源与外部环境综合因素权衡做出的决策，因此农户个体特征和家庭资源禀赋是影响农户采纳服务的关键因素。如表3-12所示，不同年龄农户和不同文化程度农户采纳服务比例差异并不显著，水稻种植年限和风险偏好特征是影响农户采纳服务行为的关键因素。从水稻种植年限来看，农户种植年限越高，采纳各环节服务比例越高，农户重视利用专业化服务协助完成农业生产过程，因此专业化水平得以提升。农户风险偏好程度与不同类型服务采纳决策有显著关系，揭示不同类型服务由于风险程度差异影响农户采纳行为决策。

表 3 - 12　户主个体特征与采纳服务统计

特征	指标	样本户数（户）	产业链上下游服务（%）	劳动密集型环节服务（%）	技术密集型环节服务（%）
年龄	40 岁以下	101	23.76	63.37	52.48
	40～55 岁	260	28.46	71.15	60.77
	55 岁以上	92	22.85	63.04	53.26
受教育程度	小学及以下	82	29.27	70.73	62.20
	初中	351	25.64	65.81	56.70
	高中及以上	20	25.00	60.00	50.00
水稻种植年限	低于 5 年	62	16.13	41.94	38.71
	5～15 年	220	25.00	68.64	60.91
	15 年以上	171	31.58	73.68	61.99
风险特征	风险偏好	209	19.62	62.68	50.72
	风险规避	244	28.69	65.16	59.43

数据来源：调研问卷整理获得。

如表 3 - 13 所示，家庭劳动力人数和自家农用机械投资并不是农户采纳服务行为差异的显著因素，农户土地经营规模和家庭总收入水平是影响农户采纳服务行为的关键因素。从土地经营规模来看，农户土地经营规模越大，采纳技术密集型环节服务比例则越高。农户家庭总收入水平越高，农户采纳产业链上下游环节服务和技术密集型环节服务比例越高，说明家庭收入水平越高的农户，其服务需求层次向高端增值服务类型转变。

表 3 - 13　农户家庭资源禀赋与采纳服务统计

特征	指标	样本户数（户）	产业链上下游环节服务（%）	劳动密集型环节服务（%）	技术密集型环节服务（%）
土地经营规模	低于 50 亩	132	24.24	60.61	52.27
	50～200 亩	214	26.64	65.42	56.07
	200 亩以上	107	20.56	64.49	57.01

（续）

特征	指标	样本户数（户）	产业链上下游环节服务（%）	劳动密集型环节服务（%）	技术密集型环节服务（%）
家庭劳动力人数	2人以下	20	10.00	64.73	50.00
	2~4人	141	31.91	60.00	57.19
	4人以上	292	21.92	62.41	51.77
自家农用机械投资	低于1万元	44	25.00	59.32	50.28
	1万~10万元	177	23.16	59.09	47.73
	10万元以上	232	25.43	68.10	60.34
家庭总收入	低于3万元	132	17.42	59.09	42.42
	3万~10万元	198	28.79	67.17	55.56
	10万以上	123	47.97	63.41	72.36

数据来源：调研问卷整理获得。

四、样本区域水稻生产性服务供给情况

（1）农业服务主体情况。本书主要对样本区域52个典型服务主体进行调研，均属于采纳服务农户对接的服务主体。其中，农业企业8个，主要包括五常乔府大院集团、绥化正大集团等农业产业化重点龙头企业，农业企业服务半径通常以整村为单位，注重联合村集体或者合作社带动周边农户，参与产业化服务农户比未参与产业化服务农户平均收益高500~700元/亩；农民专业合作社15个，主要包括延寿信合有机稻米专业合作社、富锦市双合水稻种植专业合作社等示范社，合作社服务半径平均在50户以上，相比于农业企业，合作社显然在加工销售等产业链后端发展滞后，服务供给方式与风险共担机制薄弱，服务主体为农户让利空间较小；其他市场服务主体共29个，主要包括农机大户、家庭农场和专业服务组织等，服务内容主要以单一环节或多环节服务为主，服务半径主要以本村有需求的农户为主。

（2）农业服务供给方式统计分析。不同服务主体服务供给方式存在显著差异，结合实际调研，本书从服务价格优惠方式、服务组织联合方式、服务契约签订形式和服务利益分配方式4个维度考察，不同类型主体服务供给方式统计分析如表3-14所示。农机大户等市场化组织服务供给方式较单一，农民专业合作社服务供给方式主要以服务惠顾联结为主，即农户参加合作社获得相应服务，合作社通过降低服务价格或者免费供应技术培训等惠顾方式稳定与农户的长期合作关系；农业企业服务供给方式主要以服务组织联结和契约联结为主，

农业企业注重联合村集体等中介组织，有助于为农户提供多元化服务，满足多层次服务需求，而且便于降低与分散农户对接的交易成本。此外，产业化服务组织注重签订服务契约，约束双方交易行为，保障双方权益不受侵害，进而带动农户分享到二三产业增值收益，提高农户参与服务的获利空间。以上分析结果揭示了不同服务主体依托差异化服务供给方式形成差异化服务模式，带动农户高效生产的作用机制也存在显著不同。

表 3 - 14　农业生产性服务供给方式统计

服务主体	服务价格优惠或免费供应服务	服务组织联合	服务契约签订	服务利益分红
市场化服务组织	√			
农民专业合作社	√		√	
农业企业	√	√	√	√

数据来源：调研问卷整理获得。

五、样本区域水稻生产性服务发展中存在的问题

（1）农户采纳不同环节服务呈现结构性失衡。调研发现，农户采纳产中环节服务比例显著高于采纳产前和产后服务比例，产生了显著的服务结构失衡问题，主要是农资供应服务和销售服务等产业链上下游环节服务供给薄弱，服务主体能力有限且面临较大服务供应风险。农业服务作业的复杂性和作业效果的不确定性是导致农业服务采纳环节失衡的主要原因。第一，对于农资供应服务，服务主体统一为农户提供种子、农药、化肥等生产资料，统一供应有助于降低农资成本投入，但如何施用、施用多少缺乏明确的指导，部分农户未能按照标准规范施用，降低了农资使用效率，难以发挥农资服务效果。第二，对于销售服务，通常以订单收购或者"保底＋分红"形式进行服务交易，农户按照服务方事先的要求标准进行生产，产出的粮食统一交给服务主体进行加工销售。然而，由于企业收粮时对于水稻出米率、水分有非常严格的要求，农户若是经历涝灾、旱灾、冰雹等不可抗力的外部风险，致使水稻出米率和水分下降，企业将拒绝收粮，农户将遭受巨大经济损失，双方信息不对称和交易关系不稳定影响农户采纳销售服务的积极性。第三，对于技术密集型环节服务，如育秧服务、植保服务等作业环节面临的生产风险和不确定性较大，服务质量难以监督，服务效果难以衡量，降低农户采纳技术密集型服务的积极性。

（2）服务主体供给方式单一，交易关系不稳定。调研发现，农民专业合作社、农业企业等服务主体供给方式单一，普遍呈现口头化、短期化、小范围化的服务特点，忽略服务交易关系管理，容易形成松散的合作交易关系，增加农

户信息搜寻成本、谈判成本和监督成本，降低农户服务参与积极性。根本原因在于传统农业服务模式未能创新，服务市场容量较小，缺乏多元服务主体介入的有效激励机制；从服务主体角度，服务主体之间尚未形成有效的合作共赢机制，单一服务主体供给能力有限，影响服务交易效率；从服务供需看，服务供需匹配度较低，满足不同层次不同类型需求的服务体系尚未建立，造成部分环节服务可获取难度大、服务交易成本高等问题。

（3）农户组织化困境影响参与服务效果。现阶段，农业生产性服务市场容量小，服务交易成本高，难以诱导多元服务主体介入，服务规模经济效应难以发挥，服务交易效率低。主要原因在于农业生产性服务供给对农户组织化程度有较高要求，而分散的小规模农户面临严重的组织化困境，难以对接规模化服务，采纳服务面临交易风险和不确定性较强，影响服务参与的积极性。具有显著非正式制度优势和社会网络优势的村集体或者农民专业合作社未能构建统一的资源整合平台，发挥关键的统筹组织功能，致使土地细碎化问题难以解决，产中机械服务和技术服务等规模化供给难以实现，产后小农户与销售市场有效对接成为难题，难以提升小农户自身发展能力。对于发展高附加值服务、农业产业链服务、全托管服务等造成明显的组织约束，影响农业生产性服务供给效果的发挥。

第三节　本章小结

本章主要对黑龙江省水稻生产现状及水稻生产性服务发展现状进行了梳理，总结了现阶段黑龙江省水稻生产性服务发展中存在的问题。首先，从水稻生产投入和产出两方面分析黑龙江省水稻生产现状；其次，总结样本区域水稻生产性服务发展情况，对样本区域农户特征、水稻种植成本收益情况进行分析，考察水稻生产性服务供需现状，总结样本区域水稻生产性服务发展中存在的问题，主要得到以下结论：

第一，近十年，黑龙江省农业劳动力与化肥要素变化趋势和水稻种植面积变化趋势趋于一致，水稻机械化水平上升幅度最明显，对水稻产出贡献最大。黑龙江省水稻总产占全国总产比例为12.66%，黑龙江省水稻单产水平始终高于全国水稻单产水平，成为当之无愧的全国水稻种植大省、产量大省。

第二，通过调研发现样本农户种植水稻利润平均为5 953.78元/公顷，具体来看，水稻种植成本投入较高，其中土地租金成本占比最高，其次是人工雇佣支出。

第三，采纳服务农户占农户样本总数比例为65.12%，说明现阶段种植水稻借助专业化服务完成农业生产的农户占比较高。具体从不同环节服务内容看，样本中采纳插秧服务和植保服务的农户占比最高，采纳育秧服务和施肥服务的农户占比最低。

第四，从服务模式看，36.20%的农户参与市场化服务模式，15.23%的农户参与合作化服务模式，13.69%的农户参与产业化服务模式，市场化服务模式仍然是农业生产性服务中的主导模式。

第五，从服务主体来看，21.02%农户采纳农业企业、多组织联合提供的服务，23.39%农户采纳农民专业合作社提供的服务，55.59%农户采纳市场化服务组织提供的服务，农户对接服务主体主要以市场化服务组织为主。从交易成本的角度，农户采纳服务的信息成本和监督成本较高，谈判成本较低。

第六，通过描述性统计分析发现，水稻种植年限和风险偏好特征是显著影响农户采纳服务行为的个体特征因素，农户土地经营规模和家庭总收入是显著影响农户采纳服务行为的家庭特征因素。

第七，不同服务主体形成差异化服务模式，决定了不同服务模式带农高效生产的作用机制存在显著差异。

第八，通过现状梳理发现农户采纳不同环节服务呈现结构性失衡、服务主体供给方式单一，交易关系不稳定和农户组织化困境影响服务参与效果等问题。

第四章　农业生产性服务对农户要素配置的影响

基于上一章黑龙江省农业生产性服务发展的客观事实，发现农业生产性服务作为中间品投入能够改变农户要素配置。本章结合分工理论系统考察农业生产性服务对农户土地要素、劳动力要素和技术应用的影响机理，利用微观调研数据对作用机理予以实证检验，揭示农业生产性服务与农户要素配置间的逻辑关系。

第一节　理论分析与研究假设

为了厘清农业生产性服务与农户土地流转、劳动力投入、技术应用和资本投入间的逻辑关系，本节分别展开机理分析。

一、农业生产性服务对农户土地流转的作用机理分析

农业生产性服务作为中间投入品嵌入农业生产中，转变农户传统生产经营方式，释放家庭部分劳动力，改变家庭要素配置结构，进而促进土地规模经营。具体作用路径为：第一，农业生产性服务借助市场机制实现廉价和相对充裕的农机要素对昂贵和相对稀缺的劳动力要素的有效替代，突破农户资源禀赋约束，缓解农业劳动力流失约束，弥补老年劳动力、女性劳动力体力不足的弊端，优化劳动力要素配置结构，对土地转入有显著促进作用；第二，农业企业、农民专业合作社等作为市场上主要的服务主体，在农业技术推广方面具有较强的市场资源整合能力，便于将高附加值低成本的农资和现代技术等嵌入农业生产中，提高农户技术管理水平，提升农户获利能力，增强农户扩大土地经营规模的积极性；第三，农业生产性服务通过降低农业经营总成本投入缓解农户成本投入压力，如自购大型农机具不仅面临高额的投资成本，而且容易产生机械闲置问题，沉没成本过高、资产专用性较强容易增加农户资金约束，影响土地规模化经营。以服务代替自家投资有助于节省农业成本投入，缓解农户资金约束，利润空间的增加会诱导农户扩大对农地的需求。农户购买农业生产性服务便于实现纵向分工，纵向分工深化强化农户对于扩大土地经营规模的诉

求。基于以上分析，做出如下假设：

H1：农业生产性服务对农户土地转入有显著促进作用。

二、农业生产性服务对农户技术应用的作用机理分析

新古典经济学认为专业分工能够加快技术进步，促进农业转型升级发展。基于分工理论，农业生产性服务不仅发挥弥补农业劳动力数量不足、质量较差的要素替代效应，而且更重视为农户提供自身无法供给的先进技术，如测土配方施肥技术、覆膜插秧技术、直播技术和新品种技术等具备高技术含量的服务内容，促使农户获取最新的农业知识、技术和信息等核心资源，提高农户技术采纳认知和技术应用水平。农业生产性服务通过提高农业生产迂回程度，增加中间产品数量，深化农业纵向分工，激发人力资本的"干中学"效应，进而诱发组织创新和技术进步。例如，农业生产性服务的技术进步效应主要从要素技术进步和农户技术应用水平两个维度体现。从要素技术进步视角，农业生产性服务改变了农业传统增长方式，正由资源型增长向技术型增长过渡，增强技术进步转换为提升生产的能力，因此，农业产出水平的提升得益于分工深化激发的技术进步。随着农业机械技术、生物技术的研发推广，农业服务组织作为新技术的有效推广示范主体，通过开展农技培训、建设示范基地等引导农户了解农业新技术、新信息，提高农户对新要素与新技术的认同和应用；农业生产性服务可以通过信息整合、技术转换和推广等直接路径激发技术进步效应，也可以通过激发服务方技术知识外溢、提高农户人力资本等间接路径产生技术进步效应。从农户人力资本视角，农业生产性服务促进农业生产专业化，专业化生产激发知识溢出和技术溢出效应，显著提高农户知识掌握程度和信息获取能力，促进农户学习效仿，有助于提升农户人力资本水平，提高技术采纳程度。同时，农户间的信息传递成为农业技术扩散的重要渠道，基于血缘、地缘和亲缘形成的紧密社会网络，促进农户间传递有效信息，提高农户技术接受度和转换能力。基于以上分析，做出如下假设：

H2：农业生产性服务对农户技术采纳有显著促进作用。

三、农业生产性服务对农户劳动力投入的作用机理分析

水稻生产环节繁杂，对劳动力投入需求较大，劳动力相对价格的上涨会提高农业机械对劳动力的替代程度。农机跨区服务市场发展成熟，逐渐转变农户传统生产方式，借助专业化服务协助农户完成农业生产成为普遍趋势，优化家庭劳动力资源配置的同时提高了环节劳动生产率，缓解了农忙季节的用工潮，降低了农户雇佣劳动力的搜寻成本、监督成本和雇佣成本等，有助于促进生产

效率提升。外部市场服务主体投资代替农户自主投资，不仅降低农户固定资产投资成本，还显著降低农业雇工成本等，解决了家庭劳动力老龄化、女性化造成低效生产的问题，显著提高了要素配置效率。纪月清等（2013）认为随着农业生产服务外包的快速发展，农机服务、农技服务等市场服务供给趋于规范化和专业化，生产同样数量的农产品需要投入的劳动力数量明显减少，各类农业生产性服务对农业劳动力的替代效应明显增强。整体上，农业生产性服务一方面解决了农业劳动力数量流失问题，农户从事农业生产的机会成本显著降低；另一方面改变了农业生产中资本与农业劳动力的投入比例，显著提高了单位劳动生产率，改善了非农就业导致的劳动力人力资本水平低等情况。土地经营规模越大的农户利用机械服务替代劳动力的效果越显著，劳动力雇佣成本节约效应越明显。基于以上分析，做出如下假设：

H3：农业生产性服务对农业劳动力投入有抑制作用。

四、农业生产性服务对农户农业资本投入的作用机理分析

基于分工理论，农业生产性服务通过迂回生产投资延长中间要素产业链，扩大中间产品市场容量，如农业机械服务、农资供应服务和植保服务等。因此，农户除了自主购买大型农业机械自我提供服务，还可以将资产专用性较强的生产环节融入分工体系当中，即通过购买农机服务、农技服务等迂回投资方式来替代自主专用性资产投资，通过购买农机服务、植保服务、农资供应服务等降低农户分散采购的交易成本和投资成本，从而绕过"规模临界点"约束，激发规模经济效应，降低整体生产成本，提高农业生产效率。采纳农机服务能够降低农业劳动力投入，提高作业效率的同时降低雇佣劳动力产生的高成本约束。特别对于大型农业机械、厂房等专用性资产较高的投资，农户面临较高的资产闲置、沉没成本和严重的信贷约束，当农户自身经营规模较小，专用性资产投资比购买服务的迂回生产投资要付出更高的成本投入，农户自身经营水平难以达到将整套农机服务内部化的效率区间，难以提高整体要素配置效率。因此，购买农业服务降低了使用大马力机械的费用成本和风险，保证农户在有限的资金水平下，实现劳动力和机械要素的合理配置，提升农户生产经营能力的同时激发显著的成本节约效应。农机服务实现了机械对劳动力的有效替代，将价格高昂的人工成本缩减为价格较低的机械成本，节约了资金投入。地块规模越大，农机服务作业成本越低，激发了显著的地块规模经济，因此，联合外包有助于降低整体经营成本。基于以上分析，做出如下假设：

H4：农业生产性服务对农业资本投入有抑制作用。

第二节 模型设定与变量选取

为了验证上述机理，本节利用普通回归模型、两阶段最小二乘法和泊松模型对上述关系进行检验，考察农业生产性服务应用的要素配置效应。

一、模型设定

（1）普通回归模型。根据以上理论分析，运用普通回归模型估计农业生产性服务应用水平对农户要素配置的影响，模型表示为：

$$element = b_0 + b_1 service + b_2 control + \mu_i \qquad (4-1)$$

模型 4-1 主要分析农业生产性服务应用水平对农户要素配置的影响。其中，$element$ 表示农户要素配置变量，主要分析农户土地流转、技术应用水平、劳动力投入和资本投入情况；$service$ 表示农业生产性服务应用水平，$control$ 表示可能影响农户要素配置的控制变量，主要包括农户特征、家庭经营特征、村庄特征等变量；μ_i 表示随机扰动项，b_0 表示常数项，b_1 和 b_2 表示待估参数。

需要说明的是，农户要素配置主要包括技术采纳、土地流转、劳动力投入和资本投入四个方面，以农户技术采纳种类数、农户土地转入率、农业劳动力投入占比和农户固定资产投资分别作为代理指标，农户土地转入率、农业劳动力投入占比和农户固定资产投资均属于连续型变量，可以用普通回归和两阶段回归模型进行估计，农户技术采纳种类数属于取整数的计数数据，使用泊松模型进行估计更科学。

（2）两阶段最小二乘法模型。本章首先考察农业生产性服务的要素配置效应，估计农业生产性服务对农户要素配置的影响时可能存在内生性问题。第一，由于模型设置可能存在遗漏变量，导致二者存在内生性。第二，解释变量与被解释变量之间可能存在互为因果的关系，农户要素配置水平越高，意味着农户采纳服务的可能性越大；要素配置能力越强的农户，为了实现经济收益最大化，农户倾向选择成本较低的服务外包方式替代自主投资完成农业生产。第三，农业生产性服务发展好坏与农业社会化服务试点政策相关，也是政府选择的结果，在农地肥沃、农业经济发展良好的村庄便于成为社会化服务试点区域，有助于提高村庄农户服务采纳程度。因此，很难保证采纳服务与未采纳服务农户抽样概率分布一致。基于以上分析，农业生产性服务与农户要素配置间存在内生性问题的可能性较大，借鉴 Heckman（1979）等学者的研究，有必要采用工具变量模型排除解释变量与被解释变量之间的内生性。因此，本书采用两阶段最小二乘法估计农业生产性服务对农户要素配置的影响。首先，用

DWH 异方差检验，考察农业生产性服务变量的内生性，若检验 P 值小于 0.1，则认为农业生产性服务是内生解释变量；其次，检验工具变量与农业生产性服务的相关性，若工具变量的回归系数显著，则说明工具变量与农业生产性服务呈高度相关。

两阶段最小二乘法模型中，农业生产性服务对农户要素配置的第一阶段模型表示为：

$$service = k_0 + k_1 Z_i + k_2 control + v_i \qquad (4-2)$$

其中，$service$ 代表为农户农业生产性服务应用水平，Z_i 表示工具变量；$control$ 为一系列控制变量，包括农户特征、家庭经营特征、村庄特征变量；V_i 表示随机扰动项，k_0 表示常数项，k_1 和 k_2 表示待估参数。

为保证模型可识别，两阶段最小二乘法第一阶段选择方程中至少有一个变量不出现在结果方程中进而作为识别变量，识别变量仅影响农业生产性服务采纳决策，但不直接影响农业要素配置。本书将工具变量村庄交通条件作为识别变量，因此，文中第一阶段方程除了包含所有控制变量还有识别变量。

（3）泊松模型。泊松模型假设农户采纳技术种类数量 m_i 都服从参数为 θ_i 的泊松分布，那么第 i 个农户采纳 m_i 种技术的概率为：

$$\mathrm{Prob}(m_i \mid control_i ; \theta_i) = \frac{e^{-\theta_i} \theta_i^{m_i}}{m_i}, \quad m_i = 0, 1, 2\cdots\cdots \quad (4-3)$$

模型 4-3 中，$\theta_i > 0$ 是农户采纳技术种类数量 m_i 的均值，也是泊松分布的方差，由影响农户技术采纳种类的特征变量 $control_i$ 来决定，$control_i$ 为控制变量，主要包括农户个体特征、家庭经营特征、村庄环境特征等变量，模型4-3主要利用准极大似然法进行估计，考察影响农户技术采纳的关键因素。

二、变量选取

各变量的定义具体如下：

被解释变量为农户各类要素配置。结合科布-道格拉斯生产函数，农户要素配置变量主要从农户技术采纳、土地流转、劳动力投入和资本投入四个方面进行探究。农户要素配置变量具体定义如下：借鉴李卫等（2017）学者的研究，以水稻种植技术采纳种类数量代表农户技术投入水平，结合实际调研情况，水稻作物种植技术主要包括覆膜插秧技术、水稻直播技术、测土配方施肥技术、增施有机肥技术、病虫害防治技术和秸秆还田技术 6 种；借鉴陈超等（2012，2020）学者的研究，以农户当年水田转入面积占土地经营总面积比例作为土地流转代理变量；借鉴张凤兵等（2021）的研究，将农户家庭中从事水稻生产超过 3 个月的农业劳动力人数占家庭劳动力总数比例作为劳动力投入代理变量，考虑到农户家庭自有劳动力情况；借鉴林文声等（2018）的研究，以农户家庭购买农机具（拖拉机、收割机、插秧机等）等固定资产的总投入作为资本投入代理指标。

核心解释变量为农户农业生产性服务应用水平。参照陈超等（2012，2020）指标选取方法，用农户购买农业生产性服务花费占农业经营总投入的比重作为农业服务应用水平的代理指标。选取农户是否采纳劳动密集型环节服务、技术密集型环节服务和产业链上下游环节服务代表农户不同环节服务采纳变量。

工具变量。工具变量选择必然直接影响农业生产性服务应用，并且与农户要素配置无直接联系，与决定结果变量的其他因素都无关。借鉴邱海兰等（2020）学者的研究，选择村庄交通条件作为工具变量，这一变量符合工具变量要求的两个必要条件：第一，相关性，村庄交通条件对农户农业生产性服务应用水平有显著影响，郑旭媛等（2017）认为村庄交通条件越便利，越便于大型机械作业，更能促使农户农业生产性服务应用水平提升，反之，村庄交通条件越差，大型机械难以进入，农户农业生产性服务应用水平越低；第二，外生性，村庄交通条件代表村庄公共设施的完善程度，显然会对农户服务应用有直接影响，但没有理由认为它会直接影响农户要素配置水平。

控制变量。控制变量表示其他可能影响农户要素配置的因素，控制变量主要起到使条件独立性假设成立，那些有可能受到关键变量影响或发生在关键变量之后的变量，不应该在控制变量中。基于以上分析和相关文献梳理，本书尽可能选择发生在核心解释变量之前或不随核心解释变量变化的变量，参考李霖等（2017，2019）、杨万江等（2017）学者的研究，选择户主特征、家庭经营特征、村庄特征三类变量作为控制变量。第一类为户主特征变量，与杨志海等（2020）学者的做法一致，从户主年龄、受教育程度、政治面貌、种植经验、风险偏好5个方面阐述；第二类为家庭经营特征变量，主要体现农户家庭资源禀赋情况，借鉴韩春虹等（2020）学者的研究，从家庭人口数量、家庭贷款情况、家庭总收入和土地细碎化4个方面阐述；第三类为村庄特征，主要体现外部环境变化，借鉴杨子等（2019）学者的做法，从村庄距乡镇距离、村庄是否有农业企业和村庄水利设施建设情况3个方面阐述。

三、变量描述性统计

表4-1显示了服务应用水平高的农户和服务应用水平低的农户在要素配置、个体特征、家庭特征和村庄环境特征等方面的差异。从要素配置方面，相比于服务应用水平低的农户，服务应用水平较高的农户农业劳动力投入较低，

技术采纳程度、土地流转率和农业资本投入较高，两组样本均值差通过 t 检验，均在 1% 的水平上显著，说明农户采纳服务会改变农户要素配置结构，缓解农户在土地、技术和劳动力等方面的资源约束。此外，服务应用水平高的农户与服务应用水平低的农户在种植经验、家庭总收入、村庄水利设施、村庄距乡镇距离等控制变量上也存在显著差异，同时说明服务应用水平高的农户资源禀赋良好，且所处村庄环境基础设施完善。

表 4-1　变量说明与描述性统计

变量名称	均值	标准差	服务应用水平高于均值	服务应用水平低于均值	均值差
技术采纳	1.633 5	1.593 1	2.411 3	1.216 9	1.194 4***
土地流转	0.474 5	0.302 1	0.624 1	0.394 4	0.229 7***
农业劳动力投入	0.399 9	0.215 3	0.374 9	0.412 1	−0.037 2***
农业资本投入	12.478 1	13.491 6	24.341 8	14.138 6	10.203 1***
村庄交通条件	3.494 4	0.903 8	3.575 9	2.145 7	1.430 2***
年龄	48.114 7	9.408 1	46.816 4	48.810 1	−1.993 7
受教育程度	1.878 5	0.507 2	1.892 4	1.871 1	0.021 3
政治面貌	0.203 0	0.402 7	0.246 8	0.179 6	0.067 2
种植经验	14.613 6	8.114 6	15.740 5	14.010 1	1.730 4***
风险偏好	0.465 7	0.512 4	0.500 0	0.447 4	0.052 6
家庭人口数量	4.026 4	1.106 7	4.075 9	4.000 0	0.075 9
家庭是否有贷款	0.448 1	0.595 0	0.563 2	0.386 4	0.176 8
土地细碎化程度	0.095 6	0.194 9	0.010 5	0.022 5	−0.012 0
家庭总收入	10.162 3	17.022 6	39.689 2	13.071 6	26.617 6***
村庄水利设施	3.209 7	0.987 8	3.316 4	3.152 5	0.163 9*
村庄距乡镇距离	10.639 2	19.000 1	7.127 2	12.520 3	−5.393 1***
村庄农业企业	0.348 7	0.477 1	0.436 7	0.301 6	0.135 1

注：均值差是服务应用水平高于均值的农户与服务应用水平低于均值的农户样本进行 t 检验所得，***、**、*分别表示两组样本在1%、5%和10%水平上有显著差异。

第三节　估计结果分析与讨论

针对上述理论分析和实证检验，本节对实证结果进行分析解释，考察估计结果背后的原因。

一、农业生产性服务对农户土地流转的影响结果

表4-2显示了农业生产性服务应用水平影响农户土地流转的结果，其中第一列和第二列是普通回归结果，可以看出农业生产性服务应用水平对农户土地转入有显著促进作用，其中，劳动密集型环节服务对农户土地转入促进作用更明显。考虑到农业生产性服务的内生性问题，第三列和第四列分别是增加工具变量的两阶段模型估计结果：首先，运用DWH检验农业生产性服务程度变量是否存在内生性，得到Durbin-Wu-Hausman统计量为85.220 2，P值为0.000 1，显著拒绝该变量外生性的原假设，说明该变量存在内生性问题，如果使用普通回归直接估计，所得到的估计系数将会有偏，证明采取工具变量模型的重要性；其次，对模型进行可识别检验和弱工具变量检验，可识别检验Kleibergen-Paap rk LM的P值小于0.01，在1%水平上显著拒绝了"工具变量识别不足"的原假设，说明模型通过了可识别检验；弱工具变量检验Kleibergen-Paap Wald F统计量为84.174 0，大于10%水平上的临界值16.380 0，显著拒绝原假设，说明不存在弱工具变量；最后，两阶段模型中的第一阶段，工具变量村庄交通条件对农业生产性服务应用水平有显著正影响，选取的工具变量与内生变量有较强相关性，说明选取的工具变量是有效的。从回归结果看，农业生产性服务应用水平对农户土地转入规模有显著正影响，在1%的水平上显著，考虑核心变量内生性问题后，农户土地转入比例相比普通回归结果有所提高，说明使用普通回归模型容易低估农户生产性服务应用水平对土地流转的影响，揭示了遗漏变量与农户农业生产性服务应用水平的相关关系、遗漏变量与农户转入土地的相关关系呈相反方向，使用工具变量法可以有效解决该问题。两类模型结果与理论分析一致，说明农户农业生产性服务应用水平提高有助于促进农户转入土地，主要在于农业生产性服务具有缓解农户资源约束的作用，通过社会化分工、迂回生产程度增加缓解农户劳动力约束、资金约束和技术约束，对于推进土地流转有显著促进作用。

影响农户土地流转的重要控制变量主要有农户种植经验、风险偏好、家庭贷款、家庭总收入、家庭人口数量和村庄农业企业，如表4-2第一列，农户种植经验、家庭总收入和村庄农业企业对农户土地流转有显著正影响，说明农户种植经验越丰富、家庭总收入水平越高有助于扩大土地经营规模，村庄有农业企业有助于提高农产品附加值，便于推进土地规模化经营。风险偏好、家庭是否有贷款、家庭人口数量对农户土地流转有显著负影响，说明风险偏好型、有家庭贷款的农户倾向于从事非农领域或者减小土地经营规模，家庭人口数量越多，家庭劳动力向外转移可能性越大，农业生产重心容易发生转移，降低农

户土地流转的积极性。

表 4 - 2　农业生产性服务对农户土地流转的影响结果

变量	OLS	OLS	2SLS第一阶段	2SLS第二阶段
农业生产性服务应用水平	0.310 8***	——	——	1.934 5***
	(0.079 2)			(0.258 9)
劳动密集型环节	——	0.308 4***	——	——
		(0.041 4)		
技术密集型环节	——	0.059 7	——	——
		(0.038 9)		
产业链上下游环节	——	−0.078 8**	——	——
		(0.033 4)		
年龄	0.000 6	0.000 3	−0.000 7	0.002 5
	(0.001 6)	(0.001 3)	(0.000 8)	(0.002 0)
受教育程度	0.014 4	0.020 7	0.001 2	0.029 5
	(0.035 1)	(0.032 7)	(0.015 8)	(0.037 6)
政治面貌	0.034 7	0.010 7	−0.017 8	0.039 3
	(0.033 9)	(0.028 8)	(0.020 2)	(0.048 0)
种植经验	0.003 0*	0.001 6	0.001 0	−0.000 8
	(0.001 5)	(0.001 3)	(0.001 0)	(0.002 4)
风险偏好	−0.057 7**	−0.050 4**	0.004 0	−0.038 7
	(0.025 6)	(0.021 5)	(0.015 5)	(0.036 9)
家庭是否有贷款	−0.051 4***	−0.014 4	0.013 2	−0.053 9
	(0.018 6)	(0.015 4)	(0.013 8)	(0.032 7)
家庭总收入	0.074 7***	0.048 0***	0.067 1***	0.074 1**
	(0.015 1)	(0.012 0)	(0.009 1)	(0.031 5)
家庭人口数量	−0.029 1**	−0.031 1**	−0.003 4	−0.024 3
	(0.014 0)	(0.012 4)	(0.007 2)	(0.017 1)
土地细碎化程度	−0.000 1	−0.000 1	−0.000 1	0.000 2
	(0.000 1)	(0.000 1)	(0.000 1)	(0.000 2)
村庄水利设施	−0.017 0	−0.003 6	−0.021 2**	−0.012 0
	(0.013 6)	(0.011 4)	(0.008 6)	(0.019 9)
村庄距乡镇距离	0.000 1	0.000 4	−0.000 1	0.000 8
	(0.000 8)	(0.000 6)	(0.000 4)	(0.001 0)

（续）

变量	OLS	OLS	2SLS 第一阶段	2SLS 第二阶段
村庄农业企业	0.078 3***	0.06 13**	0.008 8	0.050 5
	(0.028 3)	(0.025 1)	(0.017 2)	(0.041 1)
常数项	−0.350 4*	−0.231 1	−0.692 1***	1.024 7***
	(0.195 5)	(0.151 8)	(0.119 2)	(0.356 1)
村庄交通条件	—	—	0.058 7***	—
			(0.006 4)	
R²	0.270 5	0.429 2	0.221 7	0.513 4
DWH 内生性检验	—	—	—	85.220 2
				[0.000 1]
可识别检验	—	—	—	72.884 0
				[0.000 0]
弱工具变量检验	—	—	—	84.174 0
				{16.380 0}
样本量	453	453	453	453

注：***、**和*分别表示在1%、5%和10%的水平上显著。（）为标准误，[]为相应检验的概率 P 值，{}为 Stock-Yogo 检验 10%水平上的临界值。

二、农业生产性服务对农户技术采纳的影响结果

表4-3显示了农业生产性服务应用水平对农户技术采纳的影响结果。被解释变量 Y 为农户采纳水稻种植技术的种类数，取值限于很少的几个非负整数值，计数数据分布与 OLS 中假定的标准正态分布存在显著差异，为避免由此造成的估计偏误，本书在估计方法上采用了泊松回归模型。对于模型存在的内生性问题，参考史常亮（2018）的研究方法，采用控制函数法（CF）解决泊松模型存在的内生性问题，控制函数法主要分为两个阶段：第一阶段，利用工具变量及其他控制变量对内生变量进行 OLS 估计，得到残差 resid；第二阶段，对包含第一阶段残差 resid 的泊松模型解释变量进行拟合，如果残差项 resid 的系数不等于 0，那么说明农户采纳农业生产性服务具有内生性。表4-3最后两列得到残差 resid 系数的 Z 统计值，统计值为−7.702 9，Z 统计值在1%的水平上显著拒绝"农业生产性服务变量外生"的原假设，证明此变量存在内生性问题。结合泊松回归模型和控制函数法模型的回归结果，农业生产性服务应用水平对农户技术采纳有显著促进作用，且在 1%的水平上显著，劳动密集型服务、技术密集型服务和产业链上下游服务对农户技术采纳均有显著促

进作用。控制内生性问题后，农户技术采纳程度显著提高，说明忽略内生性问题会低估农业生产性服务应用水平对农户技术采纳的促进效应。模型结果与理论分析相一致，说明农户采纳农业生产性服务有助于提高农户技术应用水平，主要在于农业生产性服务组织具有较强的资金实力和市场势力，有能力聚集市场上先进技术、人才和信息等核心资源，依托乡村社会网络实现技术溢出和信息传递，显著提高农户专业化水平和技术应用能力。

影响农户技术采纳的重要控制变量主要有农户年龄、政治面貌、种植经验、家庭是否有贷款和家庭总收入，如表 4 - 3 第一列，其中农户年龄、政治面貌、种植经验和家庭总收入对农户技术采纳有显著正影响，说明年龄越大、具有丰富种植经验的农户倾向于采纳测土配方施肥技术、病虫害防治技术。成为中国共产党党员的农户综合素质较高，家庭总收入水平较高的农户能够获得更多技术采纳等相关信息，均有助于先进技术的应用。家庭贷款对农户技术采纳有显著负影响，有家庭贷款说明农户家庭面临较强的资金约束，先进技术应用需要较高的成本投入，家庭资源禀赋约束降低农户技术采纳意愿。

表 4 - 3　农业生产性服务对农户技术采纳的影响结果

核心解释变量	泊松回归	泊松回归	CF 控制法第一阶段	CF 控制法第二阶段
农业生产性服务应用	1.085 8***	——	——	8.179 0***
水平	(0.170 9)			(0.701 3)
劳动密集型环节	——	1.102 4***	——	——
		(0.236 4)		
技术密集型环节	——	0.403 6***	——	——
		(0.140 5)		
产业链上下游环节	——	0.265 3***	——	——
		(0.079 3)		
年龄	0.010 5**	0.007 7*	−0.000 7	0.019 7***
	(0.005 1)	(0.004 6)	(0.000 8)	(0.004 6)
受教育程度	−0.120 4	−0.121 3**	0.001 2	−0.057 3
	(0.074 9)	(0.061 5)	(0.016 8)	(0.662 6)
政治面貌	0.198 5**	0.107 8	−0.017 8	0.258 7***
	(0.096 2)	(0.080 7)	(0.023 6)	(0.083 4)
种植经验	0.023 5***	0.020 7***	0.001 0	0.006 9
	(0.005 0)	(0.004 8)	(0.001 0)	(0.004 8)

（续）

核心解释变量	泊松回归	泊松回归	CF 控制法第一阶段	CF 控制法第二阶段
风险偏好	−0.185 5**	−0.076 1	0.004 0	−0.091 6
	(0.085 0)	(0.077 8)	(0.015 6)	(0.077 5)
家庭是否有贷款	−0.133 4*	−0.020 8	0.013 3	−0.138 4**
	(0.072 2)	(0.062 9)	(0.015 0)	(0.060 9)
家庭总收入	0.134 5***	0.062 5*	0.067 2***	−0.469 3***
	(0.049 4)	(0.036 8)	(0.008 4)	(0.066 3)
家庭人口数量	−0.029 7	−0.043 0	−0.003 4	−0.009 6
	(0.038 4)	(0.038 5)	(0.007 4)	(0.039 2)
土地细碎化程度	−0.000 6	−0.000 3	−0.000 1*	0.000 5
	(0.000 6)	(0.000 4)	(0.000 1)	(0.000 4)
村庄水利设施	0.037 2	0.020 5	−0.021 3***	0.009 2
	(0.043 0)	(0.039 1)	(0.008 3)	(0.037 5)
村庄距乡镇距离	−0.000 1	0.002 2	−0.000 1	0.003 3**
	(0.002 7)	(0.001 5)	(0.000 2)	(0.001 6)
村庄农业企业	0.076 6	−0.086 0	0.008 8	−0.036 0
	(0.085 3)	(0.076 8)	(0.018 5)	(0.075 5)
常数项	−1.838 1***	−1.810 1***	−0.692 1***	3.597 8***
	(0.670 6)	(0.599 6)	(0.105 7)	(0.767 5)
村庄交通条件	——	——	0.058 8***	——
			(0.005 2)	
R^2	0.093 3	0.200 3	0.363 5	0.186 0
第一阶段残差的 Z 统计值	——	——	——	−7.702 9***
				(0.701 0)
样本量	453	453	453	453

注：***、**和*分别表示在1%、5%和10%的水平上显著；（）为标准误。

三、农业生产性服务对农户劳动力投入的影响结果

表4-4显示了农业生产性服务应用水平影响农业劳动力投入的结果，其中第一列和第二列是普通回归结果，可以看出农业生产性服务应用水平对农业劳动力投入有显著抑制作用，其中，劳动密集型环节服务对农业劳动力投入存在显著的抑制作用，产业链上下游环节服务对农业劳动力投入有促进作用，说

明机种、机播和机收等劳动密集型服务能够有效替代农业劳动力投入，产前和产后服务应用对农业劳动力投入数量和质量有较高的要求。后两列分别是增加工具变量的两阶段模型估计结果。首先，运用 DWH 检验农业生产性服务应用水平变量是否存在内生性，得到 Durbin-Wu-Hausman 统计量为 4.892 7，P 值为 0.027 0，显著拒绝该变量外生性的原假设，说明该变量存在内生性问题，如果使用普通回归直接进行估计，所得到的估计系数将会有偏。其次，进行可识别检验和弱工具变量检验，可识别检验 Kleibergen-Paap rk LM 的 P 值小于 0.01，在 1% 水平上显著拒绝了"工具变量识别不足"的原假设，说明模型通过了可识别检验；弱工具变量检验 Kleibergen-Paap Wald F 统计量为 84.174 0，大于 10% 水平上的临界值 16.380 0，显著拒绝原假设，说明不存在弱工具变量。最后，在两阶段模型中的第一阶段，工具变量对农业生产性服务应用水平有显著正影响，选取的工具变量与内生变量有较强相关性，说明选取的工具变量是有效的。从回归结果看，农业生产性服务应用水平对农业劳动力投入有显著负影响，在 1% 的水平上显著，在普通回归模型和两阶段回归模型中，农户应用农业生产性服务水平增加 1%，农业劳动力投入比例分别下降 0.03% 和 0.23%，也就是考虑核心变量内生性问题后，农业劳动力投入下降幅度相比普通回归结果更大，说明使用普通回归模型容易低估农业生产性服务应用水平对农业劳动力投入的影响，揭示了模型中遗漏变量与农业生产性服务应用水平的相关关系、遗漏变量与农业劳动力投入的相关关系呈相反方向，使用工具变量法可以有效解决该问题。两类模型结果与理论分析一致，说明农户采纳农业生产性服务有助于减少农业劳动力投入，农业生产性服务将机械技术、生物技术等嵌入农业生产中，实现资本对劳动力的有效替代，降低劳动力投入需求，同时释放家庭劳动力从事非农就业，优化家庭劳动力资源配置。

影响农户农业劳动力投入的重要控制变量主要包括农户年龄、家庭是否有贷款、家庭总收入和家庭人口数量，如表 4-4 第一列，其中，农户家庭贷款和家庭人口数量对农业劳动力投入有显著正影响，说明农户家庭面临较强资金约束，容易增加农业劳动力的投入，以成本低廉的自家劳动力要素弥补资金投入的不足。农户年龄和家庭总收入对农业劳动力投入有显著负影响，说明农户年龄越大投入农业生产的积极性越低。家庭总收入越高，越容易降低农业劳动力投入，可能的原因在于家庭劳动力非农收入占比较高，农业经营主要依托农业社会化服务完成，合理分配家庭劳动力在农业和非农领域，便于实现家庭福利最大化。

表 4-4　农业生产性服务对农业劳动力投入的影响结果

核心解释变量	OLS	OLS	2SLS第一阶段	2SLS第二阶段
农业生产性服务应用水平	−0.031 8***	——	——	−0.238 6*
	(0.005 4)			(0.137 1)
劳动密集型环节	——	−0.078 5***	——	——
		(0.027 1)		
技术密集型环节	——	0.011 0	——	——
		(0.025 3)		
产业链上下游环节	——	0.063 1**	——	——
		(0.027 8)		
年龄	−0.002 1*	−0.002 3*	−0.000 7	−0.002 5**
	(0.001 2)	(0.001 2)	(0.000 8)	(0.001 1)
受教育程度	−0.015 2	−0.018 7	0.001 2	−0.017 7
	(0.032 1)	(0.031 1)	(0.015 8)	(0.019 9)
政治面貌	−0.003 7	−0.000 3	−0.017 8	−0.004 4
	(0.024 2)	(0.024 5)	(0.020 2)	(0.025 4)
种植经验	−0.000 1	0.000 3	−0.001 0	0.000 5
	(0.001 1)	(0.001 1)	(0.001 0)	(0.001 3)
风险偏好	0.028 7	0.032 5*	0.004 0	0.025 5
	(0.018 7)	(0.019 1)	(0.015 5)	(0.019 5)
家庭是否有贷款	0.027 1*	0.018 2	0.013 2	0.027 5
	(0.014 3)	(0.014 2)	(0.013 8)	(0.017 3)
家庭总收入	−0.037 1**	−0.026 5*	0.067 1***	−0.012 3
	(0.018 1)	(0.016 1)	(0.009 1)	(0.016 7)
家庭人口数量	0.049 8***	0.049 5***	−0.003 4	0.049 0***
	(0.012 8)	(0.012 6)	(0.007 2)	(0.009 1)
土地细碎化程度	0.000 01	0.000 1	−0.000 1	0.000 1
	(0.000 1)	(0.000 1)	(0.000 1)	(0.000 1)
村庄水利设施	−0.007 3	−0.014 0	−0.021 2**	−0.008 1
	(0.009 9)	(0.009 8)	(0.008 6)	(0.010 5)
村庄距乡镇距离	−0.000 5	−0.000 5	−0.000 1	−0.000 6
	(0.000 6)	(0.000 5)	(0.000 4)	(0.000 5)

（续）

核心解释变量	OLS	OLS	2SLS 第一阶段	2SLS 第二阶段
村庄农业企业	−0.023 9	−0.026 7	0.008 8	−0.019 3
	(0.021 6)	(0.022 4)	(0.017 2)	(0.021 7)
常数项	0.775 0***	0.716 3***	−0.692 1***	0.546 0***
	(0.190 7)	(0.179 6)	(0.119 2)	(0.188 6)
村庄交通条件	——	——	0.058 7***	——
			(0.006 4)	
R²	0.116 0	0.136 8	0.363 5	0.066 2
DWH 内生性检验	——	——		4.892 7
				[0.027 0]
可识别检验	——	——		72.884 0
				[0.000 0]
弱工具变量检验	——	——		84.174 0
				{16.380 0}
样本量	453	453	453	453

注：***、**和*分别表示在1%、5%和10%的水平上显著。( ) 为标准误，[ ] 为相应检验的概率 P 值，{ } 为 Stock—Yogo 检验 10%水平上的临界值。

四、农业生产性服务对农户农业资本投入的影响结果

表4-5显示了农业生产性服务应用水平影响农业资本投入的结果，其中第一列和第二列是普通回归结果，可以看出农业生产性服务和不同类型服务对农业资本投入影响并不显著。后两列分别是增加工具变量的两阶段模型估计结果。首先，运用 DWH 检验农业生产性服务变量是否存在内生性，得到 Durbin-Wu-Hausman 统计量为 3.610 4，P 值为 0.057 4，显著拒绝该变量外生性的原假设，说明该变量存在内生性问题，如果使用普通回归直接进行估计，所得到的估计系数将会有偏。其次，进行可识别检验和弱工具变量检验，可识别检验 Kleibergen-Paap rk LM 的 P 值小于 0.01，在 1%水平上显著拒绝了"工具变量识别不足"的原假设，说明模型通过了可识别检验；弱工具变量检验 Kleibergen-Paap Wald F 统计量为 84.170 0，大于 10%水平上的临界值 16.380 0，显著拒绝原假设，说明不存在弱工具变量。最后，在两阶段模型中的第一阶段，工具变量对农业生产性服务有显著正影响，选取的工具变量与内生变量有较强相关性，说明选取的工具变量是有效的。从回归结果看，农业生

产性服务应用水平对农业资本投入影响不显著，说明农业生产性服务尚未产生显著的成本节约效应，可能的原因在于农户采纳农业生产性服务虽然降低了自家农用机械的损耗和人工费用，但采纳农机服务、农技服务等也会产生服务成本和交易成本，容易产生资金约束问题，特别对于小农户，服务应用成本难以像规模经营农户那样得以分摊。因此，农业生产性服务投资成本和交易成本高仍然是服务交易中的主要问题，一定程度上影响了生产效率的提升。

影响农户农业资本投入的重要控制变量主要包括家庭是否有贷款、家庭总收入和村庄水利设施，如表4-5第一列，其中，农户家庭是否有贷款和家庭总收入对农业资本投入有显著正影响，说明农户农业生产面临较高的资金需求和成本压力，农户家庭贷款很可能用于农药、化肥、机械租赁和人工等农业生产方面的投入。村庄水利设施对农业资本投入有显著负影响，说明村庄水利设施建设越完善，农业资本投入越少，说明完善农村水利设施有助于改善低产地块地力和均衡农田水分，降低农户在灌溉、人工雇佣等方面的成本支出。

表4-5 农业生产性服务对农业资本投入的影响结果

核心解释变量	OLS	OLS	2SLS第一阶段	2SLS第二阶段
农业生产性服务应用水平	0.287 9	——	——	−1.141 3
	(0.268 2)			(0.936 6)
劳动密集型环节	——	−0.020 1		
		(0.171 3)		
技术密集型环节	——	−0.168 4		
		(0.185 1)		
产业链上下游环节	——	0.151 0		
		(0.162 0)		
年龄	−0.006 3	−0.007 2	−0.000 7	−0.008 4
	(0.005 9)	(0.006 0)	(0.000 9)	(0.007 6)
受教育程度	−0.218 4	−0.233 8	0.001 2	−0.235 3*
	(0.153 3)	(0.158 7)	(0.015 8)	(0.136 1)
政治面貌	−0.381 8	−0.374 5	−0.017 8	−0.387 0**
	(0.239 5)	(0.241 2)	(0.020 3)	(0.173 7)
种植经验	−0.006 7	−0.004 2	0.001 0	−0.002 5
	(0.012 4)	(0.012 3)	(0.001 0)	(0.009 0)
风险偏好	0.197 7	0.196 0	0.004 0	0.176 2
	(0.132 5)	(0.135 5)	(0.015 6)	(0.133 6)

（续）

核心解释变量	OLS	OLS	2SLS第一阶段	2SLS第二阶段
家庭是否有贷款	0.184 6*	0.162 6	0.013 3	0.187 3
	(0.105 0)	(0.107 8)	(0.013 9)	(0.118 4)
家庭总收入	0.757 7***	0.843 6***	0.067 2***	0.925 3***
	(0.097 2)	(0.093 2)	(0.009 1)	(0.114 0)
家庭人口数量	0.019 6	0.017 4	−0.003 4	0.014 2
	(0.075 6)	(0.076 4)	(0.007 2)	(0.062 2)
土地细碎化程度	0.001 2	0.001 0	−0.000 1	0.000 9
	(0.000 8)	(0.000 7)	(0.000 1)	(0.000 7)
村庄水利设施	−0.103 0*	−0.121 6*	−0.021 3**	−0.108 6
	(0.062 1)	(0.064 5)	(0.008 6)	(0.072 3)
村庄距乡镇距离	0.003 0	0.002 6	−0.000 1	0.002 1
	(0.001 9)	(0.002 0)	(0.000 4)	(0.003 6)
村庄农业企业	−0.147 9	−0.140 9	0.008 8	−0.116 6
	(0.188 0)	(0.199 8)	(0.017 2)	(0.148 7)
常数项	3.239 0***	2.547 2***	−0.692 2***	1.689 6
	(1.017 2)	(0.952 4)	(0.119 3)	(1.287 8)
村庄交通条件	——	——	0.058 8***	——
			(0.006 4)	
R²	0.341 9	0.339 0	——	0.305 6
DWH内生性检验	——	——	——	3.610 4
				[0.057 4]
可识别检验	——	——	——	72.880 0
				[0.000 0]
弱工具变量检验	——	——	——	84.170 0
				{16.380 0}
样本量	453	453	453	453

注：***、**和*分别表示在1％、5％和10％的水平上显著。（ ）为标准误，［ ］为相应检验的概率 P 值，{ } 为 Stock-Yogo 检验 10％水平上的临界值。

　　进一步比较农业生产性服务应用水平对不同要素配置的影响程度，由于农户土地流转、农业资本投入、技术采纳和劳动力投入的数字大小和单位均不同，有必要对其进行无量纲化处理，处理后的结果如表 4-6 所示，农业生产性服务应用水平对农户技术采纳的促进作用最强，其次是土地流转，最后是农业劳动力投入，对农户农业资本投入并无显著影响。说明农业分工深化对先进技术嵌入的促进作用最明显，如机械服务、测土配方施肥服务、植保服务等通过技术溢出和知识溢出提高农户技术应用水平和人力资本水平，发挥了显著的技术改进效应。同时，农业服务应用水平越高，越能促进土地要素高效流转，减少农业劳动力的投入，优化要素配置结构。

表 4-6　农业生产性服务对农户要素配置的影响结果（无量纲化）

核心解释变量	回归1 土地流转	回归2 技术采纳	回归3 劳动力投入	回归4 资本投入
农业生产性服务应用水平	0.155 4***	0.378 6***	−0.031 8***	0.046 1
	(0.039 6)	(0.061 3)	(0.005 4)	(0.038 0)
年龄	0.000 3	0.002 6**	−0.002 1*	−0.000 4
	(0.000 8)	(0.001 3)	(0.001 2)	(0.000 4)
受教育程度	0.007 2	−0.034 4*	−0.015 2	−0.014 6
	(0.017 6)	(0.021 1)	(0.032 1)	(0.010 3)
政治面貌	0.017 4	0.055 9*	−0.003 7	−0.025 6
	(0.017 0)	(0.029 6)	(0.024 2)	(0.016 1)
种植经验	0.001 5*	0.006 3***	−0.000 1	−0.000 5
	(0.000 8)	(0.001 4)	(0.001 1)	(0.000 8)
风险偏好	−0.028 9**	−0.045 8***	0.028 7	0.013 3
	(0.012 8)	(0.021 6)	(0.018 7)	(0.008 9)
家庭是否有贷款	−0.025 7***	−0.030 3*	0.027 1*	0.012 4*
	(0.009 3)	(0.017 9)	(0.014 3)	(0.007 0)
家庭总收入	0.037 4***	0.032 2**	−0.037 1**	0.050 8***
	(0.007 6)	(0.013 6)	(0.018 1)	(0.006 5)
家庭人口数量	−0.014 6**	−0.008 2	0.049 8***	0.001 3
	(0.007 0)	(0.010 5)	(0.012 8)	(0.005 1)
土地细碎化程度	−0.000 0	−0.000 2	0.000 01	0.000 1
	(0.000 0)	(0.000 1)	(0.000 1)	(0.000 1)
村庄水利设施	−0.008 5	0.008 7	−0.007 3	−0.006 9*
	(0.006 8)	(0.012 0)	(0.009 9)	(0.004 2)

（续）

核心解释变量	回归1 土地流转	回归2 技术采纳	回归3 劳动力投入	回归4 资本投入
村庄距乡镇距离	0.000 1	−0.000 1	−0.000 5	0.000 2
	(0.000 4)	(0.000 6)	(0.000 6)	(0.000 1)
村庄农业企业	0.039 2***	0.018 5	−0.023 9	−0.009 9
	(0.014 2)	(0.024 9)	(0.021 6)	(0.012 6)
常数项	−0.175 2*	−0.279 0	0.775 0***	0.217 2***
	(0.097 8)	(0.174 8)	(0.190 7)	(0.068 2)
R^2	0.221 7	0.235 9	0.116 0	0.341 9
样本量	453	453	453	453

注：***、**、*分别代表在1％、5％、10％的统计水平上显著。

第四节　本章小结

本章主要分析了农业生产性服务应用水平对农户要素配置的影响，考察了农业生产性服务的要素配置效应。本章结合农业分工理论、比较优势理论等构建了"农业生产性服务—要素配置"的理论分析框架，考虑到农户应用农业生产性服务与要素配置间可能存在内生性，分别运用普通回归模型、两阶段回归模型和控制函数法 CF 模型对理论分析框架进行实证检验。研究结果发现：

第一，农业生产性服务有助于扩大农户土地转入规模、提高农户技术应用水平和降低农业劳动力投入，但对农业资本投入并无显著影响。揭示了农业生产性服务应用能够激发显著的土地规模效应、技术改进效应和劳动力替代效应，但未能产生显著的成本节约效应。

第二，农业生产性服务对农户技术应用水平的促进作用最显著，其次是土地流转，最后是劳动力投入。劳动密集型环节服务对农户技术采纳和土地流转均有显著促进作用，对劳动力投入有显著抑制作用。技术密集型环节服务主要对农户技术采纳有显著促进作用，产业链上下游服务主要对农户技术采纳和劳动力投入有显著促进作用，揭示了劳动密集型服务能够产生显著的土地规模效应、劳动力替代效应和技术改进效应，技术密集型服务能够产生技术进步效应。

　　以上研究结果说明，应用农业生产性服务一方面能够缓解农户土地约束、技术约束和劳动力约束，扩大农户要素配置空间，激发显著的土地规模效应、技术改进效应和劳动力替代效应；另一方面说明包含耕整地、插秧和收割的劳动密集型环节服务在改变农户要素配置结构中发挥的作用最明显，如何提高技术密集型服务和产业链上下游环节服务的供给有效性是需要重点关注的问题。

第五章 农业生产性服务对农户生产技术效率的影响及差异化分析

上一章考察了农业生产性服务的要素配置效应,揭示了劳动密集型服务、技术密集型服务和产业链上下游服务对农户要素配置的差异化影响。要素配置最终仍会反映在生产技术效率上,本章将系统考察农业生产性服务对农户生产技术效率的影响及其环节异质性,剖析不同服务模式的运行逻辑及其效应差异。

第一节 理论分析与研究假设

为了厘清农业生产性服务与农户生产技术效率间的逻辑关系,本节考察不同类型服务及差异化服务模式对农户生产技术效率的作用机理。

一、农业生产性服务影响农户生产技术效率的作用机理分析

斯密定理中,分工是生产率提升的源泉,分工深化促进农业机械、现代技术的推广应用,有助于节省不同环节转换的时间成本和学习成本。基于分工理论,农户参与社会化服务体现了社会化分工和规模化经营的本质特点,分工促进规模报酬递增,促使不同个体间形成中间产品交换关系,最终产品的生产技术效率得以提升。基于此,本书认为,农业生产性服务对农户生产技术效率有显著促进作用。第一,从成本节约视角,农业服务协助农户完成部分生产环节,将先进生产要素嵌入农业生产中,降低了农户固定资产投资和劳动力雇佣成本,弥补了农户管理能力不足和技术水平低等问题。弱化农业生产不确定性和经营风险,优化家庭要素配置结构,推动生产技术效率显著提升。第二,从劳动力配置视角,分工深化提高中间产品种类投入,增加与服务相关的就业岗位,吸引具有比较优势的农户在农内就业,弥补家庭劳动力数量少、质量差等短板,弱化劳动力老龄化对农业生产的负向影响。农业生产性服务能够有效释放剩余农业劳动力从事非农行业,改变家庭劳动力就业结构,实现家庭收益最大化。第三,从技术进步视角,分工促使农业生产环节不断分割,农业生产操作权得以细分,促使农业分工边界由产品分工向产品内分工转移,有效扩展分

工经济范围，实现技术要素在农业生产中的应用。现代化生产手段得以充分发展利用，成熟的技术一方面能够帮助农户抵御自然风险和经营风险，提高粮食产量；另一方面，技术引进能够激发学习的正外部性，提高农户人力资本水平，增强农户技术应用转化能力，显著提高农户生产技术效率。第四，从土地规模经营视角，基于马歇尔规模经济理论和斯密的分工思想，分工深化通过迂回生产或者资本化生产实现规模经营，有助于激发规模经济效应。农业社会化服务打破农户资源禀赋对土地规模经营的限制，降低农户雇工成本、农业机械投资成本和技术投入成本等，有效缓解劳动力约束、资金约束和技术约束，实现自有要素与外部要素的合理匹配，进而促进农户转入土地，有助于提高农户生产技术效率。第五，从分工深化视角，基于庞巴维克"迂回生产理论"，分工促进迂回生产水平提升，促进资本品生产消费品。利用技术设施制造生产工具再生产其他产品，中间产业链增加，分工交易半径扩大，专业化水平提升，生产率得以提高。农户采纳服务实现农业迂回生产，激发显著的分工网络效应和技术溢出效应，增强服务规模经济效应，提高整体生产技术效率。基于以上分析可得，农业生产性服务通过降低成本投入、优化劳动力配置结构、推动技术进步和推进土地规模经营四条作用路径影响农户生产技术效率。做出如下假设：

H5：农业生产性服务应用对农户生产技术效率有显著促进作用。

二、不同环节服务影响农户生产技术效率的作用机理分析

不同生产环节技术特征属性不同，对服务的需求类型有所差异，如插秧、灌溉、施肥等环节对劳务服务有较高需求，耕整地、收割环节和植保环节对农机服务需求较高。同时，由于农户家庭资源禀赋、村庄公共服务环境等不同导致农户选择不同类型服务空间存在显著差异。因此，本书认为农户采纳不同环节服务对生产技术效率影响存在差异性。

产前和产后服务对农业生产技术效率的作用机理分析：本书所指的产前和产后服务分别为农资供应服务和销售服务，这一类服务与产中服务在服务属性、服务主体类型、服务方式等方面存在显著不同。农资供应服务和销售服务均具有契约联结、委托代理、统一协作、互惠互利的性质，且服务主体多以具有显著产业发展优势的农业企业、农民专业合作社等为主导，这一类服务主体通常具有统筹组织农户的作用，对农户生产经营有较强的决策控制权，服务效果主要体现在农户要素配置能力提升、产出水平提高和销售利润增加。农户获得农资供应服务和销售服务，从组织方式上，统一供销服务有助于提高农户组织化程度，降低农资采购成本，提高粮食销售价格，应对市场风险和不确定能力增强，促进整体生产技术效率提高；从生产规范角度，农户参与社会化分工体系中，按照高品质农产品市场要求进行规范化生产，提高农户在产业链条中的获利能力。因此，产前和产后服务供给通过提升农户组织化程度、提高农户标准化生产水平扩大农户参与服务获利空间，显著提高农户生产技术效率。

产中服务对农业生产技术效率的作用机理分析：本书产中服务主要包括育秧服务、耕整地服务、插秧服务、施肥服务、植保服务和收割服务，借鉴张忠军等（2015）、陈超等（2012，2020）学者的研究，按照环节特性差异将育秧服务、施肥服务和植保服务划分为技术密集型服务，将耕整地服务、插秧服务和收割服务划分为劳动密集型服务。从要素替代的角度来看，两类环节服务存在较强的异质性：劳动密集型服务通过农业机械替代人工进行高强度作业，服务市场成熟，服务成本较低，而技术密集型服务机械化程度较低，服务市场容量小，服务成本较高，致使两种类型服务对生产技术效率的作用路径及影响程度也有显著不同。劳动密集型环节服务主要发挥农业机械对劳动力的替代效应，结合诱导技术创新理论，耕地、插秧、收割等环节机械服务的应用节省了劳动力投入，提高环节劳动生产率和生产技术含量，有助于农业生产技术效率的提升。技术密集型环节服务主要发挥技术进步效应和知识积累效应，农户将选种、育秧、施肥和植保等关键技术环节外包给专业服务组织，专业服务组织中具有先进的技术研发团队和科技人才，能够系统指导农户在品种识别、风险管理工具选择、病虫害预防手段等技术方面的不足，较为准确地把握苗床管理手段、施药时间和施药频率等关键技术环节，显著提高农户技术管理水平。高技术含量环节外包产生技术溢出效应更明显，对生产技术效率的促进作用更显著，如植保服务采用无人机打药，能够提高施药对靶性，降低飘移损失，提高农药利用率，从而有效提升防治效果。对于整地、收割等标准化程度较高的环节，机械服务作业质量与农户自家机械作业质量差异不大，而对于施肥、植保等技术密集型环节，单个农户难以像专业服务组织那样准确把握病虫害防治时间节点与施药要求等，只能通过加大农药投入维持产量稳定，一旦交由专业服务组织，在防止农药化肥过量投入的同时也会大幅度提升防治效果。因此，相对于劳动密集型环节服务，技术密集型环节服务对水稻生产率的贡献更加突出。因此，采纳技术密集型服务对农户生产技术效率促进作用更显著。做出如下假设：

H6：**不同类型服务对农户生产技术效率影响存在显著差异。**

三、农业生产性服务模式的划分及其对农户生产技术效率的作用机理分析

（1）农业生产性服务模式的划分。关于农业生产性服务模式的划分，

Mighell 等（1963）最先提出垂直协作的概念，是指农产品生产和营销系统内各个阶段的所有联结方式，垂直协作方式通常包括市场交易、契约交易、合作社联盟和垂直一体化交易，垂直协作理论为农业服务模式的划分提供了理论依据。本书中农业生产性服务模式主要是指农户、合作组织、中介组织和农业企业之间进行服务交易形成的合作关系、契约关系和市场交易关系等，服务模式是在获取服务基础上优化服务交易关系的过程。因此，农业服务模式中有必要明确服务交易主体的构成及维护服务交易关系的相关机制。基于此，通过对样本区域水稻生产性服务应用情况的调查，基于垂直协作理论与农业服务模式内涵界定，研究按照服务交易形式和服务组织类型对农业生产性服务模式进行划分，分为产业化服务模式、合作化服务模式和市场化服务模式（表5-1），从市场化服务模式到合作化服务模式再到产业化服务模式，服务组织由农机大户等市场化服务主体向农民专业合作社和农业企业等多主体联合经营转变，服务交易形式由市场化交易向契约协作和一体化协作交易转变，服务双方垂直协作程度不断增强，利益分配方式由市场价格结算到服务价格优惠和"保底＋分红"等分配方式转变。

表5-1　农业生产性服务模式划分及特征

社会化服务模式	服务组织类型	服务交易形式	协作紧密程度	利益分配方式
产业化服务模式	农业企业、农业企业＋村集体、合作社等中介组织	纵向一体化交易、契约交易	紧密	二次利润返还、保底＋盈余分红、服务价格优惠
合作化服务模式	以农民专业合作社为主导	横向合作交易、契约交易	较紧密	保底＋盈余分红、服务价格优惠
市场化服务模式	农机大户、家庭农场等市场服务主体	市场化交易	松散	市场服务价格结算

（2）市场化服务模式影响农户生产技术效率的作用机理。

①概念定义及运行特征。市场化服务模式是农户参与社会化服务最普遍的一种模式，也是在农村劳动力大量转移背景下应对未来谁种地问题的有效解决路径。市场化服务模式是指农机大户、家庭农场等市场服务组织通过供给有偿服务的方式，将小农户卷入社会化分工，关于服务价格、服务地点、服务时间等主要依托口头契约约定，服务对象与服务主体间属于纯粹的市场交易关系，通常以市场交易价格结算，服务内容主要以单一环节或多环节服务为主，服务交易关系相对松散。市场化服务模式主要运行特征如下：第一，市场化服务模式能够有效拓展分工网络，实现服务双方资源合理配置。市场化服务模式作为

农业分工的有效组织形式，分工网络布局较广，能够提供多元社会化服务满足农户多样化需求，农户服务需求扩增有助于扩大服务市场容量，提高服务主体供给能力和资源利用率，同时优化农户要素配置结构。第二，市场化服务模式降低服务主体经营风险和融资压力。相比于土地规模经营，服务主体通过供给服务形成环节规模经营，激发服务规模经济，降低土地规模经营产生的潜在地租成本，缓解土地规模经营面临的融资压力和经营风险。第三，市场化服务模式保障农户经营决策权和剩余索取权。农地产权制度强化了土地的生计功能和社会保障功能，农地潜在的利用价值增加，农地弃耕抛耕现象弱化，农户对土地的资源禀赋效应逐渐凸显，农户对土地经营决策权更加重视，农户参与市场化服务模式有助于实现土地的自主经营，充分利用土地的处置权、收益权和使用权，保障农户权益，提升土地要素升值空间。

②作用机理。市场化服务模式发展有效性在于建立服务对象与服务主体间的分工协作关系，实现资源优势互补。结合比较优势理论，农户将自身难以完成的环节外包给专业组织，一方面促进农户生产方式转型升级，实现先进技术嵌入和农业生产管理结构优化，弥补小农户劳动力投入不足和技术投资难度大等劣势，同时降低农户固定资产投资、劳动力雇佣成本和技术投入，缓解农户资源禀赋约束，扩展农户要素配置空间，提高生产技术效率；另一方面，生产迂回程度加深推进分工网络的形成，分工深化会提高交易效率，促使各个环节专业化程度不断提升，促进规模报酬递增。规模报酬递增效应强化农户对市场服务主体的交易依赖度，有助于推进市场化服务模式的转型升级。因此，市场化服务模式对农户生产技术效率有显著促进作用，主要通过提高农户要素配置水平促进生产技术效率提升。

（3）合作化服务模式影响农户生产技术效率的作用机理。

①概念定义及运行特征。合作化服务模式是指农户通过自发组建合作社或者参与合作社实现农业要素的整合和组织资源的共享，合作社统一为入社农户提供产前、产中和产后各种服务，以"保底＋分红"或者服务价格优惠等利益联结为主，属于将分散农户组织起来融入现代农业发展中的服务模式。农户将土地作为股份入社等涉及土地经营权转让的情况不属于参与合作化服务模式范畴。合作化服务模式主要运行特征如下：第一，合作化服务模式能够显著提高农户组织化程度。合作社作为农户熟悉的合作经济组织，能够激发小农户集体行动优势聚集各类生产要素，将细碎土地、周边劳动力和大型农用机械等资源整合并高效利用，吸引周边小农户入社形成规模化经营，农户组织化程度得以提升，破除单个家庭小规模分散经营的禀赋约束，显著提高农户市场地位和议价能力。第二，合作化服务模式具有生产标准化、管理现代化的特征。合作社

通常都是专业大户或者农村能人牵头建立，重视采纳优良品种、引进先进技术、应用大型机械等，规模化、专业化、现代化经营管理模式为周边农户提供有效的示范带动作用。相比于普通农户，入社农户能够及时获得耕、种、防、收、售等环节的各类服务和相关指导，降低自主经营风险和成本投入。第三，合作化服务模式带动农户对接市场能力强。农户参与合作社享受合作社提供的各类服务，规避农户市场信息获取不足、生产决策不科学等问题，合作社协助农户完成农业生产，严格把控各个环节生产规范性，确保粮食产量和质量，促使农户分享到农产品价值增值收益。

②作用机理。合作化服务模式通过资源整合和组织资源共享促使农户以较低成本获得专业服务，改变其生产方式，形成组织化连接机制，显著提高农户生产技术效率。首先，合作社以较强的社区亲和力在组织农户对接规模化服务方面具有显著优势，通过乡村地缘、亲缘、血缘等社会网络聚集分散的生产要素，促使资本、技术、土地等要素在更大范围内集中利用，提高资源利用效率，实现要素资源的辐射共享，产生更显著的范围经济，进而降低入社农户市场交易成本。同时，有助于农户转入土地实现规模化经营，显著提升农户生产技术效率。其次，合作化服务模式通过能人带动，合作社内部经营管理体制更加高效化，便于确保农业生产流程的规范化、最终产品的优质化，农产品价值得以彰显，溢价激励可以为入社农户使用先进技术与优化要素配置提供内在驱动，促使入社农户有能力对接高品质农产品市场，显著促进生产技术效率。因此，合作化服务模式对农户生产技术效率有显著促进作用，主要通过组织化程度提升、组织资源共享和对接高品质市场促进生产技术效率提升。

（4）产业化服务模式影响农户生产技术效率的作用机理。

①概念定义及运行特征。产业化服务模式是指农业企业等服务组织以正式契约和关系契约为纽带，联合村集体等中介组织为农户提供产前、产中和产后一体化服务，通常以"保底＋分红"、二次利润返还和服务价格优惠等利益联结为主，以多元主体联合为主导的服务模式。产业化服务模式与订单服务模式存在共同点和不同点，共同点在于均以生产契约或者商品契约约束双方交易行为，重视产业链上下游薄弱环节服务供给，并对农户生产过程给予技术指导与物质支持，区别在于订单服务模式主体以农业企业供给销售服务为主，产业化服务主体既包括农业企业，还包括农民专业合作社等多主体联合组织，主要以供应产业链服务为主，产业化服务模式比订单服务模式供给内容更丰富，服务主体联合性较强，更重视服务关系管理。产业化服务模式主要运行特征如下：第一，产业化服务模式重视构建风险分担机制。农户参与产业化服务模式有助于规避各种风险，农户自主经营总会面临旱灾、涝灾等自然风险，农资价格不

确定、农产品价格波动等市场风险，产业化服务组织具备较强的资金实力和市场势力，重视运用风险管理工具构建风险防范体系，如购买农业保险、购买期货、多元服务主体联合等，尽量降低不确定事件造成的损失。同时，服务主体重视分担农户经营风险，即使在农产品市场价格波动较大的年份，服务主体也会以高于市场价格收购、给予损失补贴等形式弥补农户亏损，降低农户风险损失。第二，产业化服务模式依托多元服务组织联合，提供全方位一体化服务。单一农业企业对接农户难以发挥服务效用，而且面临较高的交易成本，双方势力不均衡容易压缩农户获利空间。多元服务主体联合通过建设专业管理团队、打造高端农产品品牌，确保为农户提供高质高效的一体化服务，提高农户生产过程规范性和标准性，重视构建服务双方利益联结机制，最大程度提高农户参与服务获利空间。

②作用机理。产业化服务模式中农业企业为获取高品质原材料，联合村集体等中介组织把分散农户组织起来形成规模化经营，通过契约交易或者纵向一体化交易将现代要素嵌入农户生产中，实现对农户产前、产中及产后等环节的规范化管理，降低生产经营风险。产业化服务模式高效运行的关键在于重视服务交易关系管理和创新服务联结机制，主要通过创新服务契约联结、服务利益联结、服务惠顾联结和服务组织联结机制，打通产业链的关键节点，实现产业链服务扩展深化，增加农产品附加价值，提高农户生产技术效率。具体作用路径在于：第一，产业化服务模式通过签订服务契约明确服务内容、服务价格、服务权利等。一方面确保双方利益分配与风险分担机制清晰化，降低双方谈判监督等交易成本；另一方面，保证农业要素投入科学性、管理过程规范化、销售渠道稳定性，确保服务供给质量，降低双方机会主义行为，带领农户进入报酬更高的农产品市场，带来显著的经济效益。第二，产业化服务组织重视为农户提供免费技术培训、烘干仓储、测土配方等惠顾服务，形成以公益性服务促销经营性服务的惠顾联结方式，便于将良好的社会声誉和诚信体制融入服务交易中，稳固双方信任机制，降低服务机会主义行为，为双方合作提供非正式化制度保障，扩大农户服务环节获利空间，显著提高农户生产技术效率。第三，农业企业通过联合村集体或者农民专业合作社等中介组织带动分散农户参与产业化服务，并与农户形成"保底＋盈余分红"、二次盈余返还等利益联结机制，带领农户分享二三产业增值收益，有助于提高农户生产技术效率。农业企业直接与农户对接面临较高交易费用和诸多不确定性，农户市场地位低下容易遭受利益损失，威廉姆森（1998）指出，非正式关系网络的运作能够有效降低市场中的不确定性和交易成本，从而有助于建立长期的依存关系。特别对于生活于乡土社会的农民，更愿意信任建立在血缘、地缘和亲缘基础上的熟人社会网

络，因此，农业企业联合村集体等中介组织带动农户采纳服务体现了非正式、人格化关系隐含的隐形治理机制，不仅降低了与分散小农户打交道的高额交易费用，实现了小农生产的标准化和组织化，而且保证服务合作关系的稳定性。因此，产业化服务模式对农户生产技术效率有显著促进作用，主要通过一体化管理、产业链服务和服务联结机制创新促进生产技术效率提升。农业服务模式影响农户生产技术效率的理论框架如图5-1所示。并做出如下假设：

H7：不同服务模式对农户生产技术效率影响路径存在显著差异，产业化服务模式对农户生产技术效率促进作用最为显著。

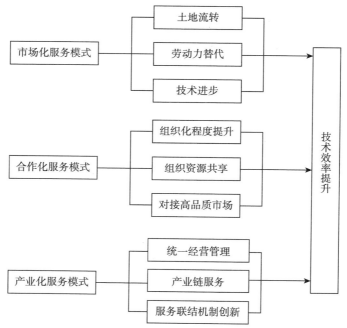

图5-1 农业服务模式影响农户生产技术效率的理论框架

四、农业生产性服务影响不同类型农户生产技术效率的作用机理分析

基于不同土地经营规模的差异分析。不同规模农户采纳服务对生产技术效率的影响存在显著差异。主要原因在于：第一，农业社会化服务供给与规模化经营存在匹配性，规模经营主体种植面积较大，土地规模扩增衍生了超出家庭原有资源的劳动力需求，激发外包服务对大规模农户劳动力投入的补充效应，满足土地经营规模扩大产生的服务需求，有助于生产技术效率提升。小农户土地经营规模小而分散，在采纳农业社会化服务过程中由于地块

细碎分散容易增加机械油耗和机械磨损，容易增加机械服务的盲区和劳动力时间，高成本投入限制了农业生产性服务在小规模农户生产经营中的应用，从而影响了小农户的生产技术效率。土地经营规模较小，先进机械、技术等服务发挥功能受限，而且服务作业过程中容易发生偷懒、磨工等机会主义行为，侵犯小农户权益，降低小农户采纳服务的积极性。种植规模过小会限制服务业对全要素生产率的促进作用，当种植规模扩大到一定程度后会提高其对全要素生产率的促进作用。第二，从交易成本的视角，当服务主体为小农户提供服务时，服务主体需要付出更多交易成本与小农户对接，考虑到多个农户的需求，还需要根据不同农户要求调整服务供给方案。因此，在同等服务面积下，服务主体为小农户提供服务的交易成本显著高于规模经营主体，规模经营主体更容易获得服务供应的青睐，导致小农户服务需求难以满足，影响小农户生产技术效率提升。

　　基于不同土地细碎化程度的差异分析。对于土地细碎化程度较高的地块，难以形成地块规模经济，细碎化增加农业机械服务、技术服务的迁移成本、能源耗费成本和人工成本等，增加服务交易成本，影响机械作业效率，降低机械对劳动力的有效替代作用，阻碍农业服务对生产技术效率的促进作用。土地细碎化程度越高，农户经营管理难度越大，影响农户采纳先进技术，降低农业生产技术效率；对于土地细碎化程度较低的地块，便于实现服务规模经济。地块面积越大，越能减少浪费在地块间转移的迁移成本和能源成本等，成本投入下降促进生产技术效率的提升。

　　基于不同收入水平农户家庭的差异分析。对于家庭收入水平较高的农户，一方面农户具有较强的风险应对能力，面临较低的农业资金约束，有能力购买所需服务，农业生产规范性更强；另一方面，农户家庭收入水平越高，社会地位较高，农业服务信息获取渠道增加，农业服务可获得性增强；对于家庭收入水平较低的农户，应对农业经营风险和市场风险能力较弱，面临较高的资金约束、劳动力约束和土地约束等，自身固定资产投资能力有限，更需要通过购买农业服务协助完成农业生产。但是由于农户收入低、经营规模小，购买服务投资能力有限，倾向于利用自家劳动力和小型机械低成本完成农业生产，且部分服务环节面临较高的规模门槛和资金门槛，致使低收入农户服务参与程度低，容易影响生产技术效率。

　　基于不同风险偏好农户的差异分析。不同环节技术特征差异导致不同环节服务外包风险存在差异，孙顶强等（2016，2019）认为由于农业外包服务存在劳动监督成本高、容易发生道德风险等问题，风险规避意识越强的农户服务外包比例越低。对于风险偏好的农户，愿意选择高风险性质的服务，如育秧服务、植保服务等，服务外包程度较高，有助于促进生产技术效率提升，对于风险规避的农户，只愿意选择低风险、机械化作业程度高的服务，如机耕、机收等环节，服务外包程度较低。李丹等（2021）认为由于技术密集型环节服务作业风险较高，风险规避型农户为规避可能的产量损失会进一步减少技术密集型服务采纳，降低服务参与程度。因此，不同风险偏好的农户由于服务采纳类型差异进而对农业生产技术效率产生差异化影响。做出如下假设：

H8：土地经营规模大、细碎化程度低、家庭收入水平高和风险偏好型农户采纳服务对生产技术效率促进作用更显著。

第二节　模型设定与变量选取

为了验证上述机理，本节利用随机前沿生产模型测度农户生产技术效率，利用 Tobit 模型、倾向得分匹配模型和处理效应模型对农业生产性服务应用对农户生产技术效率的影响进行检验，考察农业生产性服务的增产效应。

一、模型设定

（1）随机前沿生产模型。本书使用随机前沿生产函数（SFA）测算农户生产技术效率，运用 SFA 原因主要在于此模型将误差项分成非效率项和随机误差项，能够对农业投入变量进行精确描述，估计的随机生产前沿面考虑了随机误差对技术效率的干扰。基本生产前沿函数中投入要素之间是完全替代或完全互补的假设，而实际水稻生产中各要素替代弹性是不确定的。因此，本书选用要素替代弹性可变的超越对数生产函数来测度水稻生产技术效率，随机前沿生产函数基本形式为：

$$Y_{it} = (x_{it}, \beta)\exp(v_{it} - u_{it}) \tag{5-1}$$

式 5-1 中，Y_{it} 代表农户 i 在 t 时期的产出情况，X_{it} 代表农户 i 在 t 时期各类生产要素的投入情况，β 为待估计参数，v_{it} 为随机误差项，服从正态分布 $N(0, \delta_v^2)$，u_{it} 为技术非效率，服从截断正态分布 $N(m_{it}, \delta_u^2)$。变差率 Y 代表超越对数生产函数中误差项的技术非效率占比，当 Y 接近 0，误差项主要由随机误差项决定；当 Y 接近 1，误差项主要由技术非效率项决定。式 5-2 为本书最终确定模型，其中，K、T 和 L 分别代表农业资本投入、劳动力投入和土地投入。

$$\ln Y_i = \beta_0 + \beta_1 \ln T + \beta_2 \ln L + \beta_3 \ln K + \beta_4 (\ln T)^2 + \beta_5 (\ln L)^2 +$$
$$\beta_6 (\ln k)^2 + \beta_7 \ln L \ln K + \beta_8 \ln L \ln T + \beta_9 \ln L \ln K + v_i - u_i$$
$$\tag{5-2}$$

$$TE_i = \frac{E(Y_i \mid u_i, \ Q_i)}{E(Y_i \mid u_i = 0, \ Q_i)} \qquad (5-3)$$

式 5-3 为农户生产技术效率 TE_i 测算公式，Q_i 为农户生产的各项投入，$E\ (Y_i \mid \mu_i, \ Q_i)$ 表示实际产出期望值，$E\ (Y_i \mid \mu_i = 0, \ Q_i)$ 表示最大产出期望值，技术效率就是根据农户在 t 期所获得实际产出期望与最大产出期望比值确定，当 TE_i 接近于 1，农户处于完全效率状态，当 TE_i 接近于 0，农户处于非效率状态。

（2）Tobit 模型。Tobit 模型又称为受限因变量模型，本书测算的农户生产技术效率为 0~1 的受限变量，采用 Tobit 模型进行检验，模型具体形式设置如下：

$$TE_i = \delta_0 + \sum_{i=1}^{n} \delta_i control_i + \delta_2 service + \varepsilon_i \qquad (5-4)$$

式 5-4 中，TE_i 表示农户生产技术效率，δ_0 为常数项，δ_i 为待估参数，ε_i 为随机干扰项，$control_i$ 为影响农户生产技术效率的控制变量，核心变量 $service$ 为农户农业生产性服务应用水平。

（3）内生转换回归模型。内生转换回归模型可以解决遗漏变量或者不可测变量由于异质性导致的样本选择性偏差问题，考虑到可观测因素和不可观测因素的影响，在有效解决样本选择偏差问题基础上验证农户采纳农业生产性服务对生产效率的平均处理效应。

内生转换回归模型共分为两个阶段：第一阶段是决策方程，估计影响农户采纳农业生产性服务的因素，在回归的基础上构造反事实分析框架。其中，需要在选择方程中加入工具变量，借鉴邱海兰等（2020）学者的研究，选择村庄交通条件作为工具变量，这一变量必须符合相关性和外生性两个要求，对内生变量有显著影响，对结果变量无直接影响；第二阶段是结果方程，分别估计农户采纳农业生产性服务与未采纳农业生产性服务技术效率的影响因素，比较两组真实情景与反事实情景下的期望值，在反事实框架下分析采纳服务对农户生产技术效率的平均处理效应。具体步骤如下：

采纳服务农户的生产技术效率（处理组）：

$$E[Y_{ia}A_i = 1] = \beta'_a X_{ia} + \delta_{ua}\lambda_{ia} \qquad (5-5)$$

未采纳服务农户的生产技术效率（对照组）：

$$E[Y_{in}A_i = 1] = \beta'_n X_{in} + \delta_{un}\lambda_{in} \qquad (5-6)$$

采纳服务农户未采纳服务情形下的生产技术效率：

$$E[Y_{in}A_i = 1] = \beta'_n X_{ia} + \delta_{un}\lambda_{ia} \qquad (5-7)$$

未采纳服务农户采纳服务情形下的生产技术效率：

$$E[Y_{ia}A_i=1]=\beta'_a X_{in}+\delta_{ua}\lambda_{in} \qquad (5-8)$$

那么，实际采纳服务农户的生产技术效率的平均处理效应，即处理组的平均处理效应（ATT）可表述为式5-5和式5-7的差值，即采纳服务农户与其处于未采纳服务状态技术效率的差值：

$$ATT_i=E[Y_{ia}\mid A_i=1]-E[Y_{in}\mid A_i=1]=(\beta'_a-\beta'_n)X_{ia}+(\delta_{ua}-\delta_{ua})$$

$$(5-9)$$

那么，实际未采纳服务农户的生产技术效率的平均处理效应，即对照组的平均处理效应（ATU）可表述为式5-6和式5-8的差值，即未采纳服务农户与其处于采纳服务状态技术效率的差值：

$$ATU_i=E[Y_{in}\mid A_i=0]-E[Y_{ia}\mid A_i=0]=(\beta'_n-\beta'_a)X_{in}+(\delta_{un}-\delta_{ua})\lambda_{in}$$

$$(5-10)$$

本书将利用 ATT_i 和 ATU_i 的平均值考察农业生产性服务对农户生产技术效率的平均处理效应。

（4）倾向得分匹配模型。本书选用倾向得分匹配模型分析农户采纳不同环节服务和参与不同服务模式对生产技术效率的平均处理效应。具体原因有：第一，倾向得分匹配模型不预设函数形式、误差项分布和参数约束，在处理样本自选择导致内生性问题上具有独特优势；农业生产性服务及模式选择并不是一个完全外生变量，选择哪一类农业服务与农户资源禀赋、经营特征、所处外部环境紧密相关，样本中选择不同服务的农户并非随机，存在样本"自选择"问题。第二，由于采纳不同服务农户初始禀赋存在差异，农业服务选择影响农户生产技术效率存在"选择性偏差"，运用倾向得分匹配法构建反事实框架便于矫正由可观测变量导致的选择性偏误，解决参与服务农户若不参与服务的数据缺失问题。第三，直接比较采纳不同服务农户生产技术效率差异会产生显著的内生性问题，运用倾向得分匹配法将采纳不同服务农户各类信息进行多维匹配，便于解决内生性问题。

倾向得分匹配法主要思路如下：首先，将样本农户分为实验组和对照组，本书主要考察不同服务农户和参与不同服务模式农户的生产效率差异，将实验组和对照组分别设为采纳服务农户和未采纳服务农户、采纳不同服务模式农户和未采纳服务农户；其次，运用倾向得分匹配法为每个实验组农户匹配相应的对照组农户，使得这两组农户在除服务选择不同之外，在资源禀赋、经营特征和所处环境等其他方面几乎相似；最后，对比同一个农户经过两次不同实验的结果，结果差值被称为平均处理效应。

倾向得分匹配法具体分为两个阶段：首先，运用 Logit 模型分别预估农户采纳服务的概率，测度农户进入实验组的概率值（倾向得分）；其次，通过选取包含农户特征、家庭特征、村庄特征等相匹配的向量，运用倾向得分核匹配法为实验组寻找与其相匹配的对照组样本，利用式 5-11 计算匹配后的平均处理效应（ATT）。

$$ATT = E(Y_1 \mid D=1) - E(Y_0 \mid D=1) = E(Y_1 - Y_0 \mid D=1)$$
$$(5-11)$$

$$ATT = E(N_1 \mid D=1) - E(N_0 \mid D=1) = E(N_1 - N_0 \mid D=1)$$
$$(5-12)$$

式 5-11 中，Y_1 表示采纳服务农户的生产技术效率，Y_0 表示未采纳服务农户生产技术效率的反事实估计结果。式 5-12 中，N_1 表示参与市场化服务模式、合作化服务模式和产业化服务模式农户的生产技术效率，N_0 表示未参与服务农户生产技术效率的反事实估计结果，进而对比不同服务模式农户生产技术效率差异。

二、变量选取

农户生产技术效率。本书利用随机前沿超越对数生产函数测算农户生产技术效率，借鉴李霖等（2017，2019）学者的研究，将水稻总产值作为产出指标（Y），兼顾粮食质量提升带来的价格溢价效应。参考王金秋等（2020）学者的指标选取标准，本书投入指标主要包括农户生产过程中进行的资本投入（K）、劳动力投入（T）和土地投入（L），其中资本投入主要包括种子、化肥、农药、灌溉、机械服务费、固定资产维修人工费等；劳动力投入以自有劳动力和雇佣劳动力费用总和代表，其中，自有劳动力投入费用根据家庭用工时与当地农业劳动力平均雇佣工资之积所得；土地投入以土地经营规模大小代表，具体变量说明如表 5-2 所示。

表 5-2　投入产出变量描述

变量类型	变量名称及符号	变量说明	均值	标准差
产出变量	水稻总产值（Y）	水稻总产值（万元）	37.119 0	66.352 2
投入变量	资本投入（K）	各类资本投入总和（万元/年）	6.074 5	5.198 6
	劳动力投入（T）	自有劳动力投入费用和雇佣劳动力花费总和（万元/年）	6.189 0	3.052 8
	土地投入（L）	土地经营总规模（公顷）	16.578 1	27.769 4

核心解释变量。本章主要探讨农业生产性服务对农户生产技术效率的影响，将农户是否采纳农业服务行为和农业生产性服务应用水平作为关键指标，

参照陈超等（2012，2020）指标选取原则，用农户购买农业生产性服务的花费占经营总投入的比重作为农业服务应用水平代理指标；选取农户是否采纳农资供应服务、育秧服务、耕整地服务、插秧服务、施肥服务、打药服务、收割服务和销售服务代表农户不同环节服务采纳行为。

农业社会化服务模式。结合垂直协作理论和分工理论，根据实际调研情况，本书将农业社会化服务模式分为产业化服务模式、合作化服务模式和市场化服务模式，农户参与某一种社会化服务模式赋值为1，未参加服务赋值为0。

户主个体特征。个体特征主要包括户主年龄、受教育程度、政治面貌、种植经验和风险偏好程度5个变量，水稻生产需要农户投入较多人力、物力、财力，生产技术效率的高低与农户体能、智力、个人阅历、风险偏好和社会地位等方面紧密相关。因此，选择户主年龄、受教育程度、政治面貌、种植经验和风险偏好作为衡量户主特征的变量。

农户家庭经营特征。水稻生产具有高成本投资、劳动力密集型的特性，家庭劳动力数量越多，水稻生产雇佣成本越低，对生产技术效率有显著影响；家庭农业固定资产投资越多，农户自给自足能力越强，农户专业化生产水平提升，对生产技术效率有显著影响；农户家庭存在贷款现象，说明农户经营规模较大，对流动资金需求高，贷款能够有效缓解农业资金约束，有助于提高要素配置水平，提高整体生产技术效率；家庭总收入水平越高，更容易获取外部服务信息、市场资源等，农户应对农业经营风险能力增强，有助于扩大农业要素配置空间，对生产技术效率产生显著促进作用。农户土地细碎化程度越高，单位面积作业成本增加，影响生产技术效率提升。因此，家庭人口数量、家庭是否有贷款、家庭农机现值、家庭总收入水平和地块面积等家庭特征变量是影响农户生产技术效率的重要因素。

村庄环境特征。选择村庄水利设施建设、村庄与乡镇距离和村庄是否有农业企业三个变量代表村庄环境特征，村庄水利设施越完善，便于提高稻田灌溉效率，对生产技术效率有显著促进作用。村庄与乡镇距离越近，农户购买农资、获得市场信息更便利，有助于降低交易成本，对生产技术效率有显著促进作用。有农业企业的村庄，一方面有助于为周边农户提供更多就业机会，优化农户家庭劳动力配置；另一方面，农业企业重视打造规模化原材料生产基地，倾向于通过土地流转或者提供产业链服务形式形成服务规模经营，带动周边农户高效生产。

工具变量。工具变量选择必然遵循着相关性与外生性两个要求，它会直接影响农业生产性服务采纳行为，并且与农户生产技术效率无直接联系，与决定结果变量的其他因素都无关。借鉴邱海兰等（2020）学者的研究，选择村庄交通条件作为工具变量：第一，相关性。村庄交通条件会影响农户采纳服务的决策，郑旭媛等（2017）认为村庄交通条件越便利，便于大型机械作业，农户采纳农业生产性服务概率越大；反之，村庄交通条件越差，大型机械难以进入，农户采纳农业生产性服务概率越低。第二，外生性。例如，村庄交通条件与村庄公共服务环境有关，显然会直接影响农户采纳服务决策和服务应用水平，但没有理由认为其会直接影响农户生产技术效率。

三、变量描述性统计

（1）样本农户基本特征分析。表5-3和表5-4显示了样本农户描述性统计分析结果，样本农户平均生产技术效率为0.820 9，农户平均年龄为48.114 7周岁，样本中党员农户占比小，学历主要集中在初中水平，平均种植经验14.613 6年。家庭平均劳动力总数为4.026 4人，家庭进行正规贷款占比为0.448 1，家庭农业机械现值平均为12.478 1万元，农户平均家庭总收入为10.162 3万元。农户所处村庄与乡镇政府距离平均为10.639 2千米，可以看出农户对于新技术和市场信息的接收并不容易。农户所处村庄有农业企业的占比较小，村庄产业发展仍缺乏有效载体。农户对村庄水利设施和交通条件整体比较满意，说明农村基础设施建设在不断完善。

表5-3和表5-4还显示了采纳服务农户与未采纳服务农户在户主特征、家庭经营特征、所处村庄环境特征等方面的均值差异。通过均值差发现，采纳服务农户与未采纳服务农户在种植经验、土地细碎化程度、家庭总收入、村庄距乡镇距离和村庄交通条件5方面存在显著差异。采纳服务农户与未采纳服务农户生产技术效率存在显著差异，采纳服务农户生产技术效率显著高于未采纳服务农户生产技术效率，t检验均值差为0.061 6，在1%水平上显著。对于采纳服务的农户，不同环节服务采纳程度存在显著差异，不同环节服务采纳比例由高到低顺序分别是插秧服务、植保服务、收割服务、耕整地服务、销售服务、农资供应服务、施肥服务和育秧服务，农户采纳插秧服务和植保服务占比最大，采纳比例分别为0.783 0和0.755 9，农户采纳施肥服务和育秧服务占比最小，采纳比例分别为0.176 2和0.125 4。整体看，劳动密集型环节服务采纳比例最大，技术密集型环节服务和产业链上下游环节服务采纳比例较小，说明劳动密集型环节服务市场发展水平高，服务供需均衡，服务价格稳定，农户参与程度高。

表 5 - 3　农业生产性服务变量说明与描述性统计

变量名称	变量说明	均值	标准差	采纳服务均值	未采纳服务均值	均值差
生产技术效率	随机前沿生产函数所得	0.820 9	0.047 8	0.842 4	0.780 8	0.061 6***
农业生产性服务程度	购买农业生产性服务投入占农业经营总成本比值	0.146 4	0.203 9	0.224 9	——	——
农资供应服务	是否使用农资统一供应服务	0.161 1	0.368 0	0.247 4	——	——
育秧服务	是否使用育秧服务	0.081 6	0.274 1	0.125 4	——	——
耕整地服务	是否使用耕整地服务	0.335 5	0.472 7	0.515 2	——	——
插秧服务	是否使用插秧服务	0.509 9	0.500 4	0.783 0	——	——
施肥服务	是否使用施肥服务	0.114 7	0.319 1	0.176 2	——	——
植保服务	是否使用植保服务	0.492 2	0.500 4	0.755 9	——	——
收割服务	是否使用收割服务	0.463 5	0.499 2	0.711 8	——	——
销售服务	是否使用销售服务	0.181 0	0.385 4	0.277 9	——	——
劳动密集型环节服务	是否使用耕整地、插秧和收割中某一环节服务	0.637 9	0.481 1	0.979 6	——	——
技术密集型环节服务	是否使用育秧、施肥和植保中某一环节服务	0.551 8	0.497 8	0.847 4	——	——
产业链上下游环节服务	是否使用产前或者产后服务	0.245 0	0.430 5	0.376 2	——	——

注：均值差是采纳服务与未采纳服务样本进行 t 检验所得，***、**、*分别表示两组样本在1%、5%和10%水平上有显著差异。

表 5 - 4　农户及家庭特征变量说明与描述性统计

变量名称	变量说明	均值	标准差	采纳服务均值	未采纳服务均值	均值差
年龄	农户年龄（年）	48.114 7	9.408 1	47.942 3	48.436 7	−0.494 4
受教育程度	农户受教育程度	1.878 5	0.507 2	1.874 5	1.886 0	−0.011 5
政治面貌	农户是否为党员	0.203 0	0.402 7	0.237 2	0.139 2	0.098 0
种植经验	种植水稻年限（年）	14.613 6	8.114 6	15.566 1	12.835 4	2.730 7***

（续）

变量名称	变量说明	均值	标准差	采纳服务均值	未采纳服务均值	均值差
风险偏好	是否愿意尝试新品种，一半可能使现在的产量翻倍，一半可能会减产1/3	0.465 7	0.512 4	0.461 0	0.474 6	−0.013 6
家庭人口数量	家庭总人口数量（人）	4.026 4	1.106 7	4.027 1	4.025 3	0.001 8
家庭是否有贷款	是否从银行、农村信用社等正规机构进行借贷	0.448 1	0.595 0	0.447 4	0.449 3	−0.001 9
土地细碎化程度	地块数或土地总面积	0.095 6	0.194 9	0.015 2	0.018 3	−0.003 1***
家庭农机现值	家庭持有农机现值（万元）	12.478 1	13.491 6	18.309 4	16.554 4	1.755 0
家庭总收入	上年家庭总收入（万元）	10.162 3	17.022 6	27.247 8	13.221 0	14.026 0***
村庄水利设施	所在村庄水利设施建设情况	3.209 7	0.987 8	3.237 2	3.158 2	0.079 0
村庄距乡镇距离	村庄距离乡镇政府距离（千米）	10.639 2	19.000 1	8.863 0	13.955 7	−5.093 0***
村庄农业企业	村庄是否有农业企业	0.348 7	0.477 1	0.403 3	0.246 8	0.156 5
村庄交通条件	所在村庄交通条件建设情况	3.494 4	0.903 8	3.525 4	1.000 0	2.525 4***

注：均值差是采纳服务与未采纳服务样本进行 t 检验所得，***、**、*分别表示两组样本在1%、5%和10%水平上有显著差异。

（2）采纳不同环节服务与生产技术效率的关系分析。根据图 5-2 描述性统计分析显示，采纳耕整地服务、插秧服务、植保服务、收割服务农户生产技术效率显著比未采纳对应服务农户生产技术效率高很多，说明在耕整地环节、插秧环节、植保环节和收割环节服务市场供给有效性高，服务市场容量大，服务成本较低，服务外包水平较高。在育秧服务、施肥服务、农资供应服务和销售服务几个环节，采纳服务农户相比于未采纳服务农户生产技术效率相差较小，意味着育秧环节、施肥环节、农资供应环节和销售环节服务市场发展水平低，服务市场容量小，服务成本高，服务作业质量可监督性差，农户参与程度较低。可以看出，劳动密集型环节服务外包与生产技术效率之间具有明显的正向关系，而技术密集型环节、产业链上下游环节服务与生产技术效率之间正向关系并不明显，揭示了不同环节服务技术特征差异、服务市场发展水平、服务成本和服务作业质量可监督性等因素是造成采纳不同服务农户生产技术效率差异的主要原因。

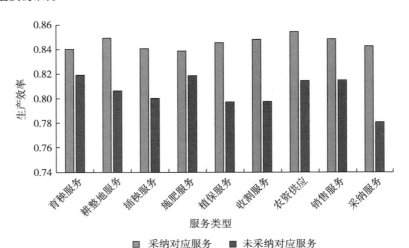

图 5-2　农业生产性服务与农户生产技术效率的关系

（3）不同类型农户采纳服务与生产技术效率之间的关系分析。不同类型农户面临资源禀赋约束不同，在生计策略选择、资源配置能力等方面均存在显著差异，选择服务内容也会有所不同，进而对农户生产技术效率产生差异化影响。如表 5-5 所示，土地细碎化程度低的农户采纳服务获得的生产技术效率高于未采纳服务农户的生产技术效率，平均高 0.045 1，均值差异显著通过样本 t 检验，在土地细碎化程度偏高的情况下，采纳服务对农户生产技术效率并未产生显著影响，说明土地细碎化程度高增加了农业机械迁移成本、能源成本等，机械作业效率降低，对农户生产技术效率有抑制作用。在土地经营规模方面，相比未采纳服务农户，采纳农业生产性服务对土地经营规模大的农户生产技术效率有显著促进作用，平均高 0.068 9。相比未采纳服务农户，采纳农业生产性服务对土地经营规模小的农户生产技术效率也有显著促进作用，平均高 0.052 8，均值差异显著且通过样本 t 检验。相比于经营规模较小的农户，土地经营规模大的农户采纳服务会产生更高的生产技术效率，主要在于土地经营规模扩大，降低单位面积服务作业成本和机械磨损成本，促进农业规模经济递增。在农户家庭收入水平方面，相比未采纳服务农户，采纳农业生产性服务对家庭收入水平高的农户生产技术效率有显著促进作用，平均高 0.051 3，均值差异显著通过样本 t 检验，采纳服务对家庭收入水平低的农户生产技术效率并未产生显著促进作用，说明低收入水平农户面临较强的资金约束和资源禀赋约束，服务应用水平有限，参与服务程度较低，主要靠自主经营完成农业生产，农业服务对生产技术效率的贡献程度低。在农户风险偏好程度方面，相比未采纳服务农户，采纳农业生产性服务对风险偏好型农户生产技术效率有显著促进作用，平均高 0.062 9。相比未采纳服务农户，采纳农业生产性服务对风险规避型农户生产技术效率有显著促进作用，平均高 0.059 7，均值差异显著。相比于风险规避型农户，风险偏好型农户采纳服务会产生更高的生产技术效率，主要在于风险偏好型农户服务参与程度高，特别对于高风险性服务采纳意愿强烈，有助于将先进技术、优良品种等现代要素嵌入农业生产中，对生产技术效率有促进作用。

表 5-5　不同类型农户采纳服务与生产技术效率之间的关系

分类变量	类型	采纳服务农户 生产技术效率	未采纳服务农户 生产技术效率	均值差
土地细碎化程度	细碎化程度高于均值	0.816 8	0.792 4	0.024 4
	细碎化程度低于均值	0.837 5	0.792 7	0.045 1***
土地经营规模	小于 100 亩	0.839 8	0.787 0	0.052 8***
	大于 100 亩	0.844 8	0.775 9	0.068 9***
家庭收入水平	小于均值	0.808 1	0.778 1	0.030 0
	大于均值	0.849 4	0.798 1	0.051 3***
风险程度	风险偏好	0.844 4	0.781 5	0.062 9***
	风险厌恶	0.839 8	0.780 1	0.059 7***

注：均值差的检验方法是不同方差两样本 t 检验，***、**、*分别表示两组样本在1%、5%和10%水平上有显著差异。

（4）参与不同服务模式农户特征统计分析。表 5-6 显示了参与不同服务模式农户的特征。其中，样本参与服务农户 295 户，占比为 65.12%，未参与服务农户 158 户，占比为 34.87%。其中，参与产业化服务模式农户有 62 户，占比为 21.02%；参与合作化服务模式农户有 69 户，占比为 23.39%；参与市场化服务模式农户有 164 户，占比为 55.59%。利用独立 t 检验分别考察选择产业化服务模式、合作化服务模式、市场化服务模式的农户相比于未参与服务的农户在各指标间的差异，表 5-6 为均值差异结果。产业化服务模式、合作化服务模式和市场化服务模式的农户相比于未参与服务的农户的生产技术效率分别相差 0.028 3、0.021 3 和 0.019 2，均值差异在 1% 的水平上显著，参与产业化服务模式农户的生产技术效率最高。不同服务模式中，农户服务支出、种植经验、家庭总收入、村庄水利设施和村庄农业企业等变量也呈现不同程度的差异。

表5-6　不同服务模式农户的变量差异

变量名称	产业化服务模式		合作化服务模式		市场化服务模式		未参与服务
	均值	均值差 t 检验	均值	均值差 t 检验	均值	均值差 t 检验	均值
生产技术效率	0.809 1	0.028 3***	0.802 1	0.021 3***	0.800 0	0.019 2***	0.780 8
服务支出（元/公顷）	1 516.606	302.167**	1 253.956	39.517	1 258.809	44.370	1 214.439
年龄	48.054 5	−0.382 2	48.070 4	−0.366 3	48.503 1	0.066 4	48.436 7
受教育程度	1.881 8	−0.004 2	1.881 0	−0.005 0	1.881 9	−0.004 1	1.886 0
政治面貌	0.177 2	0.038 0	0.180 6	0.041 4	0.173 9	0.034 7	0.139 2
种植经验	13.954 5	1.119 1*	13.828 1	0.992 7***	13.872 6	1.037 2**	12.835 4
风险偏好	0.409 0	−0.065 6*	0.458 1	−0.016 5	0.518 6	0.044 0	0.474 6
家庭是否有贷款	0.445 4	−0.003 9	0.484 5	0.035 2	0.425 4	−0.023 9	0.449 3
家庭总收入	17.995 6	4.774 6***	20.888 2	7.667 2***	17.404 3	4.183 3***	13.221 0
家庭农机现值	16.993 6	0.439 2	17.689 8	1.135 4	17.061 8	0.507 4	16.554 4
家庭人口数量	4.045 4	0.020 1	3.960 3	−0.065 0	4.059 0	0.033 7	4.025 3
土地细碎化程度	0.016 1	0.002 2	0.017 5	0.000 8	0.017 2	0.001 1	0.018 3
村庄水利设施	3.281 8	0.123 6*	3.273 1	0.114 9***	3.065 2	−0.093 0*	3.158 2
村庄距乡镇距离	11.814 0	−2.141 7	11.837 0	−2.118 7	12.246 8	−1.708 9	13.955 7
村庄农业企业	0.318 1	0.071 3**	0.343 6	0.096 8***	0.273 2	0.026 4	0.246 8

注：①*、**和***分别代表10%、5%和1%的显著性水平；②均值差 t 检验主要指参与不同服务模式农户各指标均值与未参与服务农户相应指标均值的差值及其显著性。

第三节　估计结果分析与讨论

结合上述理论分析和实证检验结果，本节对农户生产技术效率估计结果进行测度，对农业生产性服务应用影响生产技术效率的实证结果进行解释，考察结果背后的原因。

一、生产技术效率测度的结果分析

利用 Frontier4.1 软件对农户生产技术效率进行极大似然估计。随机前沿生产函数结果如表5-7所示，从模型拟合度来看，δ_u、δ_v 和 λ 均通过 t 检验，都在1%的水平上显著，证明采用随机前沿生产函数的合理性。γ 为 0.337 9，说明模型中有 33.79% 的误差来源于技术非效率项。

表 5-7　随机前沿生产函数估计结果

投入变量	影响系数	标准误
土地投入	0.650*	0.361
资本投入	0.435	0.671
劳动力投入	1.818	1.283
土地平方项	0.001	0.008
资本平方项	−0.023	0.029
劳动力平方项	−0.076	0.063
土地与资本交叉项	0.034***	0.012
土地与劳动力交叉项	−0.004	0.038
资本与劳动力交叉项	−0.014	0.061
常数项	−3.112	7.451
δ_u	0.264*	0.062
δ_v	0.370*	0.019
λ	0.714*	0.077
$\gamma = \delta_u{}^2/\delta_u{}^2 + \delta_v{}^2$	0.337 9	
LR 值	12.6	
观测值	453	

注:*、**、***分别表示在 10%、5%和 1%的水平下显著。

进一步分析农户生产技术效率的总体水平及分布特征。表 5-8 是农户生产技术效率的具体分布情况,通过考察每个区间农户数量情况,总结农户生产技术效率的分布特征。整体看,农户生产技术效率变化较大,变化范围为 0.341 0~0.945 6,平均值为 0.820 9,农户平均生产技术效率水平偏高。运用核密度估计法考察农户生产技术效率具体分布特征,如图 5-3 所示,农户生产技术效率整体呈现右偏峰状分布特征,20.529 8%的农户生产技术效率值在 0.8 以下,在此区间内,随着生产技术效率值的提升,农户数量占比呈现扩大趋势;77.041 9%的农户生产技术效率值为 0.8~0.9,在此区间内,随着生产技术效率值的提升,农户数量占比呈现先扩大后缩小的趋势;2.428 3%的农户生产技术效率值大于等于 0.9,在此区间内,随着生产技术效率值的提升,农户数量占比呈现先扩大后缩小的趋势。生产技术效率区间为 0.8~0.9 的农户群体占比最高。

表 5－8　农户生产技术效率值分布情况

分布	均值	样本量（户）	比重（%）
生产技术效率<0.8	0.773 7	93	20.529 8
0.8≤生产技术效率<0.9	0.833 6	349	77.041 9
生产技术效率≥0.9	0.917 9	11	2.428 3
均值		0.820 9	
标准误		0.047 8	
最大值		0.945 6	
最小值		0.341 0	
样本量		453	

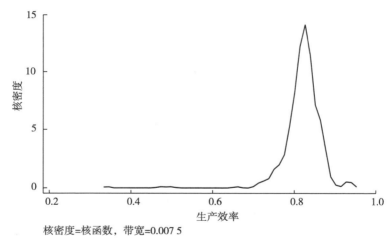

核密度=核函数，带宽=0.007 5

图 5－3　农户生产技术效率的核密度估计结果分布

二、农业生产性服务对农户生产技术效率的影响结果

（1）Tobit 模型估计结果。表 5－9 显示了农业生产性服务对农户生产技术效率的影响结果，可以看出，农户采纳农业生产性服务对农户生产技术效率有显著正影响，在 1% 的水平上显著；农业生产性服务采纳程度对农户生产技术效率有显著正影响，在 1% 的水平上显著，与上文理论分析相一致。说明农业生产性服务促使农户参与社会化分工体系中，分工深化实现资本对劳动力的有效替代和先进技术的嵌入，提高农户要素配置水平，对生产技术效率产生显著促进作用；农户服务参与程度越高，对农业生产技术效率促进作用越显著，这

与孙顶强等（2019）、杨子等（2019）学者的研究结果一致，证明农业生产性服务在农户生产经营中发挥重要的作用。除此之外，从模型 1 可以看出，农户特征对农业生产技术效率也有显著影响，农户年龄对生产技术效率产生显著正影响，在 10% 水平上显著，说明农户年龄越大，外出务工机会减少，重视以务农为主的生计策略，农业生产投入增加，促进生产技术效率提升；政治面貌对农户生产技术效率有显著正影响，在 5% 的水平上显著，成为党员的农户专业知识和综合素质相对较高，重视农业规范化、标准化生产，有助于生产技术效率提升；种植经验对农户生产技术效率有显著正影响，在 5% 的水平上显著，农户种植经验越丰富，接收外部市场信息能力越强，人力资本水平较高，有助于生产技术效率提升；家庭有贷款对农户生产技术效率有显著负影响，在 5% 的水平上显著，说明农户家庭面临严重的资金约束，农户贷款面临较大的还款压力，农业生产投资能力下降，影响农户生产技术效率的提升；家庭总收入对农户生产技术效率有显著正影响，在 1% 的水平上显著，农户家庭总收入越高，农户投资能力越强，能够为农业生产提供资金资助和技术支持，对生产技术效率有显著促进作用；家庭农机现值对农户生产技术效率有显著负影响，在 1% 的水平上显著，可能的原因是家庭自有农业机械越多，容易产生明显的农机闲置问题，农机置换成本较高，对农业生产可能产生负影响；家庭人口数量对农户生产技术效率有显著负影响，在 5% 的水平上显著，可能原因在于农户家庭人口数量越多，家庭劳动力代替机械作业的可能性越大，服务外包程度低，影响农业生产技术效率。土地细碎化程度对农户生产技术效率有显著负影响，在 5% 的水平上显著，土地细碎化增加农户管理难度和成本投入，降低机械作业效率和要素配置效率，对生产技术效率有抑制作用。村庄有农业企业对农户生产技术效率有显著正影响，在 5% 的水平上显著，村庄农业企业有助于带动乡村产业发展，便于提升乡村经济活力，为周边农户提供更多就业机会，同时有助于延长农业产业链，农户融入产业化发展的可能性增加，有助于降低农户经营风险和销售风险，促进农户生产技术效率提升。

表 5-9 农业生产性服务对农户生产技术效率的影响结果

变量名称	模型 1		模型 2	
	系数	标准误	系数	标准误
农业生产性服务采纳	0.051 3***	0.003 1	——	——
农业服务应用水平	——	——	0.039 7***	0.011 1
年龄	0.000 4	0.000 2	0.000 4***	0.000 2
受教育程度	−0.000 9	0.002 3	−0.002 8	0.004 0

（续）

变量名称	模型 1		模型 2	
	系数	标准误	系数	标准误
政治面貌	0.008 7***	0.002 9	0.012 0**	0.005 1
种植经验	0.000 4**	0.000 2	0.000 6**	0.000 3
风险偏好	−0.004 0	0.003 4	−0.005 6	0.003 9
家庭是否有贷款	−0.008 8**	0.003 6	−0.012 4***	0.003 5
家庭总收入	0.012 3***	0.003 1	0.018 0***	0.002 7
家庭农机现值	−0.003 3***	0.001 2	−0.004 4***	0.001 4
家庭人口数量	−0.003 3**	0.001 7	−0.003 1*	0.001 8
土地细碎化程度	−0.000 0**	0.000 0	−0.000 0*	0.000 0
村庄水利设施	0.001 0	0.001 4	−0.000 2	0.002 1
村庄距乡镇距离	−0.000 1	0.000 1	−0.000 1	0.000 1
村庄农业企业	0.005 5**	0.002 6	0.008 0*	0.004 4
常数项	0.674 9***	0.035 4	0.652 9***	0.031 7
R^2	0.459 3		0.238 2	
样本量	453		453	

注：*、**、***分别代表 10%、5% 和 1% 的显著性水平。

（2）稳健性检验。由于农户采纳农业生产性服务面临样本自选择与内生性问题，有必要采纳内生转换回归模型（ESR）予以解决，一方面能够同时考虑可观测因素与不可观测因素的影响，另一方面使用全信息最大似然估计方法，能够处理有效信息遗漏问题。此外，还能够分别对采纳服务农户和未采纳服务农户的生产技术效率影响因素方程进行估计。农户采纳农业生产性服务与生产技术效率模型联立估计结果如表 5-10 所示。表 5-10 中第 2 列是农户采纳生产性服务影响因素的估计结果，第 3 列与第 4 列分别是采纳服务农户与未采纳服务农户生产技术效率的影响因素估计结果。表 5-10 中 Rho_1 和 Rho_2 分别是农户采纳服务决策模型与采纳服务农户效率模型、未采纳服务农户效率模型误差项的相关系数，可以发现，两个相关系数统计值均在 1% 统计水平上显著，证明样本存在自选择问题，采纳服务农户与未采纳服务农户的划分并不是随机的。此外，Rho_1 的估计值为正，说明采纳服务农户生产技术效率普遍高于样本中普通农户生产技术效率；Rho_2 的估计值为负，表明未采纳服务农户生产技术效率普遍低于样本中普通农户生产技术效率。

农户采纳农业生产性服务影响因素结果分析。农户种植经验对采纳农业生产性服务有显著促进作用，在5％的水平上显著，原因可能在于农户种植年限越长，了解传统经营管理中的不足，懂得利用专业管理手段转变传统生产模式；农户家庭有贷款对采纳农业生产性服务有显著抑制作用，在10％的水平上显著，农户发生借贷行为意味着面临较大的资金约束，投资能力变弱，面临较大的服务成本投入压力，服务采纳意愿降低；农户家庭总收入对采纳农业生产性服务有显著促进作用，在1％的水平上显著，家庭收入水平较高的农户，有能力应对各种农业经营风险，农业生产投资能力较强，获取外部信息渠道更多，服务可获得性增强；土地细碎化程度对农户采纳农业生产性服务有显著抑制更用，在10％的水平上显著，说明地块越细碎，机械迁移成本和服务作业成本有所增加，农户可能会增加劳动力投入，降低农业服务采纳行为。工具变量村庄交通条件对农业生产性服务采纳决策有显著促进作用，在1％水平上显著，说明村庄道路建设越完善，越能够促进农业机械的普及应用，村内农户采纳农机服务、农技服务的可能性越大。采纳服务农户生产技术效率的影响因素主要包括家庭借贷情况、家庭总收入和家庭农机现值，未采纳服务农户生产技术效率的影响因素主要包括农户年龄、政治面貌和风险偏好、家庭总收入、家庭农机现值、家庭人口数量、土地细碎化程度、村庄水利设施和村庄农业企业，总体看，农户家庭禀赋是影响采纳服务农户和未采纳服务农户生产技术效率的主要因素。

表 5 - 10 采纳农业生产性服务与农户生产技术效率联立估计结果

变量	农业生产性服务采纳决策		农户生产技术效率			
			采纳服务农户		未采纳服务农户	
	系数	标准误	系数	标准误	系数	标准误
年龄	−0.001 9	0.007 0	0.000 2	0.000 4	0.000 4***	0.000 1
受教育程度	−0.199 3	0.139 2	−0.000 9	0.009 3	−0.001 4	0.002 5
政治面貌	0.134 8	0.178 0	0.008 3	0.012 9	0.006 0*	0.003 1
种植经验	0.017 2**	0.008 7	0.000 6	0.000 6	0.000 1	0.000 2
风险偏好	−0.138 4	0.128 1		0.008 7	−0.004 5*	0.002 5
家庭是否有贷款	−0.202 5*	0.116 5	−0.016 9**	0.007 4	−0.000 1	0.002 3
家庭总收入	0.524 2***	0.085 5	0.016 3**	0.007 1	0.004 2**	0.001 8
家庭农机现值	−0.037 1	0.046 8	−0.004 5*	0.002 6	−0.002 4**	0.001 0
家庭人口数量	0.007 0	0.059 9	−0.004 2	0.003 8	−0.002 6**	0.001 2
土地细碎化程度	−0.001 0*	0.000 6	−0.000 0	0.000 1	−0.000 0*	0.000 0
村庄水利设施	−0.106 0	0.072 0	−0.002 1	0.004 9	0.002 9**	0.001 3

（续）

变量	农业生产性服务采纳决策		农户生产技术效率			
			采纳服务农户		未采纳服务农户	
	系数	标准误	系数	标准误	系数	标准误
村庄距乡镇距离	−0.004 5	0.003 3	−0.000 0	0.000 2	0.000 1	0.000 1
村庄农业企业	0.198 1	0.151 8	0.003 2	0.010 6	0.006 9**	0.002 7
识别变量村庄交通条件	0.314 1***	0.066 3	——		——	
常数项	−5.381 6***	1.008 0	0.648 2***	0.065 6	0.808 3***	0.023 3
$Ln\delta^1 tu$	——		0.052 7***	0.003 6	——	
Rho_1	——		0.279 9***	0.049 0	——	
$Ln\delta^1 uu$	——		——		0.022 1***	0.001 3
Rho_2	——		——		−0.659 7***	0.103 4
LR	9.630 0***		——		——	
log likelihood	740.022 6					
样本量	453		296		157	

注：***、**和*分别表示在1%、5%和10%的水平上显著。

农业生产性服务对农户生产技术效率影响的处理效应。农业生产性服务对农户生产技术效率影响的处理效应结果如表 5-11 所示，表中 a 和 b 分别代表实际情况下，农户采纳服务和农户未采纳服务的期望效率，c 和 d 分别代表反事实情况下，采纳服务农户未采纳服务时的期望值和未采纳服务农户采纳服务时的期望值。运用内生转换回归模型得出采纳农业生产性服务对农户生产技术效率有正向处理效应，在1%水平上显著。ATT 结果显示，对于实际采纳服务的农户，如果他们未采纳服务，农业生产技术效率将下降至 0.044 5。ATU 结果显示，未采纳服务农户若采纳农业服务，农业生产技术效率将增加 0.027 0。揭示了农业生产性服务能够促进农户生产技术效率显著提升。

表 5-11　采纳农业生产性服务对农户生产技术效率的平均处理效应

农户类别	采纳服务	未采纳服务	ATT	ATU
采纳服务农户	(a) 0.548 4	(c) 0.503 9	0.044 5***	——
未采纳服务农户	(d) 0.299 3	(b) 0.272 3	——	0.027 0***

注：***、**和*分别表示在1%、5%和10%的水平上显著；ATT、ATU 分别表示采纳服务农户、未采纳服务农户对应的平均处理效应。

（3）农业生产性服务影响农户生产技术效率的中介作用分析。为了进一步揭示农业生产性服务对农户生产技术效率的作用机制，本章采用温忠麟等

（2014）中介效应检验方法对作用机制进行实证检验。上一章发现农业生产性服务对要素配置有显著影响，要素配置对改变农户生产效率有显著影响。参照林文声等（2018）的研究方法，需要对 4 个要素配置变量进行无量纲化处理。表 4－6 显示了农业生产性服务对 4 个已经处理的要素配置变量的估计结果，表 5－12 是农业生产性服务影响农户生产技术效率的中介效应估计结果。结果表明，农业生产性服务不仅对农户生产技术效率有直接影响，而且通过土地流转、技术采纳和劳动力投入 3 个中介变量间接影响农户生产技术效率，农业资本投入并不是农业生产性服务影响农户生产技术效率的有效中介。从表 5－12 回归 5 显示，加入全部中介变量后，农业生产性服务仍然对农户生产技术效率有显著正影响，农业服务对生产技术效率的直接效应为 0.037 9，农业生产性服务还通过土地流转、技术采纳和劳动力投入 3 个中介变量对农户生产技术效率产生间接影响，比较 3 个中介变量作用大小，土地流转变量的中介作用最大，其次是技术采纳和劳动力投入。

表 5－12　农业生产性服务对农户生产技术效率的中介效应结果

影响因素	回归 1	回归 2	回归 3	回归 4	回归 5
农业生产性服务应用	0.045 0***	0.045 0***	0.051 7***	0.051 2***	0.037 9***
	(0.003 5)	(0.004 9)	(0.003 8)	(0.003 0)	(0.004 6)
土地流转	0.040 5***				0.050 4***
	(0.011 0)				(0.015 0)
技术采纳	——	0.023 4**			0.019 8*
		(0.010 5)			(0.010 9)
劳动力投入	——		−0.001 4***		−0.014 7***
			(0.000 4)		(0.003 9)
农业资本投入				−0.048 4***	−0.048 8***
				(0.018 6)	(0.018 9)
年龄	0.000 4*	0.000 3	0.000 3**	0.000 3*	0.000 3*
	(0.000 2)	(0.000 2)	(0.000 2)	(0.000 2)	(0.000 2)
受教育程度	−0.000 7	−0.000 4	−0.000 1	−0.000 9	−0.000 7
	(0.002 4)	(0.002 2)	(0.003 4)	(0.002 3)	(0.002 3)
政治面貌	0.009 7***	0.009 1***	0.009 9**	0.008 7	0.007 7***
	(0.003 0)	(0.002 9)	(0.004 4)	(0.002 9)	(0.002 7)
种植经验	0.000 3**	0.000 2	0.000 3*	0.000 4	0.000 1
	(0.000 1)	(0.000 2)	(0.000 2)	(0.000 1)	(0.000 1)

（续）

影响因素	回归 1	回归 2	回归 3	回归 4	回归 5
风险偏好	−0.003 6	−0.003 7	−0.004 5	−0.003 9	−0.002 4
	(0.003 5)	(0.003 3)	(0.003 3)	(0.003 4)	(0.003 3)
家庭是否有贷款	−0.008 8**	−0.009 2**	−0.009 4***	−0.008 8	−0.008 3**
	(0.003 8)	(0.003 9)	(0.003 0)	(0.003 6)	(0.003 7)
家庭总收入	0.008 5***	0.009 0***	0.009 5***	0.012 3	0.011 0***
	(0.002 8)	(0.002 7)	(0.002 0)	(0.003 1)	(0.003 3)
家庭人口数量	−0.002 7*	−0.003 1*	−0.003 4**	−0.003 3	−0.003 0*
	(0.001 7)	(0.001 8)	(0.001 6)	(0.001 6)	(0.001 7)
土地细碎化程度	−0.000 02*	−0.000 02*	−0.000 02	−0.000 02	−0.000 02*
	(0.000 01)	(0.000 01)	(0.000 02)	(0.000 01)	(0.000 01)
村庄水利设施	0.001 6	0.001 1	0.001 4	0.001 0	0.001 1
	(0.001 4)	(0.001 5)	(0.001 8)	(0.001 4)	(0.001 5)
村庄距乡镇距离	−0.000 1	−0.000 1	−0.000 1	−0.000 04	−0.000 1
	(0.000 1)	(0.000 1)	(0.000 1)	(0.000 1)	(0.000 1)
村庄农业企业	0.004 7*	0.005 8**	0.005 9**	0.005 5	0.004 1*
	(0.002 7)	(0.002 6)	(0.003 7)	(0.002 5)	(0.002 4)
常数项	0.679 6***	0.673 2***	0.665 7***	0.674 9	0.676 0***
	(0.035 6)	(0.037 9)	(0.026 7)	(0.035 3)	(0.037 8)
R²	0.459 8	0.460 7	0.450 4	0.459 3	0.480 2
样本量	453	453	453	453	453
Sobel Mediation Tests	0.006 7***	0.006 6***	0.001 2**	0.000 5	——
	(0.002 5)	(0.002 4)	(0.000 5)	(0.000 5)	
中间变量或总效应	0.130 5	0.128 5	0.024 2	0.890 0	——
间接效应或直接效应	0.150 1	0.147 4	0.024 8	0.009 0	——
_ bs _ 1	0.006 7***	0.006 6**	0.001 2**	0.000 5	
	(0.001 8)	(0.002 9)	(0.000 6)	(0.000 5)	
_ bs _ 2	0.044 9***	0.045 0***	0.050 4***	0.0512***	——
	(0.003 8)	(0.004 9)	(0.003 1)	(0.003 2)	

注：***、**、*分别代表在1%、5%、10%的统计水平上显著，（）为标准误。

　　从土地流转的中介作用看，第四章可知农业生产性服务对农户土地流转有显著促进作用，同时农户土地流转对生产技术效率有显著正影响，分别在 1%

的水平上显著（回归 1 和回归 5），加入农户土地流转这一中介变量后，农业生产性服务应用水平对农户生产技术效率仍有显著正影响，在 1% 的水平上显著（回归 1 和回归 5）。索贝尔检验显示农户土地流转对农业生产技术效率的中介效应在 1% 的水平上显著，其系数值为 0.006 7，农户土地流转中介变量占总效应比例为 0.130 5，间接效应占直接效应比例为 0.150 1，而且 bootstrap 检验结果显示，农户土地流转的间接效应为 0.006 7，农业生产性服务的直接效应为 0.044 9，均在 1% 水平上显著，以上检验说明土地流转在农业生产性服务影响生产技术效率中发挥部分中介效应。

从技术采纳的中介作用看，第四章可知农业生产性服务对农户技术采纳有显著促进作用，同时农户技术采纳对生产技术效率有显著正影响，在 5% 和 10% 的水平上显著（回归 2 和回归 5），加入农户技术采纳这一中介变量后，农业生产性服务对农户生产技术效率仍有显著正影响，在 1% 的水平上显著（回归 2 和回归 5）。索贝尔检验显示农户技术采纳对农业生产技术效率的中介效应在 1% 的水平上显著，其系数值为 0.006 6，农户技术采纳中介变量占总效应比例为 0.128 5，间接效应占直接效应比例为 0.147 4，而且 bootstrap 检验结果显示，农户技术采纳的间接效应为 0.006 6，农业生产性服务的直接效应为 0.045 0，均在 5% 和 1% 水平上显著，以上检验说明农户技术采纳在农业生产性服务影响生产技术效率中发挥部分中介效应。

从劳动力投入的中介作用看，第四章可知农业生产性服务对农业劳动力投入有显著抑制作用，同时农业劳动力投入对生产技术效率有显著负影响，在 5% 和 1% 的水平上显著（回归 3 和回归 5），加入农业劳动力投入这一中介变量后，农业生产性服务对生产技术效率仍有显著正影响，在 1% 的水平上显著（回归 3 和回归 5）。索贝尔检验显示农业劳动力投入影响生产技术效率的中介效应在 5% 的水平上显著，其系数值为 0.001 2，劳动力投入中介变量占总效应比例为 0.024 2，间接效应占直接效应比例为 0.024 8，而且 bootstrap 检验结果显示，农业劳动力投入间接效应为 0.001 2，农业生产性服务直接效应为 0.050 4，分别在 5% 和 1% 水平上显著，说明农业劳动力投入在农业生产性服务影响生产技术效率中具有部分中介效应。

三、不同环节服务对农户生产技术效率的处理效应分析

相比玉米、大豆等农作物，水稻种植环节繁杂，从种到收主要由 6 个环节构成，每一个环节对于劳动力、资金、技术等要素需求程度不一，完成不同环节对农户要素配置带来的影响存在差异，有必要深入探究不同环节服务对农户生产技术效率的差异化影响。本章利用倾向得分匹配模型构建反事实框架进一

步分析不同环节服务对农户生产技术效率的处理效应，表5-13显示了农户采纳不同类型服务的样本匹配结果，整体样本匹配结果良好。估计结果如表5-14所示。除了育秧服务和施肥服务对农户生产技术效率的处理效应未通过显著性检验，其他环节服务对农户生产技术效率的处理效应均通过显著性检验，均在1%的水平上显著，均为正向。具体来看，采纳农资服务、耕整地服务、插秧服务、植保服务、收割服务和销售服务农户若不采纳对应服务，农户生产技术效率的期望值将平均下降0.019 9、0.028 5、0.022 0、0.041 0、0.040 9和0.026 1，可以看出，不同类型服务对农户生产技术效率影响的处理效应由高到低分别是植保服务、收割服务、耕整地服务、销售服务、插秧服务和农资供应服务。进一步将不同服务按照环节技术特征分为劳动密集型服务、技术密集型服务和产业链上下游服务，根据ATT结果看出，采纳劳动密集型服务、技术密集型服务和产业链上下游服务的农户若不采纳对应服务，农户生产技术效率的期望值将平均下降0.044 9、0.039 1和0.031 4，影响农户生产技术效率由高到低的服务分别为劳动密集型服务、技术密集型服务和产业链上下游服务。

表5-13　倾向得分匹配结果

服务类型		处理组	对照组	合计
采纳农资服务	未匹配样本	6	23	29
	匹配样本	67	357	424
	合计	73	380	453
采纳育秧服务	未匹配样本	3	26	29
	匹配样本	49	375	424
	合计	52	401	453
采纳耕整地服务	未匹配样本	4	17	21
	匹配样本	148	284	432
	合计	152	301	453
采纳插秧服务	未匹配样本	0	8	8
	匹配样本	231	214	445
	合计	231	222	453
采纳施肥服务	未匹配样本	3	28	31
	匹配样本	49	373	422
	合计	52	401	453

（续）

服务类型		处理组	对照组	合计
采纳植保服务	未匹配样本	10	5	15
	匹配样本	213	225	438
	合计	223	230	453
采纳收割服务	未匹配样本	30	2	32
	匹配样本	180	241	421
	合计	210	243	453
采纳销售服务	未匹配样本	1	29	30
	匹配样本	81	342	423
	合计	82	371	453
采纳劳动密集型服务	未匹配样本	5	3	8
	匹配样本	284	161	445
	合计	289	164	453
采纳技术密集型服务	未匹配样本	4	4	8
	匹配样本	246	199	445
	合计	250	203	453
采纳产前产后服务	未匹配样本	5	8	13
	匹配样本	106	334	440
	合计	111	342	453

表5-14　不同类型服务对生产技术效率的平均处理效应

匹配方法	采纳农资服务	未采纳农资服务	平均处理效应	标准误差
K近邻匹配	0.851 6	0.834 2	0.017 4***	0.005 7
核匹配	0.851 6	0.827 2	0.024 4***	0.005 2
卡尺匹配	0.851 5	0.833 6	0.017 8***	0.005 7
平均值	0.851 6	0.837 0	0.019 9	
匹配方法	采纳育秧服务	未采纳育秧服务	平均处理效应	标准误差
K近邻匹配	0.833 9	0.817 5	0.016 4	0.011 2
核匹配	0.833 9	0.818 7	0.015 2*	0.006 6
卡尺匹配	0.832 7	0.819 8	0.012 8	0.011 4
平均值	0.833 5	0.818 7	0.014 8	

（续）

匹配方法	采纳耕整地服务	未采纳耕整地服务	平均处理效应	标准误差
K 近邻匹配	0.847 8	0.818 6	0.029 1***	0.004 3
核匹配	0.844 7	0.819 1	0.025 6***	0.004 1
卡尺匹配	0.847 8	0.816 8	0.030 9***	0.003 8
平均值	0.846 8	0.818 2	0.028 5	

匹配方法	采纳插秧服务	未采纳插秧服务	平均处理效应	标准误差
K 近邻匹配	0.840 6	0.814 3	0.026 2***	0.005 0
核匹配	0.840 6	0.817 7	0.022 8***	0.005 2
卡尺匹配	0.840 1	0.812 9	0.027 1***	0.005 0
平均值	0.836 5	0.814 4	0.022 0	

匹配方法	采纳施肥服务	未采纳施肥服务	平均处理效应	标准误差
K 近邻匹配	0.821 7	0.821 1	0.000 6	0.010 1
核匹配	0.821 7	0.819 4	0.002 2	0.007 2
卡尺匹配	0.821 7	0.821 1	0.000 6	0.010 1
平均值	0.821 7	0.820 5	0.001 1	

匹配方法	采纳植保服务	未采纳植保服务	平均处理效应	标准误差
K 近邻匹配	0.843 4	0.801 2	0.042 1***	0.008 3
核匹配	0.843 4	0.802 7	0.038 6***	0.005 1
卡尺匹配	0.843 5	0.800 2	0.042 3***	0.008 3
平均值	0.843 1	0.802 1	0.041 0	

匹配方法	采纳收割服务	未采纳收割服务	平均处理效应	标准误差
K 近邻匹配	0.843 1	0.801 8	0.041 3***	0.007 4
核匹配	0.843 1	0.802 8	0.040 3***	0.004 6
卡尺匹配	0.843 1	0.801 8	0.041 3***	0.007 4
平均值	0.843 1	0.802 1	0.040 9	

匹配方法	采纳销售服务	未采纳销售服务	平均处理效应	标准误差
K 近邻匹配	0.847 7	0.822 6	0.025 0**	0.012 5
核匹配	0.847 7	0.821 1	0.026 5***	0.004 8
卡尺匹配	0.847 5	0.820 6	0.026 8**	0.011 9
平均值	0.847 6	0.821 4	0.026 1	

（续）

匹配方法	采纳劳动密集型服务	未采纳劳动密集型服务	平均处理效应	标准误差
K 近邻匹配	0.841 6	0.796 3	0.045 3***	0.006 7
核匹配	0.841 6	0.793 5	0.048 1***	0.005 6
卡尺匹配	0.839 4	0.798 1	0.041 3***	0.003 7
平均值	0.840 9	0.796 0	0.044 9	

匹配方法	采纳技术密集型服务	未采纳技术密集型服务	平均处理效应	标准误差
K 近邻匹配	0.838 6	0.795 4	0.043 1***	0.007 4
核匹配	0.838 6	0.804 0	0.034 5***	0.005 4
卡尺匹配	0.837 2	0.797 4	0.039 7***	0.006 4
平均值	0.838 1	0.798 9	0.039 1	

匹配方法	采纳上下游环节服务	未采纳上下游环节服务	平均处理效应	标准误差
K 近邻匹配	0.847 0	0.814 2	0.032 7***	0.006 7
核匹配	0.847 0	0.817 6	0.029 3***	0.004 9
卡尺匹配	0.846 8	0.814 4	0.032 3***	0.006 6
平均值	0.846 9	0.815 4	0.031 4	

注：***、**和*分别表示在1%、5%和10%的水平上显著。

　　结合结果可以看出，第一，育秧服务和施肥服务并未对农户生产技术效率产生显著影响，原因在于：一方面，育秧服务、测土配方施肥服务不易于实现机械化，服务质量监督难度大，发生道德风险的可能性高，容易产生双方信息不对称等问题，交易成本高；另一方面，这两类服务市场容量小，服务主体供给意愿低，服务市场发展水平低，降低农户采纳育秧服务和施肥服务的积极性，目前这两个环节仍然依靠农户自主完成，但生产规范性和标准化水平较低。第二，植保服务对农户生产技术效率的处理效应最高，这与杨志海等（2019，2020）、陈超等（2012，2020）学者的研究结论一致，从资源配置的角度，农户自身完成病虫害防治，需要平均喷施农药、除草剂等5～10次，对劳动力需求很大，而且单次劳动力投入效率低，需要在多个时间节点进行喷施。因此，将病虫害防治交由专业服务组织完成，既能对防治的时间节点与施药要求有科学的把握，又可以释放大量劳动力，防止施药量过多的风险。第三，劳动密集型服务对农户生产技术效率的处理效应最高，技术密集型服务次之，产业链上下游服务最低，主要原因在于水稻生产中劳动密集型服务市场发展较成熟，农机跨区服务供给充足，服务市场价格稳定，农户采纳程度较高，对生产技术效率贡献作用突出；但在技术密集型环节中，由于育秧、施肥服务市场发展水平低、服务交易成本高、服务质量识别难度大等原因导致农户选择育秧服务和施肥服务概率低，降低了技术密集型服务对生产技术效率的促进作用；对于产业链上下游服务，仍然属于农业生产性服务中的薄弱环节，由于服务主体自身能力不足、服务交易成本高、服务利益联结不稳定等原因导致农户选择产业链上下游环节服务的概率低。

四、不同服务模式对农户生产技术效率的影响结果

（1）Tobit 模型估计结果。运用 Tobit 模型分析不同服务模式对农户生产技术效率的影响，估计结果如表 5 - 15 所示。模型 1 是农户参与不同服务模式对生产技术效率影响的估计结果，模型 2 是农户参与不同服务模式的服务支出对生产技术效率的估计结果。可以看出，参与产业化服务模式、合作化服务模式和市场化服务模式对农户生产技术效率均有显著促进作用，参与产业化服务模式对农户生产技术效率促进作用最强，不同服务模式中农户服务支出越高，对生产技术效率促进作用越显著。说明在农户采纳服务基础上，服务主体和服务交易形式的选择对农户生产技术效率有显著影响。产业化服务模式中，农业企业联合村集体等中介组织推进规模化经营、提供产业链服务，重视服务交易关系管理，通过免费供应农业服务或者服务价格优惠等方式与农户形成稳定的服务联结机制，无论在正式契约履行还是在合作关系维护上都始终尊重农户的土地使用权、处置权和收益权，并且在不确定环境下尽量保证农户权益不受损害，显著降低农户经营风险和交易成本，有助于农户生产技术效率的提升。合作化服务模式中，农户参与合作社享受合作社提供的资本、技术和市场信息等各类服务，实现分散经营对接规模化服务，提高农户技术管理水平和市场谈判能力，促进生产技术效率提升。但是目前很多合作社服务功能发挥受限，一方面在于内部所有权和经营权不完全分离的"委托—代理"关系，核心成员拥有绝对的资源优势，对边缘农户产生一定的挤出效应，降低农户参与服务获利空间；另一方面，合作社产前、产后环节服务资源整合能力较弱，难以提供产业链式服务，一定程度上影响入社农户的生产技术效率。

控制变量影响程度来看，农户年龄对生产技术效率有显著正影响，在 10% 水平上显著，农户年龄越大，种植经验更丰富，更了解自家土地耕种管理方式，对生产技术效率有显著促进作用；农户政治面貌对生产技术效率有显著正影响，在 5% 水平上显著，说明作为中国共产党党员的农户，具有较高的文化素质和综合素养，更愿意接受学习农业新技术、新知识，人力资本水平较高，有助于提升农户生产技术效率；家庭有贷款对农户生产技术效率有显著负

影响，在 1% 水平上显著，有贷款的农户承担较大的资金约束和还款压力，可能会减少相关农业要素投资，容易影响生产技术效率；家庭总收入对农户生产技术效率有显著正影响，在 1% 水平上显著，农户家庭经济水平越高，农业生产投资能力和风险承担能力越强，采纳先进农业技术和优质农资的可能性越大，对生产技术效率有促进作用；家庭农机现值对农户生产技术效率有显著负影响，在 1% 水平上显著，可能原因在于自家购买大型农业机械利用率较低，闲置成本、置换成本和维修成本较高，影响农业生产技术效率；家庭人口数量对农户生产技术效率有显著负影响，在 5% 水平上显著，可能原因在于家庭人口数量越多，自家农业劳动力投入越多，降低对机械技术等现代要素的利用程度，影响生产技术效率提升。

表 5 - 15　不同服务模式对农户生产技术效率影响估计结果

变量名称	模型 1		模型 2	
	影响系数	标准误	影响系数	标准误
参与市场化服务模式	0.049 0***	0.004 1	——	——
参与合作化服务模式	0.053 6***	0.005 8	——	——
参与产业化服务模式	0.056 5***	0.005 5	——	——
市场化服务模式参与程度	——	——	0.004 9***	0.000 7
合作化服务模式参与程度	——	——	0.005 3***	0.000 9
产业化服务模式参与程度	——	——	0.005 8***	0.000 9
年龄	0.000 4*	0.000 2	0.000 4*	0.000 2
受教育程度	−0.000 9	0.003 4	−0.002 0	0.003 7
政治面貌	0.008 7**	0.004 3	0.010 8**	0.004 7
种植经验	0.000 3	0.000 2	0.000 3	0.000 2
风险偏好	−0.003 2	0.003 4	−0.003 0	0.003 7
家庭是否有贷款	−0.008 9***	0.003 0	−0.011 2***	0.003 2
家庭总收入	0.011 8***	0.002 2	0.014 3***	0.002 4
家庭农机现值	−0.003 2***	0.001 2	−0.004 2***	0.001 3
家庭人口数量	−0.003 2**	0.001 5	−0.003 9**	0.001 7
土地细碎化程度	−0.000 1	0.000 1	−0.002 1**	0.000 9
村庄水利设施	0.000 6	0.001 8	−0.000 5	0.002 0
村庄距乡镇距离	−0.000 1	0.000 1	−0.000 5	0.000 1
村庄农业企业	0.004 8	0.003 7	0.007 2*	0.004 0
常数项	0.679 5***	0.025 9	0.683 7***	0.028 6
R^2	0.191 0		0.136 4	
样本量	453		453	

注：*、**和***分别代表 10%、5% 和 1% 的显著性水平。

（2）稳健性检验。

①Logit 模型估计结果。考虑到样本中选择不同服务模式的农户并非随机，可能存在样本"自选择"问题，因此，本书将用倾向得分匹配法对此进行检验。表5-16 显示了倾向得分匹配第一阶段估计结果，可以看出，影响农户参与不同服务模式因素存在显著差异。户主特征主要对农户参与产业化服务模式有显著影响，农户受教育程度与参与产业化服务模式呈显著负相关，农户种植经验与参与产业化服务模式呈显著正相关，农户风险偏好与参与产业化服务模式呈显著负相关；家庭禀赋特征对农户参与不同服务模式影响较大，农户家庭总收入水平越高，农户参与合作化和产业化服务模式概率越大，农户经济水平越高，对于服务购买意愿越强；农户家庭有贷款降低其选择市场化服务和产业化服务模式的概率，农户贷款增加流动性资本约束，影响农户采纳服务的积极性；土地细碎化程度对农户参与不同服务模式均有显著负影响，对产业化服务模式负影响最大，说明服务外包效益与地块规模呈正相关，地块细碎容易增加服务作业成本，降低农户参与服务积极性；村庄水利设施建设对农户参与市场化服务模式有显著负影响，村庄有农业企业对农户参与合作化服务模式有显著正影响。

表5-16　基于 Logit 模型的农户参与不同服务模式拟合值估计结果

影响因素	市场化服务模式		合作化服务模式		产业化服务模式	
	影响系数	标准误	影响系数	标准误	影响系数	标准误
年龄	−0.000 1	0.012 7	−0.005 9	0.020 3	−0.035 3	0.023 5
受教育程度	−0.268 1	0.243 6	−0.416 8	0.398 1	−0.979 8**	0.449 2
政治面貌	0.515 2	0.335 1	0.222 6	0.467 6	0.348 9	0.524 8
种植经验	0.021 1	0.015 6	0.038 2	0.023 9	0.068 3***	0.025 1
风险偏好	0.167 5	0.235 7	−0.486 2	0.374 5	−1.065 8***	0.426 3
家庭是否有贷款	−0.394 3*	0.227 0	−0.239 1	0.305 1	−0.797 8*	0.412 1
家庭总收入	0.818 2***	0.177 7	1.413 3***	0.269 4	1.824 6***	0.339 5
家庭农机现值	−0.048 8	0.085 6	−0.126 5	0.097 0	−0.235 9**	0.117 6
家庭人口数量	−0.015 1	0.110 2	−0.144 4	0.165 9	−0.065 6	0.169 3
土地细碎化程度	−0.003 0*	0.001 1	−0.004 4*	0.002 6	−0.002 7**	0.001 3
村庄水利设施	−0.394 7***	0.136 2	0.151 5	0.208 7	0.001 5	0.224 8
村庄距乡镇距离	−0.005 3	0.005 7	−0.025 1	0.017 7	−0.024 4	0.019 6
村庄农业企业	−0.009 4	0.280 7	1.093 6***	0.392 0	0.659 4	0.423 7
常数项	−7.047 2***	1.915 0	−14.942 1***	3.029 5	−16.087 8***	3.228 1
Pseudo R²	0.098 1		0.285 0		0.356 3	
LR 值	43.78		79.46		93.22	

注：*、**和***分别代表10%、5%和1%的显著性水平。

为了确保样本匹配质量，需要对匹配样本进行共同支撑域分析。考察参与不同服务模式农户与未参与服务农户倾向匹配的共同支撑域，通过选取包含农户特征、家庭经营特征、村庄特征的匹配向量，运用倾向得分 K 近邻匹配（K=4）、核匹配法（默认二次核，带宽 0.06）和卡尺匹配为处理组寻找与其相匹配的对照组样本，样本匹配结果如表 5-17 所示，倾向得分匹配结果中存在较少的样本缺失，样本匹配结果良好。

表 5-17　倾向得分匹配结果

组别	市场化服务模式			合作化服务模式			产业化服务模式		
	未匹配样本	匹配样本	合计	未匹配样本	匹配样本	合计	未匹配样本	匹配样本	合计
处理组	6	158	164	2	67	69	2	60	62
对照组	2	156	158	32	126	158	8	150	158
合计	8	314	322	34	193	227	10	210	220

注：本书采用三种匹配方式进行样本估计，上表汇报样本匹配最大损失量。

②平均处理效应。表 5-18 显示了运用倾向得分匹配法测算的农户参与不同服务模式的平均处理效应，相比未参与服务农户，产业化服务模式促进农户生产技术效率提升 0.056 3，合作化服务模式促进农户生产技术效率提升 0.050 9，市场化服务模式促进农户生产技术效率提升 0.044 4，均在 1% 水平上显著，产业化服务模式对农户生产技术效率促进作用最显著，三种匹配方法差异较小，结果较稳健。可以看出，从市场化服务、合作化服务到产业化服务，服务组织合作稳定性逐渐增强，服务双方利益联结更加稳固，农户分享到二三产业增值收益的空间越来越大，服务规模经济逐渐凸显。市场化服务模式促进农户生产技术效率提升空间最小，主要原因在于部分环节服务外包主要发挥劳动力替代和分工深化的作用，但并未注重服务交易关系管理，服务双方交易关系松散，容易发生机会主义行为，影响服务质量和长期合作关系。合作化服务模式将分散农户组织起来对接规模化服务，形成契约交易或者横向协作交易，在服务组织方式上优于市场化服务模式，但合作社实际运行中"精英俘获""农户边缘化"等现象突出，影响合作社服务功能的发挥，降低入社农户获利的空间，影响农户生产技术效率。产业化服务模式带动农户生产技术效率提升效果最高，是当前技术水平下资源配置能力最佳的服务模式。第一，产业化服务模式重视构建以正式契约和关系契约为一体的服务契约联结；第二，产业化服务模式强化特惠式服务辅助经营性服务供给形成服务惠顾联结，通过免费提供技术支持、免费提供植保服务等灵活惠顾手段与农户建立长期合作关系，避免信息不对称或者机会主义行为；第三，农业企业通过联合村集体或者

农民专业合作社等中介组织带动分散农户参与产业化服务，形成服务组织联结，重视发展股份合作等利益联结手段带领农户分享二三产业增值收益，形成服务利益共享机制。由此可知，产业化服务模式高效运行的关键在于形成统一经营管理模式和服务联结机制的创新，不仅能够缓解农户资源约束，而且能促使农户从紧密协作关系中获得先进技术和高品质农资，提高要素配置能力，产生销售价格溢价，获得显著的分工收益，促使产业链服务分工深化。

表 5-18　农业服务模式影响农户生产技术效率的平均处理效应（ATT）

匹配方法	市场化服务模式	未参与服务	平均处理效应	标准误
K 近邻匹配（K＝4）	0.835 7	0.791 6	0.044 1***	0.005 4
核匹配（带宽＝0.06）	0.835 7	0.791 2	0.044 5***	0.006 0
卡尺匹配	0.835 9	0.791 1	0.044 7***	0.005 3
平均值	0.835 8	0.791 3	0.044 4	
匹配方法	合作化服务模式	未参与服务	平均处理效应	标准误
K 近邻匹配（K＝4）	0.849 0	0.796 7	0.052 2***	0.005 1
核匹配（带宽＝0.06）	0.848 1	0.791 9	0.056 1***	0.005 7
卡尺匹配	0.843 6	0.799 2	0.044 4***	0.004 4
平均值	0.846 9	0.795 9	0.050 9	
匹配方法	产业化服务模式	未参与服务	平均处理效应	标准误
K 近邻匹配（K＝4）	0.848 6	0.795 1	0.053 5***	0.010 9
核匹配（带宽＝0.06）	0.848 8	0.792 4	0.056 4***	0.008 0
卡尺匹配	0.846 1	0.787 2	0.058 9***	0.008 7
平均值	0.847 8	0.791 6	0.056 3	

注：*、**和***分别代表10%、5%和1%的显著性水平。

③不同禀赋农户差异化分析。考虑到参与不同服务模式的农户的生产技术效率差异也会受到农户资源禀赋的影响，本章进一步探究农业服务模式对不同类型农户生产技术效率的影响差异。结果如表 5-19 所示，土地细碎化程度越低，农户参与各类服务模式产生的生产技术效率越高，其中，参与合作化服务

模式产生的生产技术效率最高,说明地块面积大的农户参与农业分工获利空间大;大规模农户参与各类服务模式产生的生产技术效率显著高于小规模农户参与各类服务模式的生产技术效率,说明土地经营规模越大,越便于促进横向专业化与纵向分工的有机融合,激发显著的服务规模经济,显著提升服务应用效果;家庭收入水平较低的农户参与不同服务模式有助于生产技术效率提升,其中,低收入农户参与市场化服务模式对生产技术效率促进作用最显著,说明市场化服务模式能够弥补低收入农户自主投资能力不足、资源约束大、要素配置水平低的弊端;风险规避意识较强的农户参与服务模式有助于提升生产技术效率,其中,合作化服务模式对风险厌恶型农户生产技术效率促进作用最显著,说明合作化服务模式有助于降低农户经营风险和对接市场的交易成本,促进农户生产技术效率提升。

表 5 - 19　农业服务模式对不同类型农户生产技术效率的影响效应差异

类型		参与市场化服务模式	未参与市场化服务模式	平均处理效应	标准误
土地细碎化程度	小于均值	0.834 9	0.825 4	0.009 4***	0.003 6
	大于均值	0.838 4	0.797 3	0.041 1	0.033 2
土地经营规模	小于 100 亩	0.836 2	0.818 7	0.017 5***	0.005 9
	等于或大于 100 亩	0.836 6	0.797 5	0.039 0***	0.011 3
家庭收入水平	小于均值	0.833 8	0.805 3	0.028 5***	0.007 0
	大于均值	0.841 1	0.840 7	0.000 4	0.008 7
风险程度	风险偏好	0.836 3	0.818 1	0.018 2***	0.006 1
	风险厌恶	0.836 0	0.822 0	0.014 0**	0.006 6
类型		参与合作化服务模式	未参与合作化服务模式	平均处理效应	标准误
土地细碎化程度	小于均值	0.841 8	0.822 2	0.019 5***	0.007 0
	大于均值	0.858 9	0.845 9	0.013 0	0.009 4
土地经营规模	小于 100 亩	0.852 8	0.847 5	0.005 3	0.008 3
	等于或大于 100 亩	0.842 3	0.815 2	0.027 1***	0.009 9
家庭收入水平	小于均值	0.846 2	0.826 1	0.020 0***	0.006 2
	大于均值	0.854 4	0.850 0	0.004 4	0.010 1
风险程度	风险偏好	0.847 7	0.833 1	0.014 6	0.009 3
	风险厌恶	0.850 3	0.833 6	0.016 6*	0.009 5

（续）

类型		参与产业化 服务模式	未参与产业化 服务模式	平均处理 效应	标准误
土地细碎化程度	小于均值	0.838 2	0.821 1	0.017 1**	0.006 8
	大于均值	0.852 8	0.840 3	0.012 4	0.024 2
土地经营规模	小于 100 亩	0.849 2	0.840 3	0.008 8	0.010 1
	等于或大于 100 亩	0.846 4	0.825 5	0.020 8***	0.007 0
家庭收入水平	小于均值	0.841 1	0.820 5	0.020 6**	0.008 2
	大于均值	0.853 7	0.839 6	0.014 1	0.009 3
风险程度	风险偏好	0.845 2	0.833 6	0.011 5	0.008 8
	风险厌恶	0.850 4	0.836 6	0.013 7*	0.008 0

注:***、**和*分别表示在1%、5%和10%的水平上显著。

五、农业生产性服务对不同类型农户生产技术效率影响结果

为了分析农业生产性服务对不同类型农户生产技术效率影响的差异,本章依据农户土地经营规模、土地细碎化程度、家庭收入水平和风险偏好进行群组差异分析,选择以上因素进行分组的主要原因在于农业服务应用与土地经营规模存在相匹配性,不同资源禀赋农户选择服务空间存在差异,不同环节服务面临的风险程度有显著差异,有必要探讨不同类型农户采纳服务对生产技术效率的差异化影响,分析农业服务应用的内在约束条件。分组借鉴曾亿武等(2018)学者的做法,首先计算出分组变量的均值,然后将样本分为"大于均值"和"小于均值"两个样本组进行对比分析。运用倾向得分匹配模型测算不同类型农户采纳服务产生的生产技术效率差异如表5-20所示。

结果中可以看出,第一,土地细碎化程度低、家庭收入水平高的农户采纳服务产生的生产技术效率增加效应显著高于土地细碎化程度高、家庭收入水平低的农户。这说明土地细碎化程度低,农户地块规模较大,提高农机服务作业效率,降低迁移、磨损等农机作业成本消耗,促进生产技术效率提升;农户家庭收入越高,可支配资金充足,农业生产投资能力增强,有助于提高农业服务采纳程度,促进生产技术效率提升。第二,大规模农户采纳服务产生的生产技术效率增加效应显著高于小规模农户。随着土地经营规模的扩大,农业生产性服务对生产技术效率的影响效应明显提升。从 ATT 结果来看,大规模组农户采纳服务的生产技术效率增加效应为 0.048 1,远高于小规模组农户采纳服务的生产技术效率增加效应 0.044 2。说明土地经营规模越大,越能够降低服务

作业成本，有助于激发规模经济，促进生产技术效率提升。第三，风险偏好型农户采纳服务产生的生产技术效率增加效应显著高于风险厌恶型农户。从ATT结果来看，风险偏好农户生产技术效率增加效应为0.0502，远高于风险厌恶农户生产技术效率增加效应0.0413。原因在于风险偏好的农户，增加对于高风险高附加值环节服务的采纳程度，分工深化促进生产技术效率提升。以上研究结果揭示出农业生产性服务的应用效果受到土地细碎化程度、家庭收入水平、土地经营规模和风险偏好等因素约束。

表5-20　农业生产性服务对不同类型农户生产技术效率的影响差异

类型		采纳服务农户	未采纳服务	平均处理效应	标准误
土地细碎化程度	小于均值	0.840 7	0.775 0	0.065 7***	0.010 5
	大于均值	0.817 4	0.795 1	0.022 3	0.015 3
土地经营规模	小于100亩	0.839 2	0.795 0	0.044 2***	0.008 9
	大于100亩	0.837 5	0.789 4	0.048 1***	0.006 3
家庭收入水平	小于均值	0.807 8	0.787 8	0.020 0	0.004 3
	大于均值	0.840 2	0.798 8	0.041 4***	0.006 2
风险程度	风险偏好	0.843 6	0.793 3	0.050 2***	0.010 9
	风险厌恶	0.839 1	0.797 8	0.041 3***	0.007 7

注：***、**和*分别表示在1%、5%和10%的水平上显著。

第四节　本章小结

本章主要回答了农业生产性服务对农户生产技术效率具有怎样的影响？农户采纳不同环节服务、参与不同服务模式对生产技术效率的差异化影响，不同类型农户采纳服务对生产技术效率的差异化影响。因此，本章结合农业分工理论、交易费用理论和规模经济理论等分析了农业生产性服务影响农户生产技术效率的作用机理，阐述不同环节服务、不同服务模式影响农户生产技术效率的作用机理。考虑到农户采纳生产性服务变量可能存在内生性和样本选择偏差问题，分别利用内生转换回归模型和倾向得分匹配模型克服核心变量内生性和样本选择偏差导致的估计偏误。研究结果如下：

第一，农户生产技术效率变化较大，变化范围为0.341 0～0.945 6，平均值为0.820 9，农户平均生产技术效率水平偏高。其中，生产技术效率区间为0.8～0.9的农户占比最高。农户采纳农业生产性服务对农户生产技术效率有显著正影响，农户服务参与程度越高，对农业生产技术效率促进作用越显著；

利用内生转换回归模型分析发现，对于实际采纳服务的农户，如果其未采纳服务，农业生产技术效率将下降至 0.044 5；农户种植经验、农户家庭借贷情况、农户家庭总收入、土地细碎化程度对农户生产性服务采纳决策有显著影响，农户家庭禀赋特征是影响采纳服务农户和未采纳服务农户生产技术效率的主要因素；农业生产性服务对农户生产技术效率的影响效应包括直接效应和间接效应，农业生产性服务对农户生产技术效率的直接效应和间接效应分别为 0.037 9 和 0.014 5，农户土地流转、技术采纳和农业劳动力投入 3 个变量是有效的中介变量，农业资本投入并不是有效的中介变量。其中，农户土地流转的中介效应最大，农户技术采纳的中介效应次之，而农业劳动力投入的中介效应最小。

第二，利用倾向得分匹配模型构建反事实框架估计发现，不同类型服务对农户生产技术效率的处理效应存在显著差异，采纳农资服务、耕整地服务、插秧服务、植保服务、收割服务和销售服务农户若不采纳对应服务，农户生产技术效率的期望值将平均下降 0.019 9、0.028 5、0.022 0、0.041 0、0.040 9 和 0.026 1，采纳植保服务、收割服务的农户的生产率增加效应最明显，采纳育秧服务和施肥服务对农户生产技术效率未能产生显著促进效应；采纳劳动密集型服务、技术密集型服务和产业链上下游服务的农户若不采纳对应服务，农户生产技术效率的期望值将平均下降 0.044 9、0.039 1 和 0.031 4，采纳劳动密集型环节服务农户的生产率增加效应最明显，其次依次是技术密集型环节、产业链上下游环节。

第三，运用 Tobit 模型估计得到农户参与产业化服务模式、合作化服务模式和市场化服务模式对农户生产技术效率均有显著促进作用。运用倾向得分匹配模型估计发现，相比未参与服务农户，产业化服务模式促进农户生产技术效率提升 0.056 3，合作化服务模式促进农户生产技术效率提升 0.050 9，市场化服务模式促进农户生产技术效率提升 0.044 4，均在 1% 水平上显著，产业化服务模式对农户生产技术效率促进作用最显著，验证了产业化服务模式通过一体化管理、产业链服务供给和服务联结机制创新带农高效生产水平最高；通过群组差异分析发现，合作化服务模式对细碎化程度低和风险规避意识较强的农户生产技术效率促进作用最大，市场化服务模式对低收入农户生产技术效率促进作用最大。

第四，土地细碎化程度低、家庭收入水平高的农户采纳服务能够显著促进生产技术效率提升；大规模农户采纳服务的生产技术效率增加效应显著高于小规模农户，随着土地经营规模的扩大，农户采纳服务对生产技术效率的影响效应明显增高，说明横向专业化与纵向分工深化的有机结合促使规模经济效应显著提升。风险偏好型农户采纳服务的生产效率增加效应显著高于风险厌恶型农户，风险偏好程度越强的农户采纳服务对生产技术效率的影响效应越大。

第六章 农业生产性服务对农户单要素生产率的影响及差异化分析

上一章主要探讨农业生产性服务对农户生产技术效率的影响，分析农业生产性服务对多元要素投入实现最大农业产出的作用机制及影响路径，深入考察多元农业要素投入的有效利用程度。本章主要探讨农业生产性服务对农户单要素生产率的作用机制及影响路径，考察农业分工深化对单要素投入的利用水平。便于多维度考察农业生产性服务的应用效果，有针对性地提出优化策略。

第一节 理论分析与研究假设

为了厘清农业生产性服务与农户耕地利用效率、劳动生产率和化肥投入效率间的逻辑关系，考察差异化服务模式对农户单要素生产率的作用机理，本节分别展开机理分析，并提出研究假设。

一、农业生产性服务影响农户耕地利用效率的作用机理分析

农业生产性服务是增加粮食产出、提高耕地利用效率的重要途径。从土地规模化经营的视角，农户采纳农业服务便于推动环节规模经济，实现更大范围内机械服务和技术服务等资源共享，有助于扩大同一作物的地块面积，降低机械迁移、磨损等作业成本，机械利用效率得以提升，提高连片作业水平，减少机械调转方向等造成的效率损失，弱化土地弃耕、抛耕现象，显著提高农户耕地利用效率。对于采纳全托管服务或者参与农业组织的农户，更容易实现连片规模种植，农民专业合作社、村集体等主体将采纳服务的农户的分散地块组织起来，打破地块边界，实现地块统一经营和联耕联种，实现大型农机具的高效利用和先进技术的嵌入，推动跨地块的外在规模经济，促进农户耕地利用效率显著提升。从人力资本视角，农业专业服务组织在水稻直播、病虫害防治、测土配方施肥等技术推广应用方面具备较强实力，对于品种选择、化肥施用、风险管理和标准化生产等方面更加专业化，一方面，便于激发知识溢出效应提高农业劳动力人力资本水平，有助于增加农户服务信息获取渠道和技术应用能力，进而提高农户对耕地资源合理利用的认知，促进耕地利用效率显著提升；

另一方面，有助于实现化肥、农药等要素的科学投入，改善土壤肥力，防治土壤板结、富营养化等问题的出现，促使耕地利用转型升级。因此，农户采纳农业生产性服务主要通过提高土地规模化经营水平和农户人力资本水平促进耕地利用效率显著提升，农户服务参与程度越高，专业化水平提升，耕地利用效率越高。做出如下假设：

H9：农业生产性服务应用对农户耕地利用效率有显著促进作用。

二、农业生产性服务影响农户劳动生产率的作用机理分析

随着农业服务市场化水平的提升，面临不同资源禀赋约束的农户具有选择多种要素替代的机会，依托服务市场机制利用廉价、相对充足的农机或技术等资本要素替代昂贵、相对稀缺的劳动力要素，分工深化促进农业生产组织方式创新，打破农业劳动力老龄化、女性化面临的体力不支和能力不足等困境。基于要素诱致性技术创新理论，在农村劳动力大量向城镇转移、农业劳动力雇佣价格逐年提高的情形下，节约劳动力投入的农业机械技术和生物技术需求不断增加，诱发了农业要素市场结构变革，提高农户对机械、农资和技术等要素的依赖程度，在较少劳动力投入情况下仍然可以获得较高的粮食产量，实现总要素投入的边际收入最大化，显著提高单位劳动生产率。具体上，第一，农户采纳服务代替缺失劳动力提高农业机械化水平。一方面，农业机械化水平提升通过改变农业生产组织形式和要素配置结构激发农业生产内在潜力，形成规模化、标准化、集聚化农业经营模式，弱化农业劳动力不足对农业生产造成的负面影响，有助于提高劳动生产率；另一方面，农业机械化水平有助于提高田间作业效率，规避雇工发生偷懒、搭便车等机会主义行为，避免用工潮雇工紧张导致农时延误等问题，弱化劳动力数量少、质量差产生的负影响。第二，农户采纳农业服务实现要素的有效替代，农业社会化服务组织促进现代知识和信息的有效传递，激发显著的知识积累和技术溢出效应，降低农户使用先进技术的学习成本，农户人力资本水平得以提升，显著提高农户劳动生产率。同时，有助于将农村剩余劳动力解放出来，鼓励具有非农就业优势的农户外出就业，优化要素配置结构，提高农户家庭总福利水平。因此，农户采纳服务主要通过减少劳动力投入数量和增强劳动力投入质量促进劳动生产率显著提升，农户服务参与程度越高，分工深化程度越深，劳动生产率越高。做出如下假设：

H10：农业生产性服务应用对农户劳动生产率有显著促进作用。

三、农业生产性服务影响农户化肥投入效率的作用机理分析

农业生产性服务有助于实现土地要素的优化配置，推动农地规模经营，也

有助于家庭代际分工发展，实现劳动力配置效率改进，土地、劳动力要素的合理配置促进农药、化肥等流动资本配置结构的变化。对于使用农业生产性服务的农户，农业服务作为中间投入品嵌入农业生产中，改变农户传统经营方式，产生技术进步效应和分工深化效应提高要素配置效率，有助于实现农业减量化。第一，农业生产性服务通过技术、信息等现代要素嵌入提高化肥配置效率。纪龙等（2018）认为农业生产性服务通过迂回生产引进测土配方施肥、施用有机肥等新技术实现化肥减量化。例如，测土配方施肥服务、有机肥技术服务等均是改善化肥投入效率的重要手段，使用农业施肥服务的农户具有更强的化肥质量甄别能力，专业技术指导便于为农户制定科学准确的施肥计划，有效避免"漂绿"等机会主义行为。同时，技术服务指导有助于降低农户自主技术投资面临交易成本高、投资风险大和收益期长等问题，农户通过"干中学"效应累积诸多经验和先进知识，显著提升农户技术应用能力和要素配置水平，提高化肥利用效率。第二，农业生产性服务促进农业分工深化提高化肥投入效率。农业生产性服务业快速发展促进市场容量不断扩大，诱导服务主体进入，既能壮大精准化、机械化、专业化施肥组织降低农资损耗，防止农户过量施用化肥，实现科学施肥管理，又能缓解施肥的劳动力约束，减少雇工成本和监督成本，提高化肥投入效率。农户土地经营规模越大，越有助于农户采纳施肥服务并实现专业化、精准化的减量作业。小农户受土地资源禀赋限制难以分享服务红利，只有在规模化土地上进行服务作业才能激发显著的服务规模经济效益，说明发挥横向分工专业化和纵向分工深化的协同作用才会更好实现化肥减量增效的目标。基于此，农户采纳农业生产性服务主要通过先进技术嵌入和分工深化提高化肥投入效率。做出如下假设：

H11：农业生产性服务应用对农户化肥投入效率有显著促进作用。

第二节　模型设定与变量选取

为了验证上述机理，本节利用随机前沿生产函数测度农户耕地利用效率、劳动生产率和化肥投入效率，利用 Tobit 模型、多值处理效应模型对农业生产性服务应用对单要素生产率的影响进行实证检验。

一、模型设定

（1）随机前沿生产函数。本书利用随机前沿生产函数（SFA）模型测算农户耕地利用效率、劳动生产率和化肥投入效率，通过将超越对数随机前沿生产函数分解，分析各个单要素生产率。参考赵丹丹等（2018）学者的研究，单要素效率测度方法比较统一，均是在运用随机前沿生产函数测算农业生产技术效率基础上进行，以化肥投入效率测算为例。首先，确定水稻随机前沿生产函数具体形式：

$$
\begin{aligned}
\ln Y_{it} = & \beta_0 + \beta_1 \ln T_{it} + \beta_2 \ln L_{it} + \beta_3 \ln F_{it} + \beta_4 \ln Z_{it} + \beta_5 (\ln T_{it})^2 + \beta_6 (\ln L_{it})^2 + \\
& \beta_7 (\ln F_{it})^2 + \beta_8 (\ln Z_{it})^2 + \beta_9 \ln T_{it} \ln L_{it} + \beta_{10} \ln T_{it} \ln F_{it} + \beta_{11} \ln T_{it} \ln Z_{it} + \\
& \beta_{12} \ln L_{it} \ln F_{it} + \beta_{13} \ln L_{it} \ln Z_{it} + \beta_{14} \ln F_{it} \ln Z_{it} + v_{it} - u_{it}
\end{aligned}
$$

$$(6-1)$$

式 6-1 中，Y_{it} 代表农户 i 的产出情况，T_{it}、L_{it}、F_{it} 和 Z_{it} 分别代表农户劳动力投入、土地投入、化肥投入和除化肥费用之外的农业资本投入（农药、种子、机械服务、雇工、灌溉等）。β 为待估计参数，v_{it} 为随机误差项，服从正态分布 $v_{it} \sim N(0, \delta_v^2)$，$u_{it}$ 为技术非效率，服从截断正态分布 $u_{it} \sim N(m_{it}, \delta_u^2)$。为了进一步测算化肥投入效率，假定在 $u_{it} = 0$，不存在技术无效率情况下，使得各类要素的投入产出处于生产前沿面，在其他要素和产出保持不变情况下，确定化肥投入的最小值 F_{it}^c，具体形式为：

$$
\begin{aligned}
\ln Y_{it} = & \beta_0 + \beta_1 \ln T_{it} + \beta_2 \ln L_{it} + \beta_3 \ln F_{it}^c + \beta_4 \ln Z_{it} + \beta_5 (\ln T_{it})^2 + \\
& \beta_6 (\ln L_{it})^2 + \beta_7 (\ln F_{it}^c)^2 + \beta_8 (\ln Z_{it})^2 + \beta_9 \ln T_{it} \ln L_{it} + \beta_{10} \ln T_{it} \ln F_{it}^c + \\
& \beta_{11} \ln T_{it} \ln Z_{it} + \beta_{12} \ln L_{it} \ln F_{it}^c + \beta_{13} \ln L_{it} \ln Z_{it} + \beta_{14} \ln F_{it}^c \ln Z_{it} + v_{it}
\end{aligned}
$$

$$(6-2)$$

由公式 6-2 与公式 6-1 相减，得到：

$$
\begin{aligned}
& \beta_3 (\ln F_{it}^c - \ln F_{it}) + \beta_7 \left[(\ln F_{it}^c)^2 - (\ln F_{it})^2 \right] + \\
& \beta_{10} \ln T_{it} (\ln F_{it}^c - \ln F_{it}) + \beta_{12} \ln L_{it} (\ln F_{it}^c - \ln F_{it}) + \\
& \beta_{14} \ln Z_{it} (\ln F_{it}^c - \ln F_{it}) + \mu_{it}
\end{aligned}
$$

$$(6-3)$$

结合化肥投入效率测算公式，$\ln Fefficiency_{it} = \ln F_{it}^c - \ln F_{it}$，经过整理得到化肥投入效率：

$$
Fefficiency_{it} = \exp\left[(-\theta_f \pm \sqrt{\theta_f^2 - 4\beta_7 u_{it}}) / 2\beta_7 \right] \tag{6-4}
$$

其中，化肥生产弹性为：

$$
\theta_f = \beta_3 + 2\beta_7 \ln F_{it} + \beta_{10} \ln T_{it} + \beta_{12} \ln L_{it} + \beta_{14} \ln Z_{it} \tag{6-5}
$$

通常情况下，农户生产技术效率有效的同时，化肥投入效率也是有效的。因此，公式 6-4 根号取正值。本书中耕地利用效率和劳动生产率测算方法与此相同，不再赘述。

（2）Tobit 模型和工具变量法。Tobit 模型又称为受限因变量模型，本书测算的农户耕地利用效率、劳动生产率和化肥投入效率为 0～1 的受限变量，采用 Tobit 模型进行检验，模型形式如下：

$$efficiency_i = \delta_0 + \sum_{i=1}^{n} \delta_i control_i + \delta_2 servicedu + \varepsilon_i \quad (6-6)$$

式 6-6 中，$efficiency_i$ 表示农户单要素生产率，主要包括农户耕地利用效率、劳动生产率和化肥投入效率。δ_0 为常数项，δ_i 为待估参数，ε_i 为随机干扰项，$control_i$ 为影响农户耕地利用效率、劳动生产率和化肥投入效率的控制变量，主要包括农户个体特征、家庭经营特征、生产特征、村庄环境特征和市场价格 5 个方面。核心变量 $servicedu$ 以农户采纳各环节服务支出占总支出比例表示。

考虑到农户服务支出水平与农户单要素生产率可能存在内生性问题，农户单要素生产率越高，说明农户利用服务进行分工协作的可能性越大，导致二者呈现互为因果的内生关系。因此，需要借助工具变量 Tobit 模型解决存在的内生性问题，工具变量第一阶段模型具体形式如式 6-7：

$$servicedu = k_0 + k_1 Z_i + k_2 control + v_i \quad (6-7)$$

式中，$servicedu$ 为内生变量，Z_i 为工具变量，借鉴邱海兰等（2020）学者的研究，本书用村庄交通条件作为影响农户服务参与程度的工具变量。村庄交通条件对农户农业服务参与程度有显著影响，但对各单要素生产率并无直接影响。

（3）多值处理效应模型。本书选用多值处理效应模型分析不同农业服务模式对农户各单要素生产率的平均处理效应。具体原因有：第一，农业社会化服务模式选择并不是一个完全的外生变量，农户选择不同服务模式是一种自选择行为，选择哪一类农业服务模式与农户资源禀赋、经营特征、所处外部环境紧密相关，其受可观测因素和不可观测因素共同影响，存在样本"自选择"问题；第二，由于不同服务模式农户初始禀赋存在差异，调研所获得不同服务模式的农户样本并不是随机分布的，必须考虑农户选择不同服务模式的非随机分布所带来的样本选择偏差问题，否则容易导致估计结果有偏。为了解决以上问题，结合 Cattaneo（2010）提出的多值处理效应模型进行分析。

多值处理效应模型中农户单要素生产率 T_i、处理变量 N_i（未参与服务、市场化服务模式、合作化服务模式和产业化服务模式）和协变量 W_i（包括影响结果变量和处理变量的一系列控制变量）都可以观测到。假设 $D_{iq}(N_i)$ 为农户 i 选择处理状态 q 的指示变量，$q \in \psi = \{0, 1, 2, \cdots, Q\}$，当 $N_i = q$，$D_{iq}(N_i) = 1$，否则 $D_{iq}(N_i) = 0$。处理效应模型中通常需要构建"反事实"分析框架，考察处理组结果变量的变化。因此，样本农户 i 都存在潜在的结果变量 T_{iq}，就是处理变量 $N_i = q$ 时的技术效率。模型中结果变量 T_i 可以表示为 $D_{iq}(N_i)$ 和潜在结果变量 T_{iq} 的函数，如式 6-8：

$$T_i = \sum_{q=0}^{Q} D_{iq}(N_i) T_{iq} \qquad (6-8)$$

需要说明的是，多值处理效应模型可以满足条件独立假设和无空值假设，条件独立假设通常给定协变量 W_i，处理变量不同服务模式 N_i 和结果变量农户单要素生产率 T_i 是相对独立的两个变量，揭示了农户个人能力、思想认知等无法观察的因素并不会对农户选择不同服务模式和单要素生产率分布造成显著的影响，进而解决由无法观察的因素驱动导致的样本自选择问题。无空值假设是指具备不同协变量的农户 i 选择任意一种服务模式 N_i 的概率为正，即 $P_r[N_i = q \mid W_i] > 0$。首先，运用多元 Logit 模型估计农户选择不同服务模式的概率，表达式为：

$$P_r[N_i = q \mid W_i] = E[D_{iq}(N_i) \mid W_i] \qquad (6-9)$$

其次，可以分析农户选择不同服务模式 N_i 从 j（$j \in \psi = \{0, 1, 2, \cdots, Q\}$）到 q 时的平均处理效应，总样本和子样本的平均处理效应函数式分别为：

$$ATE_{qj} = (\hat{\beta}_{0q} - \hat{\beta}_{0j}) + \frac{1}{n} \sum_{i=1}^{n} W_i (\hat{\beta}_{1q} - \hat{\beta}_{1j}) \qquad (6-10)$$

$$ATET_{qj} = (\hat{\beta}_{0q} - \hat{\beta}_{0j}) + \frac{1}{n_{q i:} D_t(N_i = q) = 1} \sum_{i=1}^{n} W_i (\hat{\beta}_{1q} - \hat{\beta}_{1j}) \qquad (6-11)$$

本书主要使用逆概率加权回归调整法（IPWRA）和扩展版逆概率加权法（AIPW）估计不同服务模式对农户各单要素生产率的平均处理效应。

二、变量选取

被解释变量为农户单要素生产率。本书使用超越对数随机前沿生产函数测算农户耕地利用效率、劳动生产率和化肥投入效率代表农户单要素生产率。

核心解释变量为农户应用农业生产性服务水平，参照陈超等（2012，2020）指标选取方法，用农户购买农业生产性服务的花费占农业总投入的比重作为农业服务应用水平代理指标。

农业社会化服务模式。结合垂直协作理论和分工理论，根据实际调研情况，本书将农业社会化服务模式分为产业化服务模式、合作化服务模式和市场化服务模式，农户参与某一种社会化服务模式赋值为 1，未参加服务赋值为 0。

工具变量。工具变量选择必然直接影响到农户农业生产性服务应用水平，并且与农户单要素生产率无直接联系，与决定结果变量的其他因素都无关。借鉴邱海兰等（2020）、张露等（2019，2021）学者的研究，选择村庄交通条件作为工具变量，这一变量符合工具变量要求的两个必要条件：第一，相关性。村庄交通条件对农户服务应用有显著影响，郑旭媛等（2017）认为村庄交通条件越便利，越便于大型机械作业，农户采纳农业生产性服务概率越大；反之，村庄交通条件越差，大型机械难以进入，农户采纳农业生产性服务概率越低。第二，外生性。村庄交通条件代表村庄公共设施的完善程度，显然会对农户采纳服务决策有直接影响，但没有理由认为它会直接影响农户单要素生产率。

控制变量。控制变量表示其他可能影响农户服务模式选择和单要素生产率的因素，通过相关文献梳理，本书尽可能选择发生在核心解释变量之前或不随核心解释变量变化的变量，参考李霖等（2017，2019）、杨万江等（2017）学者的研究，选择户主特征、家庭特征、生产经营特征、村庄环境特征和市场价格5类变量作为控制变量。第一类为户主特征变量，与杨志海等（2020）学者的做法一致，从户主年龄、受教育程度、政治面貌、种植经验、风险偏好5个方面阐述；第二类为家庭特征变量，主要体现农户家庭资源禀赋情况，借鉴韩春虹等（2020）学者的研究，从家庭人口数量、家庭贷款情况、家庭总收入、家庭农机现值、土地细碎化和土地经营规模6个方面阐述；第三类为生产经营特征，主要从农户组织化水平、人力资本水平和农业生产规范性三方面阐述；第四类为村庄特征，主要体现外部环境变化，借鉴杨子等（2019）学者的做法，从村庄距乡镇距离、村庄是否有农业企业和村庄水利设施建设情况三方面阐述；第五类为要素市场价格变量，考虑到要素市场价格容易影响单要素生产率，主要从土地租金、劳动力雇佣价格和化肥采购价格三方面阐述。

三、变量描述性统计

表6-1显示了不同服务支出水平农户在单要素生产率、户主特征、家庭特征、生产经营特征和所处村庄环境等方面的基本情况及特征差异。通过均值差看出，服务参与程度高的农户和服务参与程度低的农户在耕地利用效率、劳动生产率和化肥投入效率等方面存在显著差异，分别在1%和10%水平上显著。农户服务参与程度越高，单要素生产率越高，耕地利用效率、劳动生产率和化肥投入效率t检验均值差分别为0.110 7、0.035 4和0.069 7，分别在1%、10%、10%水平上显著。服务参与程度高的农户相比服务参与程度低的农户在不同服务模式选择、人力资本水平、家庭农机现值、家庭总收入、土地经营规模、村庄距乡镇距离等方面均存在显著差异。服务参与程度高于均值的农户，人力资本水平和家庭收入水平较高，土地经营规模大，自身资源禀赋较好，所处村庄基础设施完善，为农户参与社会化分工提供便利条件。

表 6-1 样本农户变量说明与描述性统计

变量名称	变量说明	均值	标准差	服务水平高于均值	服务水平低于均值	均值差
耕地利用效率	土地要素投入效率	0.754 1	0.126 8	0.826 2	0.715 5	0.110 7***
劳动生产率	劳动力要素投入效率	0.589 7	0.158 9	0.612 8	0.577 4	0.035 4*
化肥投入效率	化肥要素投入效率	0.418 0	0.158 2	0.463 4	0.393 7	0.069 7*
市场化服务模式	农户是否选择市场化服务模式	0.362 0	0.481 1	0.481 0	0.298 3	0.182 7**
合作化服务模式	农户是否选择合作化服务模式	0.152 3	0.359 7	0.221 5	0.115 2	0.106 3
产业化服务模式	农户是否选择产业化服务模式	0.136 8	0.344 0	0.297 4	0.050 8	0.246 6**
年龄	农户年龄(年)	48.114 7	9.408 1	46.816 4	48.810 1	−1.993 7
受教育程度	农户文化水平	1.878 5	0.507 2	1.892 4	1.871 1	0.021 3
政治面貌	农户是否为中国共产党党员	0.203 0	0.402 7	0.246 8	0.179 6	0.067 2
种植经验	种植水稻年限（年）	14.613 6	8.114 6	15.740 5	14.010 1	1.730 4
风险偏好	农户是否愿意尝试新品种，一半可能使现在的产量翻倍，一半可能会减产1/3	0.465 7	0.512 4	0.500 0	0.447 4	0.052 6
组织化水平	农户是否参加农民专业合作社	0.291 3	0.509 9	0.373 4	0.247 4	0.126 0
人力资本水平	上年农户是否参加农业技术培训	0.726 2	0.446 3	0.962 0	0.600 0	0.362 0***
生产规范性	水稻是否获得无公害、绿色、有机任何一种认证	0.178 8	0.383 6	0.215 1	0.159 3	0.055 8
家庭人口数量	家庭总人口数量	4.026 4	1.106 7	4.075 9	4.000 0	0.075 9
家庭是否有贷款	是否从银行、农村信用社等正规机构进行借贷	0.448 1	0.595 0	0.563 2	0.386 4	0.176 8
土地细碎化程度	地块数或土地总面积	0.095 6	0.194 9	0.010 5	0.022 5	−0.012 0

（续）

变量名称	变量说明	均值	标准差	服务水平高于均值	服务水平低于均值	均值差
家庭农机现值	家庭持有农机现值（万元）	12.478 1	13.491 6	11.996 0	14.138 6	−2.142 6***
家庭总收入	上年家庭总收入（万元）	10.162 3	17.022 6	39.689 2	13.071 6	26.618 0***
土地经营规模	家庭种植规模（公顷）	16.578 1	27.769 3	25.096 9	12.015 5	13.081 0***
村庄水利设施	所在村庄水利设施建设情况	3.209 7	0.987 8	3.316 4	3.152 5	0.163 9
村庄距乡镇距离	村庄距离乡镇政府距离（千米）	10.639 2	19.000 1	7.127 2	12.520 3	−5.393 0***
村庄农业企业	村庄是否有农业企业	0.348 7	0.477 1	0.436 7	0.301 6	0.135 0**
村庄交通条件	所在村庄交通条件建设情况	3.494 4	0.903 8	3.575 9	2.145 7	1.430 0***
土地租金	上年您家土地流转租金（元/公顷）	6 728.711 0	3 111.461 0	7 392.722 0	6 373.071 0	1 019.700 0***
农业雇工价格	上年您家雇佣农业劳动力成本（元/公顷）	1 194.319 0	1 013.431 0	897.817 0	1 353.123 0	−455.310 0***
化肥采购价格	上年您家化肥采购成本（元/公顷）	1 179.778 0	724.794 8	1 141.566 0	1 200.243 0	−58.677 0***

注：均值差是服务参与程度高与服务参与程度低的农户样本进行 t 检验所得，***、**、*分别表示两组样本在1%、5%和10%水平上有显著差异。

第三节　估计结果与讨论

针对上述理论分析和实证检验结果，本节对农户单要素效率估计结果进行分析，对农业生产性服务应用影响农户耕地利用效率、劳动力生产率和化肥投入效率的实证结果进行解释，考察结果背后的原因。

一、农户单要素效率测度的结果分析

利用 Frontier4.1 软件对农户耕地利用效率、劳动生产率和化肥投入效率进行极大似然估计，农户耕地利用率的总体水平及分布特征如表 6-2 所示，农户耕地利用率变化较大，变化范围为 0.204 4～0.917 7，平均值为 0.754 1，农户平均耕地利用水平偏高。农户耕地利用率整体呈现右偏峰状分布特征，其中，7.06％的农户耕地利用率值在 0.5 以下，28.48％的农户耕地利用率为大于等于 0.5 且小于 0.75，62.69％的农户耕地利用率为大于等于 0.75 且小于 0.9，1.77％的农户耕地利用率在 0.9 以上，其中耕地利用率区间为大于等于 0.75 且小于 0.9 的农户占比最大。

表 6-2 农户耕地利用效率分布情况

效率分布	均值	样本量	比重（%）
耕地利用率<0.5	0.399 4	32	7.06
0.5≤耕地利用率<0.75	0.675 7	129	28.48
0.75≤耕地利用率<0.9	0.822 5	284	62.69
耕地利用率≥0.9	0.911 4	8	1.77
均值		0.754 1	
标准误		0.126 8	
最大值		0.917 7	
最小值		0.204 4	
样本量		453	

农户的劳动生产率的总体水平及分布特征如表 6-3 所示，农户劳动生产率变化较大，变化范围为 0.159 7～0.996 5，平均值为 0.589 7，农户平均劳动生产率偏中等。农户劳动生产率整体呈现中右部峰状分布特征，其中，2.65％的农户劳动生产率在 0.3 以下，24.50％的农户劳动生产率为大于等于 0.3 且小于 0.5，60.26％的农户劳动生产率为大于等于 0.5 且小于 0.8，12.58％的农户劳动生产率在 0.8 以上，其中劳动生产率区间为大于等于 0.5 且小于 0.8 的农户占比最大。

表 6-3 农户劳动生产率分布情况

效率分布	均值	样本量	比重（%）
劳动生产率<0.3	0.192 0	12	2.65
0.3≤劳动生产率<0.5	0.434 5	111	24.50
0.5≤劳动生产率<0.8	0.610 0	273	60.26
劳动生产率≥0.8	0.875 0	57	12.58

（续）

效率分布	均值	样本量	比重（%）
均值		0.589 7	
标准误		0.158 9	
最大值		0.996 5	
最小值		0.159 7	
样本量		453	

　　农户的化肥投入效率的总体水平及分布特征如表6-4所示，农户化肥投入效率变化较大，变化范围为0.145 2～0.953 4，平均值为0.418 0，农户平均化肥投入效率偏低。农户化肥投入效率整体呈现中部峰状分布特征，其中，21.85%的农户化肥投入效率值在0.3以下，40.62%的农户化肥投入效率为大于等于0.3且小于0.5，34.22%的农户化肥投入效率为大于等于0.5且小于0.8，3.31%的农户化肥投入效率在0.8以上，其中化肥投入效率区间为大于等于0.3且小于0.5的农户占比最大。

表6-4　农户化肥投入效率分布情况

效率分布	均值	样本量	比重（%）
化肥投入效率<0.3	0.211 9	99	21.85
0.3≤化肥投入效率<0.5	0.368 0	184	40.62
0.5≤化肥投入效率<0.8	0.551 6	155	34.22
化肥投入效率≥0.8	0.879 5	15	3.31
均值		0.418 0	
标准误		0.158 2	
最大值		0.953 4	
最小值		0.145 2	
样本量		453	

二、农业生产性服务影响农户耕地利用效率的结果分析

　　表6-5显示了农业生产性服务应用水平对农户耕地利用效率的影响结果，可以看出，农业生产性服务应用水平和农业生产性服务环节数量对农户耕地利用效率有显著正影响，在1%的水平上显著。说明农业生产性服务通过规范农户生产行为、提高要素投入质量、增强农户耕地保护认识等促进耕地利用效率显著提升，激发显著的规模经济效应，有助于提高农业产量。考虑核心变量内

生性问题后，农户耕地利用效率相比普通回归结果显著提高，农户农业生产性
服务应用水平提高 1％，其耕地利用效率提高 34.82％，说明使用普通回归模
型容易低估农业生产性服务应用水平对耕地利用效率的影响。从控制变量可以
看出，家庭农机现值、家庭人口数量和土地细碎化程度对农户耕地利用效率有
显著负影响，可能的原因是农户自有机械形成以自我服务为主的经营模式，农
户自主投资能力有限，机械更新换代速度较慢，且自家地块面积难以与机械作
业能力相匹配，机械利用率低下，容易影响耕地利用率；家庭人口数量越多，
投入农业生产的劳动力越多，对先进技术、大型机械等资本要素的嵌入造成一
定挤压，影响耕地利用效率的提升；土地细碎化程度越高，机械作业难度越
大，人工雇佣成本投入占比增大，容易发生偷懒、"搭便车"等机会主义行为，
在作业精准化、专业化方面与大型农业机械效率差距明显，容易影响耕地利用
效率。农户组织化水平、生产规范性和土地经营规模对农户耕地利用效率有显
著正影响，在 1％水平上显著，农户组织化水平越高，规模化经营水平提升，
农业要素合理利用程度增强，对耕地利用效率有促进作用。水稻进行产品质量
认证强化生产流程规范性，农产品附加价值提升的经济激励促使农户重视耕地
资源的合理利用，土地的多重经济价值得以彰显，显著提升农户耕地利用效
率。此外，生产规范性对于农药、化肥等要素投入质量和数量都有严格的要
求，降低对耕地的侵蚀，提高耕地利用效率；农户土地经营规模越大，种植经
验、社会资源越丰富，则更看重农业经营的长期收益，注重对土地的保护与投
资，便于促进耕地利用效率提升。

表 6-5　农业生产性服务对农户耕地利用效率的影响结果

影响因素	Tobit 模型	Tobit 模型	IV Tobit 模型第一阶段	IV Tobit 模型第二阶段
农业生产性服务采纳环节总数	—	0.012 9***	—	
		(0.002 5)		
农业生产性服务应用水平	0.109 3***	—	—	0.348 2***
	(0.025 4)			(0.065 5)
年龄	−0.000 5	−0.000 7	−0.000 4	−0.000 3
	(0.000 6)	(0.000 5)	(0.000 9)	(0.000 6)
受教育程度	−0.014 3	−0.014 6	0.004 7	−0.013 2
	(0.009 2)	(0.009 1)	(0.015 8)	(0.010 1)
政治面貌	−0.017 5	−0.015 0	−0.001 7	−0.018 6
	(0.012 0)	(0.011 9)	(0.020 6)	(0.013 2)

（续）

影响因素	Tobit 模型	Tobit 模型	IV Tobit 模型第一阶段	IV Tobit 模型第二阶段
种植经验	0.000 5	0.000 5	0.001 0	−0.000 02
	(0.000 6)	(0.000 6)	(0.001 0)	(0.000 7)
风险偏好	−0.005 3	−0.003 1	−0.004 5	−0.002 7
	(0.009 2)	(0.009 1)	(0.015 8)	(0.010 1)
农户组织化水平	0.020 0*	0.026 4**	0.003 2	0.021 9*
	(0.010 5)	(0.010 5)	(0.018 1)	(0.011 6)
农户人力资本水平	0.004 8	0.002 4	−0.022 5	0.011 9
	(0.010 4)	(0.010 3)	(0.017 8)	(0.011 6)
生产规范性	0.023 4*	0.023 2*	0.013 2	0.015 8***
	(0.013 0)	(0.012 9)	(0.022 3)	(0.044 0)
家庭是否有贷款	0.005 3	0.007 3	0.010 3	0.005 0
	(0.008 0)	(0.007 9)	(0.013 8)	(0.008 8)
家庭总收入	0.020 6**	0.010 4	0.025 6*	0.000 6
	(0.008 7)	(0.009 1)	(0.015 5)	(0.010 7)
家庭农机现值	−0.006 2*	−0.005 8	0.010 2*	−0.008 8**
	(0.003 3)	(0.003 3)	(0.005 7)	(0.003 7)
家庭人口数量	−0.019 3***	−0.020 6***	−0.005 3	−0.018 7***
	(0.004 2)	(0.004 2)	(0.007 2)	(0.004 6)
土地细碎化程度	−0.000 1***	−0.000 1	−0.000 2**	−0.001 1***
	(0.000 0)	(0.000 0)	(0.000 0)	(0.000 1)
土地经营规模	0.044 6***	0.056 6***	0.036 3***	0.044 0***
	(0.007 0)	(0.007 3)	(0.012 5)	(0.007 7)
村庄水利设施	0.002 2	0.001 1	−0.023 5***	0.003 3
	(0.005 1)	(0.005 0)	(0.008 9)	(0.005 6)
村庄距乡镇距离	−0.000 0	0.000 01	−0.000 1	0.000 1
	(0.000 2)	(0.000 2)	(0.000 4)	(0.000 3)

（续）

影响因素	Tobit 模型	Tobit 模型	IV Tobit 模型第一阶段	IV Tobit 模型第二阶段
村庄农业企业	−0.000 6	−0.001 7	0.016 6	−0.004 8
	(0.010 1)	(0.010 1)	(0.017 4)	(0.011 2)
土地租金	0.020 5	0.013 8	−0.026 8	0.019 3
	(0.015 2)	(0.015 2)	(0.026 3)	(0.016 7)
常数项	0.315 4**	0.439 7***	−0.256 6	0.539 3***
	(0.148 5)	(0.151 6)	(0.260 5)	(0.172 3)
村庄交通条件	—	—	0.066 2***	—
			(0.006 7)	
R^2	0.443 9	0.458 1	—	0.389 9
样本量	453	453	453	453

注：***、**和*分别表示在1%、5%和10%的水平上显著。

三、农业生产性服务影响农户劳动生产率的结果分析

表6-6显示了农业生产性服务应用水平对农户劳动生产率的影响结果，可以看出，农业生产性服务应用水平对农户劳动生产率有显著正影响，在1%的水平上显著，说明农业生产性服务协助农户完成自己难以完成的环节，强化机械、技术等资本要素对农业劳动力的有效替代，降低劳动力雇佣成本，缓解农业生产中劳动力资源约束，对劳动生产率产生显著促进作用。考虑核心变量内生性问题后，农户劳动生产率相比普通回归结果有所提高，说明使用普通回归模型容易低估农业生产性服务应用水平对劳动生产率的影响。从控制变量可以看出，家庭总收入水平和土地细碎化程度对农户劳动生产率有显著负影响，在1%水平上显著，可能的原因是农户家庭总收入水平越高，农户多元收入渠道增加，非农收入占比较大，农业生产重心容易发生偏移，降低农业生产中人力、物力、财力的投入，致使农业劳动生产率下降。农户土地细碎化程度越高，地块机械作业难度增加，需要投入更多劳动力，容易产生较高的劳动力监督成本和雇佣成本，致使劳动生产率下降。农户组织化水平和家庭农机现值对农户劳动生产率有显著正影响，在1%水平上显著，农户通过参与合作社提高组织化水平，合作社统一将分散细碎的土地、劳动力、机械等要素整合利用，实现规模化经营和标准化生产，大大提高农户劳动生产率。农户自有机械数量

越多，代替劳动力程度越大，大大提高单位劳动力产出。

表6-6　农业生产性服务对农户劳动生产率的影响结果

影响因素	Tobit 模型	Tobit 模型	IV Tobit 模型第一阶段	IV Tobit 模型第二阶段
农业生产性服务采纳环节总数	—	0.007 5* (0.004 0)	—	—
农业生产性服务应用水平	0.139 4*** (0.040 7)	— (0.097 3)	—	0.260 6***
年龄	0.000 5 (0.000 8)	0.000 4 (0.000 8)	−0.000 4 (0.000 8)	0.000 6 (0.000 8)
受教育程度	0.021 2 (0.014 8)	0.020 8 (0.014 9)	0.004 3 (0.015 8)	0.021 7 (0.014 9)
政治面貌	−0.011 1 (0.019 3)	−0.009 1 (0.019 4)	−0.000 6 (0.020 4)	−0.011 6 (0.019 5)
种植经验	−0.000 4 (0.000 9)	−0.000 3 (0.000 9)	0.001 0 (0.001 0)	−0.000 6 (0.000 9)
风险偏好	−0.022 2 (0.014 7)	−0.021 6 (0.014 9)	−0.003 5 (0.015 7)	−0.020 8 (0.014 9)
农户组织化水平	0.034 8** (0.016 7)	0.038 2** (0.017 1)	0.005 5 (0.017 9)	0.035 9** (0.016 9)
农户人力资本水平	−0.005 6 (0.016 7)	−0.009 2 (0.016 8)	−0.021 6 (0.017 7)	−0.002 0 (0.017 0)
生产规范性	0.008 0 (0.020 8)	0.010 2 (0.021 0)	0.011 7 (0.022 2)	0.004 1 (0.021 2)
家庭是否有贷款	0.018 8 (0.013 1)	0.019 6 (0.013 2)	0.010 1 (0.014 0)	0.018 8 (0.013 2)
家庭总收入	−0.045 0*** (0.013 5)	−0.045 1*** (0.014 6)	0.022 8 (0.015 3)	−0.055 2*** (0.015 5)
家庭农机现值	0.017 8*** (0.005 4)	0.009 1* (0.005 4)	0.010 5* (0.005 8)	0.016 3*** (0.005 6)
家庭人口数量	0.008 7 (0.006 7)	0.007 8 (0.006 8)	−0.005 4 (0.007 2)	0.009 0 (0.006 8)

（续）

影响因素	Tobit 模型	Tobit 模型	IV Tobit 模型 第一阶段	IV Tobit 模型 第二阶段
土地细碎化程度	−0.000 3***	0.000 1	−0.000 1**	−0.000 4***
	(0.000 1)	(0.000 1)	(0.000 1)	(0.000 1)
土地经营规模	0.017 1	0.024 7**	0.037 9***	0.016 8
	(0.011 1)	(0.011 8)	(0.012 3)	(0.011 2)
村庄水利设施	−0.002 1	−0.003 1	−0.022 6**	−0.001 5
	(0.008 1)	(0.008 2)	(0.008 9)	(0.008 2)
村庄距乡镇距离	0.000 2	0.000 2	−0.000 1	0.000 2
	(0.000 3)	(0.000 4)	(0.000 4)	(0.000 4)
村庄农业企业	0.015 7	0.015 5	0.015 3	0.013 8
	(0.016 8)	(0.017 0)	(0.017 9)	(0.017 0)
劳动力价格	0.002 4	0.001 9	−0.000 1	0.002 7
	(0.003 2)	(0.003 3)	(0.003 4)	(0.003 2)
常数项	0.834 3***	0.810 1***	−0.471 4***	0.942 2***
	(0.142 3)	(0.148 9)	(0.153 1)	(0.163 9)
村庄交通条件	—	—	0.065 3***	—
			(0.006 7)	
R^2	0.092 8	0.071 6		0.361 6
样本量	453	453	453	453

注：***、**和*分别表示在1%、5%和10%的水平上显著。

四、农业生产性服务影响农户化肥投入效率的结果分析

表6-7显示了农业生产性服务应用水平对农户化肥投入效率的影响结果，可以看出，农业生产性服务应用水平和农业生产性服务环节数量对农户化肥投入效率有显著正影响，在1%的水平上显著。说明应用农业生产性服务通过分工协作、标准化生产和科学管理等手段可以有效约束农户生产经营行为，提高农户技术应用水平，便于实现农业减量化。服务参与程度越高，化肥投入效率越高，主要在于包含施肥、植保的技术密集型服务发挥重要作用，通过测土配方施肥服务明确肥料配比与数量，通过有机肥服务提高施肥质量，给予农户明确的技术指导，合理引导农户科学施肥的意识，促进化肥投入效率显著提升。考虑核心变量内生性问题后，农户化肥投入效率相比普通回归结果显著增加，

说明使用普通回归模型容易低估农业生产性服务应用水平对化肥投入效率的影响。从控制变量可以看出，农户种植经验、风险偏好和家庭总收入对化肥投入效率有显著负影响，可能的原因在于农户种植经验越丰富，越容易依赖自身的判断进行肥料选择或者增加施肥频率，对外部科学信息的接纳度较低，容易影响化肥投入效率；偏好风险的农户倾向增加肥料施用次数，以便规避自然灾害来袭时造成的大面积粮食减产，影响粮食产出；家庭收入水平越高，农户化肥施用量越多，可能的原因是农户家庭非农收入占比大，投入农业生产中的时间和精力不足，为了达到农业高产高收益预期，倾向频繁施用农药、化肥确保粮食产量不下降。家庭人口数量和农户人力资本水平对化肥投入效率有显著正影响，家庭人口数量越多，有助于开展测土配方施肥和增施有机肥等需要较多劳动力投入的环节，实现化肥要素的合理利用；农户人力资本水平越高，接受专业施肥培训指导的次数越多，外部信息获取渠道增加，知识积累和技术溢出促使农户专业化水平得以提升，有助于提高化肥投入效率。

表 6 - 7　农业生产性服务对农户化肥投入效率的影响结果

影响因素	Tobit 模型	Tobit 模型	IV Tobit 模型 第一阶段	IV Tobit 模型 第二阶段
农业生产性服务采纳环节总数	0.021 8***	—	—	—
	(0.003 9)			
农业生产性服务应用水平	—	0.227 8***	—	0.503 5***
		(0.039 5)		(0.098 6)
年龄	−0.000 2	0.000 1	−0.000 5	0.000 4
	(0.000 8)	(0.000 8)	(0.008 7)	(0.000 8)
受教育程度	0.017 2	0.018 4	0.003 6	0.019 8
	(0.014 4)	(0.014 3)	(0.158 2)	(0.015 2)
政治面貌	0.003 5	−0.002 5	0.001 7	−0.004 3
	(0.018 8)	(0.018 8)	(0.020 7)	(0.020 0)
种植经验	−0.001 6*	−0.001 6*	0.001 0	−0.002 2**
	(0.000 9)	(0.001 0)	(0.001 0)	(0.000 1)
风险偏好	−0.044 0***	−0.047 5***	−0.003 8	−0.044 5***
	(0.014 3)	(0.142 7)	(0.015 7)	(0.015 1)
农户组织化水平	−0.015 9	−0.005 2	−0.003 7	−0.008 1
	(0.016 5)	(0.016 3)	(0.018 0)	(0.017 3)

（续）

影响因素	Tobit 模型	Tobit 模型	IV Tobit 模型 第一阶段	IV Tobit 模型 第二阶段
农户人力资本水平	0.027 6*	0.031 8**	−0.020 3	0.039 5**
	(0.016 2)	(0.016 2)	(0.017 8)	(0.017 3)
生产规范性	−0.027 2	−0.027 0	0.010 9	−0.035 6*
	(0.020 2)	(0.020 1)	(0.022 3)	(0.021 5)
家庭是否有贷款	0.000 3	−0.002 6	0.009 2	−0.002 6
	(0.012 5)	(0.012 5)	(0.013 8)	(0.013 2)
家庭总收入	−0.022 0	−0.008 1	0.025 3*	−0.032 0**
	(0.014 2)	(0.013 3)	(0.015 5)	(0.016 0)
家庭农机现值	−0.006 7	−0.007 7	0.009 9*	−0.010 6*
	(0.005 2)	(0.005 2)	(0.005 7)	(0.005 6)
家庭人口数量	0.015 1**	0.017 9*	−0.006 0	0.018 7***
	(0.006 6)	(0.006 5)	(0.007 2)	(0.007 0)
土地细碎化程度	−0.000 1	−0.000 04	−0.000 2**	0.000 01
	(0.000 1)	(0.000 0)	(0.000 1)	(0.000 1)
土地经营规模	0.023 3**	0.002 6	0.036 9***	0.002 3
	(0.011 3)	(0.011 0)	(0.012 4)	(0.011 3)
村庄水利设施	−0.000 3	0.001 3	−0.022 2**	0.002 5
	(0.007 9)	(0.008 0)	(0.008 9)	(0.008 4)
村庄距乡镇距离	−0.000 2	−0.000 3	−0.000 1	−0.000 1
	(0.000 4)	(0.000 4)	(0.000 4)	(0.000 4)
村庄农业企业	0.002 2	0.004 0	0.015 1	−0.000 7
	(0.015 8)	(0.015 7)	(0.017 3)	(0.016 7)
化肥价格	−0.036 7	−0.022 6	−0.002 7	−0.015 2
	(0.022 6)	(0.022 5)	(0.024 8)	(0.024 0)
常数项	0.827 0***	0.646 1***	−0.287 3	0.843 8***
	(0.213 7)	(0.206 5)	(0.230 0)	(0.227 5)
村庄交通条件	—	—	0.065 4***	
			(0.006 7)	
R²	0.155 2	0.158 5	—	0.390 1
样本量	453	453	453	453

注：***、**和*分别表示在1%、5%和10%的水平上显著。

五、单要素生产率对农户生产技术效率的贡献度分析

依据第五章得出，农户采纳农业生产性服务能够显著提高技术效率，但有必要对技术效率提升的内在机理做出更合理的经济学解释，农户进行农业分工后哪些因素发生变化进而提升农户技术效率呢？这些因素对农户技术效率的贡献有多大呢？本节通过对农业分工引起的技术效率增长机制进行分解，具体参照 Rubin（1997）的回归调整方法进行测度，并借鉴陈飞等（2015）构建的收入分解方程，分析各单要素生产率对采纳服务农户生产技术效率的贡献度，具体步骤如下：

分别计算处理组（采纳服务）与对照组（未采纳服务）农户技术效率之间的差分值，记为：$\Delta Y_i = Y_{1i} - Y_{0i}$，得到的差分变量是指农户采纳农业生产性服务的净效率增长幅度。

计算采纳服务农户和未采纳服务农户各单要素生产率的差分值，记为：$\Delta K_i = K_{1i} - K_{0i}$。耕地利用效率、劳动生产率和化肥投入效率的差分值分别代表影响农户技术效率变化的关键因素。处理组与对照组可看作是同一体进行两次不同实验，不受采纳农业服务对技术效率影响的关键因素在处理组与对照组之间差异应显著为零，受采纳农业服务对技术效率影响的关键因素在处理组与对照组之间差异应显著不为零。

构建 ΔY_i 对 ΔK_i 的回归方程，探讨 ΔK_i 各分量对净效率增长 ΔY_i 的影响，计算各单要素生产率对净效率增长的贡献率，构建如下方程：

$$\Delta Y_i = \eta_0 + \eta_1 \Delta T_i + \eta_2 \Delta Z_i + \eta_3 \Delta P_i + \xi_i \qquad (6-12)$$

式 6-12 中，ΔY_i 为采纳服务农户的净增长效率，ΔT_i 为处理组农户与对照组农户耕地利用效率的差值，ΔZ_i 为处理组农户与对照组农户劳动生产率的差值，ΔP_i 为处理组农户与对照组农户化肥投入效率的差值。技术效率净增长分解结果如表 6-8，第一列为加权 OLS 估计结果，第二列为 K 近邻匹配法获得技术效率决定因素的平均处理效应，第三列利用技术效率决定因素的平均处理效应乘以影响系数得到净效率增长来源。

具体结果如表 6-8 所示，决定总生产技术效率的各单要素生产率 ATT 值多数显著，说明采纳服务农户的生产技术效率提升主要是通过改变农户耕地利用效率、化肥投入效率和劳动生产率实现的。耕地利用效率、劳动生产率和化肥投入效率对农户技术效率净增长均有显著贡献，耕地利用效率、劳动生产率和化肥投入效率差值对农户技术效率净增长的贡献度分别为 0.98%、0.02% 和 0.31%，可以看出，耕地利用率对农户生产效率贡献度最高，揭示了改善耕地利用效率对农户整体生产效率的影响是最大的，其次是化肥投入效率，最

后是劳动生产率。一方面说明如何提高耕地利用效率、合理配置农药、化肥等农业要素在构建农业生产性服务增产增效机制中十分关键；另一方面，说明现阶段随着农业机械化普及有效替代农村劳动力，劳动生产率的提高难以对农户生产效率产生显著推动作用。此外，揭示出探究农业分工深化推进耕地利用效率和化肥投入效率提升的有效路径具有重要意义。

表 6-8　农户技术效率净增长分解结果

效率差值	影响系数	驱动因素 ATT	净效率增长来源
耕地利用效率差值 ΔT_i	0.105 1***	0.093 3***	0.009 8
	(0.016 0)	(0.020 8)	
劳动生产率差值 ΔZ_i	0.027 8***	0.006 0	0.000 2
	(0.014 7)	(0.027 2)	
化肥投入效率差值 ΔP_i	0.047 6***	0.064 7***	0.003 1
	(0.013 2)	(0.024 7)	

注：①括号内为标准误；②*、**、***分别代表10%、5%和1%的显著性水平。

六、不同服务模式影响农户单要素生产率的结果分析

（1）农户选择不同服务模式的影响因素分析。表6-9显示了农户选择不同服务模式的多元 Logit 模型估计结果。可以看出，农户种植经验、风险偏好、农户组织化水平、家庭是否有贷款、家庭总收入、土地经营规模等农户个体特征和家庭经营特征对不同服务模式采纳有显著影响。其中，农户种植经验越丰富、风险偏好程度越高、农户组织化水平越高，选择合作化服务模式和产业化服务模式的概率越高，说明具有较高人力资本水平、较强风险偏好意识和较高组织化水平的农户更容易选择紧密化程度较高的服务模式，意味着合作化服务模式和产业化服务模式主要吸引带动的是生产专业型入社的农户。家庭总收入水平越高，农户选择合作化服务模式和产业化服务模式的概率越高，说明家庭收入水平高、资源禀赋较好的农户应对风险能力和承担损失能力较强，重视农业生产长期收益，倾向选择紧密化程度较高的服务模式。家庭是否有贷款和土地经营规模对农户选择合作化服务模式和产业化服务模式有显著负影响，可能的原因在于家庭存在借贷行为意味着农户家庭面临较强的资金约束，农户参与服务选择空间受限，选择紧密化程度较高的服务模式概率低。农户土地经营规模越大，自身专用性资产投资比例越大，倾向于形成以自我服务为主、为他人服务为辅的经营模式，逐步从服务需求者变成服务供给者，降低农户参与服务的概率。

表 6 - 9　农户选择不同服务模式的多元 Logit 模型分析

影响因素	估计系数	边际效应			
		未采纳服务	市场化服务模式	合作化服务模式	产业化服务模式
年龄	−0.008 9	0.001 5	−0.000 2	−0.000 5	−0.000 8
	(0.009 6)	(0.001 7)	(0.000 2)	(0.000 6)	(0.000 9)
受教育程度	0.027 9	−0.004 9	0.000 6	0.001 7	0.002 5
	(0.174 3)	(0.030 8)	(0.003 9)	(0.010 7)	(0.016 1)
政治面貌	−0.064 0	0.011 3	−0.001 4	−0.003 9	−0.005 9
	(0.258 1)	(0.045 7)	(0.005 9)	(0.015 9)	(0.023 8)
种植经验	0.025 7**	−0.004 5**	0.000 5	0.001 5**	0.002 3**
	(0.012 9)	(0.002 2)	(0.000 3)	(0.000 6)	(0.001 2)
风险偏好	0.425 6**	0.075 3**	0.009 7**	0.009 7**	0.039 3**
	(0.191 6)	(0.033 3)	(0.004 9)	(0.004 9)	(0.018 1)
农户组织化水平	0.876 1***	−0.155 2***	0.020 1**	0.053 9***	0.081 0***
	(0.243 2)	(0.041 7)	(0.008 4)	(0.015 4)	(0.022 9)
农户人力资本水平	−0.014 9	0.002 6	−0.000 3	−0.000 9	−0.001 3
	(0.200 1)	(0.035 4)	(0.004 6)	(0.012 3)	(0.018 5)
生产规范性	0.118 0	−0.020 9	0.002 7	0.007 2	0.010 9
	(0.282 3)	(0.049 9)	(0.006 6)	(0.017 4)	(0.026 0)
家庭是否有贷款	−0.310 3*	0.054 9*	−0.007 1*	−0.019 1*	−0.028 7*
	(0.167 6)	(0.029 4)	(0.004 3)	(0.010 3)	(0.015 7)
家庭总收入	1.655 8***	−0.293 3***	0.038 1***	0.102 0***	0.153 2***
	(0.229 9)	(0.035 1)	(0.013 9)	(0.015 0)	(0.021 3)
家庭农机现值	0.002 4	−0.000 4	0.000 1	0.000 2	0.000 2
	(0.065 4)	(0.011 5)	(0.001 5)	(0.004 0)	(0.006 0)
家庭人口总数	0.105 7	−0.018 7	0.002 4	0.006 5	0.009 7
	(0.093 0)	(0.016 3)	(0.002 2)	(0.005 7)	(0.008 5)
土地细碎化	−0.000 7	0.000 1	−0.000 02	−0.000 05	−0.000 07
	(0.000 9)	(0.000 2)	(0.000 02)	(0.000 05)	(0.000 08)
土地经营规模	−0.901 0***	0.159 6***	−0.020 7***	−0.055 5***	−0.083 3***
	(0.175 9)	(0.028 6)	(0.008 3)	(0.011 0)	(0.015 3)
村庄水利设施	0.020 3	−0.003 5	0.000 4	0.001 2	0.001 8
	(0.106 2)	(0.018 8)	(0.002 4)	(0.006 5)	(0.009 8)

（续）

影响因素	估计系数	边际效应			
		未采纳服务	市场化服务模式	合作化服务模式	产业化服务模式
村庄距乡镇距离	−0.010 9	0.001 9	−0.000 2	−0.000 6	−0.001 0
	(0.007 5)	(0.001 3)	(0.000 1)	(0.000 4)	(0.000 6)
村庄农业企业	0.313 1	−0.055 4	0.007 2	0.019 2	0.028 9
	(0.195 4)	(0.034 4)	(0.005 2)	(0.012 2)	(0.017 8)
对数似然值		−501.154 5			
卡方统计检验		121.27（$p=0.000\ 0$）			

注：*、**和***分别代表 10%、5%和 1%的显著性水平；括号内数值为标准误。

（2）不同服务模式对农户耕地利用效率的影响效应分析。表 6 - 10 显示了参与不同服务模式农户耕地利用效率的影响因素结果。整体来看，农户家庭人口数量、土地细碎化程度和土地经营规模是影响市场化服务模式农户耕地利用效率的关键因素，受教育程度、家庭总收入、家庭农机现值、土地经营规模、村庄水利设施、村庄距乡镇距离和村庄农业企业是影响合作化服务模式农户耕地利用效率的关键因素，种植经验、农户组织化水平、生产规范性、家庭总收入和家庭人口数量是影响产业化服务模式农户耕地利用效率的关键因素。可以看出，土地经营规模较大的农户参与合作化服务模式会促进耕地利用效率的提升，说明规模农户间的强强联合有助于改变传统经营方式和要素配置结构，显著提高农户耕地利用效率。村庄基础设施建设越完善、产业化发展水平越高，越能够有助于提高合作化服务模式带农高效生产的水平。生产规范性越严格、家庭总收入水平越高的农户参与产业化服务模式的耕地利用效率越高，说明产业化服务模式运行中对农业要素投入、经营管理手段等方面有严格的要求，重视提高农产品附加值，通常会合理引导农户进行产品质量认证，对农户耕地利用效率有显著促进作用。产业化服务模式主要以提供产业链服务为主，家庭收入水平高的农户有能力、有资本采纳产业链式服务，有助于促进耕地利用效率提升。

表 6 - 10　不同服务模式农户耕地利用效率影响因素分析

影响因素	未采纳服务	市场化服务模式	合作化服务模式	产业化服务模式
年龄	−0.001 1	0.000 4	−0.003 0	−0.001 7
	(0.000 8)	(0.001 0)	(0.001 9)	(0.001 1)
受教育程度	−0.023 5	−0.001 8	−0.078 0**	−0.003 1
	(0.016 0)	(0.148 1)	(0.030 9)	(0.016 8)

（续）

影响因素	未采纳服务	市场化服务模式	合作化服务模式	产业化服务模式
政治面貌	−0.006 8	−0.045 1	0.002 5	0.002 7
	(0.034 0)	(0.028 0)	(0.024 6)	(0.016 1)
种植经验	0.001 4	−0.000 5	−0.000 3	−0.002 7***
	(0.001 0)	(0.001 1)	(0.001 4)	(0.001 0)
风险偏好	0.012 9	−0.010 7	−0.046 0	0.021 8
	(0.016 8)	(0.015 8)	(0.030 0)	(0.018 5)
农户组织化水平	−0.016 7	−0.029 1	0.011 0	−0.023 5***
	(0.022 2)	(0.027 0)	(0.027 3)	(0.008 8)
农户人力资本水平	−0.005 1	0.013 7	−0.030 4	0.016 9
	(0.018 0)	(0.015 1)	(0.020 6)	(0.023 1)
生产规范性	−0.022 7	0.043 4	−0.037 0	0.042 7***
	(0.032 3)	(0.024 0)	(0.025 2)	(0.016 2)
家庭是否有贷款	0.000 0	0.013 7	0.026 3	−0.000 1
	(0.011 2)	(0.013 0)	(0.018 2)	(0.013 6)
家庭总收入	−0.033 0*	0.038 8	−0.034 1*	0.038 9**
	(0.019 3)	(0.026 3)	(0.020 0)	(0.015 5)
家庭农机现值	−0.004 2	−0.003 7	−0.008 5*	−0.001 8
	(0.003 8)	(0.007 8)	(0.005 1)	(0.009 2)
家庭人口数量	−0.028 1***	−0.017 0*	0.005 1	−0.018 9***
	(0.008 7)	(0.009 1)	(0.110 0)	(0.007 0)
土地细碎化程度	−0.000 3***	−0.000 2**	−0.000 2	−0.000 03
	(0.000 1)	(0.000 1)	(0.000 2)	(0.000 03)
土地经营规模	0.093 2***	0.042 0**	0.084 8**	0.024 6
	(0.012 6)	(0.016 8)	(0.036 0)	(0.019 2)
村庄水利设施	−0.004 7	0.007 1	−0.024 8**	0.007 4
	(0.009 5)	(0.010 1)	(0.011 2)	(0.009 3)
村庄距乡镇距离	0.000 2	0.000 1	0.002 6**	−0.000 7
	(0.000 3)	(0.000 3)	(0.001 2)	(0.001 3)
村庄农业企业	−0.011 4	−0.020 9	0.040 2**	0.025 6
	(0.024 4)	(0.019 7)	(0.018 0)	(0.018 8)

（续）

影响因素	未采纳服务	市场化服务模式	合作化服务模式	产业化服务模式
土地租金	0.018 3	−0.014 3	0.089 7	0.067 8
	(0.030 4)	(0.246 7)	(0.070 3)	(0.043 4)
常数项	0.787 7**	0.359 1	0.498 1	−0.215 2
	(0.336 8)	(0.334 5)	(0.486 1)	(0.375 6)
R^2	0.454 7	0.470 3	0.525 8	0.731 6

注：*、**和***分别代表10%、5%和1%的显著性水平；括号内数值为标准误。

表 6-11 显示了不同农业服务模式对农户耕地利用效率的平均处理效应（ATE，ATET），克服不同农业服务模式选择的内生性问题基础上，通过逆概率加权回归法和扩展逆概率加权法都获得较为一致的研究结果，相比未参与服务的农户，农户参与市场化服务模式促使耕地利用效率提升 0.084 1，农户参与合作化服务模式促使耕地利用效率提升 0.122 7，农户参与产业化服务模式促使耕地利用效率提升 0.069 0，合作化服务模式对农户耕地利用效率促进作用最为显著，其次是产业化服务模式和市场化服务模式。说明合作化服务模式具备合理配置各类要素的组织资源，合作社将分散农户的土地、劳动力、资本等要素聚集在一起，对接规模化农机服务、农技服务等，形成横向协作交易或者契约交易，实现服务组织资源共享，一方面组织化生产促进病虫害防治技术、水稻直播技术、秸秆还田技术等先进要素的嵌入，科学的耕种方式对农药、化肥等要素投入规范性有显著约束作用，降低土地面源污染强度，提高农户耕地保护意识，促进农业环境收益和耕地利用效率的提升；另一方面，合作社实施规模化机械作业和专业技术指导等有助于改变土壤板结、水体富营养化等问题，提高农户耕地利用效率。

表 6-11　农业服务模式影响农户耕地利用效率的平均处理效应

变量	ATET（IPWRA）	ATE（IPWRA）	ATE（AIPW）
市场化服务模式	0.084 1***	0.080 9***	0.080 5***
	(0.013 5)	(0.015 8)	(0.013 4)
合作化服务模式	0.122 7***	0.115 3***	0.130 4***
	(0.019 6)	(0.034 8)	(0.013 2)
产业化服务模式	0.069 0***	0.108 5***	0.072 3***
	(0.016 8)	(0.031 8)	(0.013 0)

（3）不同服务模式对农户劳动生产率的影响效应分析。表 6-12 显示了参

与不同服务模式的农户的劳动生产率的影响因素结果。整体来看，家庭农机现值和村庄水利设施是影响市场化服务模式农户劳动生产率的关键因素，种植经验、组织化水平、农户人力资本水平、家庭总收入、土地经营规模和劳动力雇佣价格是影响合作化服务模式农户劳动生产率的关键因素，生产规范性和村庄农业企业是影响产业化服务模式农户劳动生产率的关键因素。可以看出，农户组织化水平越高，对参与合作化服务模式的农户劳动生产率促进作用越显著，说明合作化服务模式有效对接外部资源、整合内部资源，通过组织资源整合共享扩展农户获取技术和信息的渠道和能力，实现资本要素对劳动力的有效替代，规避农户面临的劳动力约束，提高农户人力资本水平，促进农业劳动生产率显著提升。劳动力雇佣价格越高，参与合作化服务模式的农户的劳动生产率越低，说明农业劳动力成本提升增加农业劳动力雇佣难度，雇佣劳动力成本增加且容易发生偷懒、"搭便车"等机会主义行为，一定程度上降低农户劳动生产率。农户生产规范性和村庄有农业企业对参与产业化服务模式的农户的劳动生产率有显著促进作用，产业化服务模式依托专业服务组织提供专业性服务指导并发布气象、病虫害防治等技术信息，缓解农户老龄化、女性化和兼业化造成的粗放式经营，合理引导农户进行科学生产，促进农户劳动生产率显著提升。村庄有农业企业为提高村庄产业发展水平奠定了良好基础，为产业化服务模式的高效运行提供了便利条件，有助于提高产业化服务模式带农生产水平。

表 6-12　不同服务模式农户劳动生产率影响因素分析

变量	未采纳服务	市场化服务模式	合作化服务模式	产业化服务模式
年龄	-0.000 03	0.001 2	0.000 6	0.002 9
	(0.001 1)	(0.001 6)	(0.003 0)	(0.004 0)
受教育程度	-0.006 6	0.015 7	0.042 2	0.051 6
	(0.026 6)	(0.021 7)	(0.044 8)	(0.049 4)
政治面貌	-0.086 5**	0.001 3	0.007 7	-0.019 4
	(0.037 8)	(0.037 2)	(0.049 0)	(0.062 2)
种植经验	0.002 5	-0.000 2	-0.006 3**	-0.002 2
	(0.001 5)	(0.001 8)	(0.003 1)	(0.003 2)
风险偏好	-0.045 9*	-0.029 5	-0.039 6	-0.057 9
	(0.023 4)	(0.022 6)	(0.047 0)	(0.051 4)
农户组织化水平	0.037 1	-0.047 2	0.109 4**	-0.051 3
	(0.032 2)	(0.043 1)	(0.045 9)	(0.032 8)

（续）

变量	未采纳服务	市场化服务模式	合作化服务模式	产业化服务模式
农户人力资本水平	−0.019 3	0.038 5	−0.087 5*	0.041 3
	(0.025 1)	(0.028 2)	(0.044 5)	(0.067 2)
生产规范性	0.035 8	−0.048 9	0.068 8	0.041 0***
	(0.055 6)	(0.049 7)	(0.053 4)	(0.057 0)
家庭是否有贷款	0.041 8**	0.020 8	0.032 3	−0.014 8
	(0.020 8)	(0.030 2)	(0.029 2)	(0.043 1)
家庭总收入	0.012 9	−0.016 6	−0.123 4***	−0.036 9
	(0.025 5)	(0.037 9)	(0.032 8)	(0.065 5)
家庭农机现值	−0.004 6	0.040 0***	0.021 2	0.001 8
	(0.004 9)	(0.013 0)	(0.015 7)	(0.034 3)
家庭人口数量	−0.012 8	0.012 1	0.027 5	0.002 3
	(0.010 9)	(0.012 9)	(0.022 1)	(0.023 4)
土地细碎化程度	−0.000 03	−0.000 1	−0.000 4	0.000 1
	(0.000 1)	(0.000 1)	(0.000 3)	(0.000 1)
土地经营规模	0.004 3	0.012 1	0.077 3*	0.016 5
	(0.024 9)	(0.026 8)	(0.044 8)	(0.051 2)
村庄水利设施	−0.025 6*	0.039 3***	−0.009 2	−0.018 0
	(0.013 7)	(0.013 6)	(0.026 0)	(0.026 4)
村庄距乡镇距离	0.001 0**	0.000 2	−0.002 4	0.001 1
	(0.000 4)	(0.000 2)	(0.002 3)	(0.004 0)
村庄农业企业	0.053 3**	−0.012 1	0.037 2	0.001 2***
	(0.027 0)	(0.028 9)	(0.040 4)	(0.000 2)
劳动力雇佣价格	0.017 8***	0.007 2	−0.011 1*	−0.005 2
	(0.006 0)	(0.005 6)	(0.005 9)	(0.008 7)
常数项	0.440 0*	0.543 1	1.556 6***	0.837 0
	(0.231 0)	(0.345 9)	(0.405 6)	(0.517 5)
R^2	0.176 8	0.084 2	0.518 4	0.190 3

注：*、**和***分别代表10%、5%和1%的显著性水平；括号内数值为标准误。

表6-13显示了不同农业服务模式对农户劳动生产率的平均处理效应（ATE，ATET），克服不同农业服务模式选择的内生性问题基础上，通过逆概

率加权回归法和扩展逆概率加权法均获得较为一致的研究结果，相比未参与服务的农户，农户参与市场化服务模式促使劳动生产率提升 0.083 8，农户参与合作化服务模式促使劳动生产率提升 0.095 3，合作化服务模式对农户劳动生产率促进作用最为显著，其次是市场化服务模式。在大量农村劳动力外移的背景下，农业生产容易过多依赖非劳动要素进行替代，而合作化服务模式通过统一选种、统一耕种、统一田间管理、统一收割、统一销售等降低农户非农化、老龄化造成的粗放式经营，实现人力资本和知识资本的有效传递，将有限的劳动力充分调动起来，提高农业劳动力的技术应用水平和人力资本水平，促进劳动生产率的稳步提升。此外，巩固了农户家庭经营的基础性地位并释放部分农业劳动力从事非农行业，充分实现农业各类要素均衡配置，促使农户家庭福利最大化。

表 6-13　农业服务模式影响农户劳动生产率的平均处理效应

变量	ATET（IPWRA）	ATE（IPWRA）	ATE（AIPW）
市场化服务模式	0.083 8***	0.046 9**	0.051 3**
	(0.026 3)	(0.023 9)	(0.026 4)
合作化服务模式	0.095 3***	0.054 7**	0.039 0***
	(0.037 3)	(0.028 0)	(0.014 5)
产业化服务模式	0.045 0	0.014 7	−0.049 3
	(0.032 4)	(0.028 8)	(0.069 1)

　　（4）不同服务模式对农户化肥投入效率的影响效应分析。表 6-14 显示了参与不同服务模式农户化肥投入效率的影响因素结果。整体来看，年龄、受教育程度、风险偏好、农户组织化水平、家庭是否有贷款、家庭总收入、土地细碎化程度和化肥投入价格是影响市场化服务模式农户化肥投入效率的关键因素，土地经营规模和家庭是否有贷款是影响合作化服务模式农户化肥投入效率的关键因素，农户人力资本水平、生产规范性、土地细碎化程度和土地经营规模是影响产业化服务模式农户化肥投入效率的关键因素。可以看出，农户家庭有贷款对参与合作化服务模式农户化肥投入效率有显著负影响，可能的原因是合作社具备提供技术密集型服务的资源和能力，有能力提供专业的测土配方施肥服务和增施有机肥服务等提高农户化肥投入的质量，而这一类技术密集型服务对农户资金投入要求高，如有机肥市场价格通常是普通化肥价格的 2 倍，当参与服务的农户面临较强的资金约束时，难以大面积施用高品质化肥，影响化肥投入效率。农户土地经营规模对参与合作化服务模式农户化肥投入效率有显著正影响，农户土地经营规模扩大，促进农业机械的大范围利用，作业连片化

与生产标准化推动农户横向专业化,横向专业化有助于将分散的服务需求聚合,扩大服务市场容量,降低服务交易成本催生服务规模经济,提高纵向分工水平,显著提高农户化肥投入效率。人力资本水平高、土地经营规模大的农户参与产业化服务模式会促进化肥投入效率增加,揭示了产业化服务模式对人力资本水平高的规模经营农户带动效果最为明显,原因在于相比传统小农户,接受过技术培训的种粮大户更注重农业经营的长期收益,重视利用科学管理手段、延长农业产业链等方式提高农产品附加价值,参与产业化服务模式正好可以满足种粮大户等规模经营主体生产高品质农产品的需求,弥补自身资金实力和市场势力不足的弊端,实现农业要素的科学投入,促进化肥投入效率显著提升。土地细碎化程度对参与产业化服务模式农户化肥投入效率有显著负影响,揭示了地块面积小难以激发规模经济效应,容易降低机械作业效率,影响要素配置结构,增加单位农业成本投入。同时,地块面积小也会增加农户雇佣劳动力的需求,面临较大的农业生产不确定性和道德风险等问题,影响化肥投入效率的提升。

表 6 - 14　不同服务模式农户化肥投入效率影响因素分析

变量	未采纳服务	市场化服务模式	合作化服务模式	产业化服务模式
年龄	0.001 5	−0.002 4*	−0.000 1	0.001 5
	(0.001 1)	(0.001 4)	(0.003 7)	(0.003 3)
受教育程度	0.031 4	0.045 2**	−0.030 2	−0.078 3
	(0.021 4)	(0.020 1)	(0.057 6)	(0.051 8)
政治面貌	−0.027 3	0.039 9	−0.053 5	−0.002 6
	(0.029 6)	(0.032 3)	(0.056 0)	(0.044 5)
种植经验	−0.001 6	0.000 4	−0.001 6	0.002 5
	(0.001 4)	(0.001 3)	(0.004 2)	(0.002 5)
风险偏好	−0.066 8***	−0.048 2*	−0.008 6	−0.030 9
	(0.022 8)	(0.025 0)	(0.064 9)	(0.039 9)
农户组织化水平	−0.017 3	−0.068 4**	−0.015 1	−0.012 2
	(0.025 1)	(0.033 9)	(0.079 0)	(0.026 2)
农户人力资本水平	0.076 8***	−0.006 8	0.055 5	0.101 0*
	(0.272 6)	(0.026 6)	(0.065 7)	(0.060 2)
生产规范性	0.038 0	0.034 3	−0.037 6	−0.072 6*
	(0.035 7)	(0.032 6)	(0.073 6)	(0.042 6)

（续）

变量	未采纳服务	市场化服务模式	合作化服务模式	产业化服务模式
家庭是否有贷款	−0.000 1	0.038 4*	−0.014 9**	−0.024 9
	(0.017 6)	(0.023 5)	(0.007 6)	(0.044 0)
家庭总收入	−0.007 9	−0.057 6*	−0.051 6	0.018 8
	(0.024 8)	(0.029 7)	(0.041 9)	(0.041 8)
家庭农机现值	−0.015 6	−0.006 0	−0.002 3	−0.024 4
	(0.009 7)	(0.009 5)	(0.013 7)	(0.032 0)
家庭人口数量	0.018 5*	0.009 9	0.001 3	0.003 4
	(0.011 2)	(0.012 1)	(0.034 0)	(0.021 3)
土地细碎化程度	−0.000 1	0.000 2*	−0.000 8	−0.000 2**
	(0.000 1)	(0.000 1)	(0.000 5)	(0.000 1)
土地经营规模	0.000 7	0.027 6	0.102 1**	0.076 0**
	(0.019 6)	(0.022 1)	(0.049 7)	(0.035 1)
村庄水利设施	−0.029 0**	0.007 0	0.043 9	0.027 4
	(0.012 9)	(0.012 6)	(0.037 4)	(0.025 3)
村庄距乡镇距离	−0.000 04	−0.000 4	0.000 4	0.007 1
	(0.003 5)	(0.000 4)	(0.003 5)	(0.004 7)
村庄农业企业	0.009 1	0.029 0	−0.029 9	0.027 7
	(0.027 3)	(0.026 3)	(0.055 1)	(0.046 3)
化肥投入价格	−0.048 7	−0.046 5*	−0.115 7	0.002 9
	(0.037 0)	(0.027 9)	(0.081 4)	(0.080 9)
常数项	0.884 2***	1.355 8***	1.489 2*	−0.005 0
	(0.340 4)	(0.390 0)	(0.845 4)	(0.782 1)
R^2	0.255 1	0.144 7	0.261 5	0.339 3

注：*、**和***分别代表10%、5%和1%的显著性水平；括号内数值为标准误。

表6-15显示了不同农业服务模式对农户化肥投入效率的平均处理效应（ATE，ATET），克服不同农业服务模式选择的内生性问题基础上，通过逆概率加权回归法和扩展逆概率加权法都获得较为一致的研究结果，相比未参与服务的农户，农户参与市场化服务模式促使化肥投入效率提升0.072 9，农户参与合作化服务模式促使化肥投入效率提升0.049 8，农户参与产业化服务模式促使化肥投入效率提升0.080 7。其中，产业化服务模式对农户化肥投入效率促进作用最显著，其次是市场化服务模式，最后是合作化服务模式。可能的原

因一方面在于产业化服务组织在统一采购农药、化肥等农业生产资料时具备较强的市场谈判能力和成本优势，有助于缓解农户投入高质量农资面临的资金压力和交易风险；另一方面，产业化服务组织依托丰富的社会资源能够扩展农户技术信息获取渠道，通过提供准确及时的市场信息，实现农业信息和专业知识的有效传递，合理引导农户科学施肥，提高农户对农业减量化生产的认知，促进农户化肥投入效率显著提升。此外，产业化服务组织具备专业的技术服务团队，有能力提供高质量的测土配方施肥服务、有机肥服务等，便于严格规范农户施肥数量与质量，对于"施什么肥、如何施用"给予明确的指导，并且注重服务交易关系管理和服务联结机制创新，有助于提高农户化肥投入效率。

表 6 - 15　农业服务模式影响农户化肥投入效率的平均处理效应

变量	ATET（IPWRA）	ATE（IPWRA）	ATE（AIPW）
市场化服务模式	0.072 9***	0.072 5***	0.075 3***
	(0.020 0)	(0.018 8)	(0.021 5)
合作化服务模式	0.049 8***	0.087 6***	−0.012 8***
	(0.034 2)	(0.024 9)	(0.201 8)
产业化服务模式	0.080 7***	0.099 3***	0.104 2***
	(0.032 7)	(0.026 0)	(0.056 1)

第四节　本章小结

本章主要解释了农业生产性服务应用水平对农户耕地利用效率、劳动生产率和化肥投入效率的作用机制及影响程度，以及农户参与不同服务模式对各单要素生产率的差异化影响，进一步考察各单要素生产率对生产技术效率的贡献度，便于从单要素配置方面考察农业生产性服务供给的有效性及优化路径。基于此，本章结合农业分工理论、交易费用理论等分析了农业生产性服务应用水平影响农户单要素生产率的作用机理，运用实证分析进行验证。研究结果如下：

第一，运用超越对数随机前沿生产函数测算农户耕地利用效率、劳动生产率和化肥投入效率，得到农户耕地利用率平均值为 0.754 1，平均耕地利用水平偏高，其中耕地利用率区间为大于等于 0.75 且小于 0.9 的农户占比最大；农户劳动生产率平均值为 0.589 7，平均劳动生产率处于普通水平，其中劳动生产率区间为大于等于 0.5 且小于 0.8 的农户占比最大；农户化肥投入效率平均值为 0.418 0，平均化肥投入效率偏低，其中化肥投入效率区间为大于等于

0.3 且小于 0.5 的农户占比最大。

第二，运用 Tobit 模型和 IVTobit 模型发现农业生产性服务应用水平对农户耕地利用效率有显著正影响，家庭农机现值、家庭人口数量和土地细碎化程度对农户耕地利用效率有显著负影响，农户组织化水平、生产规范性和土地经营规模对农户耕地利用效率有显著正影响。

第三，运用 Tobit 模型和 IVTobit 模型发现农业生产性服务应用水平对农户劳动生产率有显著正影响，家庭总收入水平和土地细碎化程度对农户劳动生产率有显著负影响，农户组织化水平和家庭农机现值对农户劳动生产率有显著正影响。

第四，运用 Tobit 模型和 IVTobit 模型发现农业生产性服务应用水平对农户化肥投入效率有显著正影响，农户种植经验、风险偏好和家庭总收入对化肥投入效率有显著负影响，家庭人口数量和农户人力资本水平对化肥投入效率有显著正影响。

第五，运用回归调整法和分解方程可得各单要素生产率对农户生产技术效率的贡献度，研究发现耕地利用效率对农户生产效率贡献度最大，其次是化肥投入效率，最后是劳动生产率，说明如何提高耕地利用效率、合理配置农药、化肥等农业要素在构建农业生产性服务增产增效机制中十分关键。

第六，利用多值处理效应模型得出合作化服务模式对农户耕地利用效率和劳动生产率促进作用最为显著，产业化服务模式对农户化肥投入效率促进作用最为显著。揭示了产业化服务模式在规范农户生产行为、提高要素投入质量方面发挥了重要作用，合作化服务模式主要通过规模化经营和组织资源共享改变了农户传统经营方式，通过知识传递和技术溢出提高农户人力资本水平，有助于实现农业劳动力和土地等要素的合理配置。

第七章 推动农业生产性服务高效发展的政策建议

上一章解释了农业生产性服务应用对农户耕地利用效率、劳动生产率和化肥投入效率的作用机制及影响程度，从单要素配置方面考察农业生产性服务供给的有效性及优化路径。本章基于以上研究结果，从强化高质量服务供给、完善农业要素市场、引导农业服务模式创新和增强农户对农业生产性服务经济价值和生态价值认知四方面提出相应的政策建议。

第一节 强化高质量、低成本服务的有效供给

通过研究发现，农业生产性服务虽然有效缓解农户土地、劳动力等资源约束，但未能降低农业资本投入，同时技术密集型环节和产业链上下游环节服务供给有效性仍然较低。因此，从强化服务供给质量、降低服务供给成本、培育农业服务领域专业人才和完善农业服务市场建设几方面提出以下政策建议。

一、构建多元化多层次的服务体系

研究结果发现，现有服务供给体系难以满足不同类型农户实际生产需要，有必要构建涵盖资本密集型、技术密集型和高端流通型等多元化多层次的服务体系。第一，支持兼业农户参与农业生产性服务，鼓励不同类型农户联合组成服务型合作社，培育发展为本地区提供服务的农业企业，鼓励引导具有提供产前、产中、产后等服务功能的经营主体在乡镇聚集，降低服务供给运输成本和交易成本，激发显著的知识溢出效应和示范带动作用，提高薄弱环节服务供给水平。第二，强化不同类型主体服务供给的有效性。扶持鼓励农资供应商、农业企业等服务主体与高校、科研院校合作开展良种研发、肥料研制等项目，确保为农户提供高质低成本的农资服务；鼓励农机大户等服务主体参加农机装备产业联盟，分享先进农机装备研发成果，提高农业机械服务效率；鼓励农民专业合作社、农业企业等服务主体与农户形成订单服务模式，通过高于市场价格收购、保底＋盈余分红等利益分配方式扩大农户采纳服务获利空间，提高薄弱环节服务供给有效性。

二、培育农业服务领域专业人才

研究结果发现，农业服务主体供给能力较低，影响服务供给质量。因此，第一，强化对专业服务主体的培育。依托以奖代补等形式推动各类服务主体与大专院校、科研院所开展技术攻关和人才合作，提高服务组织整体素质和业务能力；设置服务专项补贴引导农机大户、农民专业合作社等服务主体扩展服务领域，实现规范化发展，定期对不同类型服务主体进行技术培训、服务管理培训等，提高服务主体的知识水平和专业素养。第二，加大对农业生产性服务业相关领域人才的培养。通过新型职业农民培训、返乡农民工创业培训等方式培养一批专业素质较高、实践能力较强的新型职业农民，为农业服务行业输送更多新兴人才；结合各地农业生产性服务业发展需求培养专业对口的人才队伍，如技术推广员、经纪人、农机手、作业管理者和合作社管理人才等；扶持鼓励农村年轻人、大学生等人才返乡创业从事农业生产性服务业，制定可观的人才引进条件吸引大学生等农业相关专业精英到农村从事农业生产性服务业。

三、完善农业生产性服务市场建设

研究结果发现，技术密集型环节和产业链上下游环节服务供给有效性较差，服务质量难以识别、服务交易关系不稳定等问题影响农户服务采纳程度。第一，强化对不同类型服务市场的价格指导和监督，服务价格由市场供需协商确定，加强对服务价格垄断或欺诈等行为的监管，组织开展服务项目绩效考核和跟踪评估，降低服务购买成本，切实保障农户利益。第二，重视对不同类型服务主体的动态监测，建立农业服务组织名录库，对服务质量差、服务能力弱、未能履行服务责任的服务主体实施黑名单惩罚制度，取消其在当地提供农业服务的资格，对于带农效果好、服务能力强、服务范围大的服务主体采取奖励机制，将其纳入名录库并在资金补贴、项目扶持上给予重点支持。第三，探索建立农业服务市场公平竞争机制，鼓励不同服务主体结合自身资源优势创新服务供给模式，鼓励服务主体间联合构建服务产业联盟等，推动政府、专业协会等组织共同协商制定符合当地实际情况的服务合同规范，打造多元服务主体共存的良性竞争环境。

第二节　完善农业要素市场建设

通过研究发现，农业生产性服务能够改变农户要素配置结构，缓解各类资源约束，进而影响农户生产效率。因此，有必要完善农业要素市场相关配套支持体系建设，为提高农业生产性服务应用效果提供便利条件。

一、推动土地连片流转规模化经营

研究结果发现，农业生产性服务有助于扩大土地转入规模，且经营规模大、土地细碎化程度低的农户采纳服务会显著促进生产效率提升，因此，有必要推动土地连片流转规模化经营。第一，重视培育土地流转市场。建立土地流转中介服务机构，取消村集体对土地经营权流转的管制，放活土地经营权，促进土地要素有效流动，形成连片规模化经营；创建土地信息化管理平台，收集土地流转用途及规模的动态数据，确保土地流转市场规范有序，降低土地流转交易成本，避免土地流转交易产生不良纠纷，实现土地要素从低效率主体向高效率主体流转。第二，通过税费优惠、补贴手段等吸引社会工商资本为土地规模经营提供项目或者资金支持，合理引导土地资源向种粮大户、合作社、农业企业等新型农业经营主体流转，保证转出户获得相应的土地租金，转入户实现规模经营，优化土地要素配置结构。第三，强化土地产权稳定性。对于签订土地流转正式契约、土地流转年限长、连片规模经营水平高的农户提供专项资金扶持，鼓励闲置承包地优先向农业企业、种粮大户等规模经营主体等集中，支持经营主体通过租赁、托管、融资等方式合理配置土地要素。

二、优化农村劳动力非农就业环境

研究结果发现，农业生产性服务有助于降低农业劳动力投入，产生显著的劳动力替代效应。因此，有必要优化农村劳动力的非农就业环境，释放家庭剩余劳动力，提升农业生产性服务的要素替代效应。第一，鼓励农村劳动力自主创业，加大对农村劳动力非农就业、自主创业的补贴支持和政策扶持，提高农村劳动力的非农就业能力，扩展非农就业渠道。第二，为农村劳动力提供职业技能、就业创业等培训，提高劳动力人力资本水平。搭建劳动力就业创业服务平台，承担岗位搜寻、提供就业创业信息、定点劳务输出等职能，降低劳动力非农就业的信息搜寻成本。第三，加快农民进城落户制度、就业制度、社会保障制度改革，促进城乡要素自由流动，保护非农就业劳动力的福利待遇；加快农村三产融合发展水平，为农户提供更多非农就业机会，降低农户对土地的依赖。保障劳动力就业市场环境的公平性，引导农户积极参与各种形式的非农就业，促进城乡融合发展。

三、创新农业技术服务推广方式

研究结果发现，农业生产性服务有助于促进先进技术应用，产生显著的技术改进效应。因此,有必要创新农业技术服务推广方式,推动农业技术进步。第一,创新农业技术推广手段。构建涵盖政府农业部门、高校科研院所、农技推广中心、农业企业等主体的现代化农技推广体系,一方面借助互联网服务平台及时向农户推送技术信息,积极组织专业技术人员运用互联网、微信群和视频直播等形式进行远程技术指导培训,结合农户真实需求给予有针对性的技术指导;另一方面,依靠村集体、农技推广中心等公益性服务组织定期开展服务大讲堂,宣传采纳技术服务的优势。此外,依托农机大户、农民专业合作社等经营性服务组织免费开展无人机植保、免费技术指导等服务惠顾活动,利用农民能接受认可的表达方式,提升农户技术采纳认知。第二,加快农业技术研发。加大财政部门对农业技术研发的拨款比例,制定倾斜性的补贴政策和税收政策引导工商资本、金融资本和农业企业进入农业技术研发领域,共同开展农业关键技术研发、集成和推广示范、成果转移转化。以农业产业园和产学研合作基地为载体,引进农业高端科技人才和技术创新团队,加快对良种培育技术、保护性耕作技术、物联网技术、农业信息技术等关键环节技术的研发推广。第三,提升农户技术信息获取能力。组建农民微信群,在农忙时节及时向农民发布田间管理、应对自然灾害等关键信息,或者通过短信、关注农业服务公众号等形式直接向农民推送有关先进技术的相关信息,提高农户对技术服务的认知。

第三节　引导农业服务模式创新发展

通过研究发现,相比市场化服务模式和合作化服务模式,产业化服务模式具备内部组织制度优势,通过供给一体化服务和紧密的服务联结机制促进农户生产技术效率和化肥投入效率显著提升,但市场化服务模式和合作化服务模式仍有很大的提升空间。因此,从推动传统服务模式转型升级、构建紧密的服务联结机制和加强对规范型服务组织的扶持三方面提出政策建议。

一、推动传统服务模式转型升级

研究结果发现,市场化服务模式、合作化服务模式运行中存在服务方式单一、服务契约不规范等问题。因此,第一,通过定向委托、政府购买服务、以奖代补等方式吸引社会资本和多元服务主体承接农业社会化服务项目,创新发展"土地托管、全产业链服务、农业共营制"等新型服务模式,对服务范围广、带农能力强、服务期限长的服务组织给予财政扶持、信贷优惠或者项目支持等,推进农业生产性服务向多元化、产业化方向转变。第二,扶持发展农业服务新业态。在农业服务市场化建设中，进一步挖掘农业服务的新业态与新模式，在服务业态上，改变以供应农机服务、农技服务等单一生产环节服务供给的发展形式，引导服务内容向信息、金融、流通、销售、质量管理和品牌运营等高端增值服务领域拓展。第三，强化服务契约的规范性与约束性。统一农业服务合同签订规范，明确不同环节服务价格、服务作业标准、服务时间和服务利益分配等关键内容条款，加强服务合同监管，建立好服务档案、做好售前售后服务工作，积极发挥服务契约在约束双方行为、保障服务质量方面的重要作用。

二、构建紧密的农业服务联结机制

研究结果发现，市场化服务模式和合作化服务模式带农高效生产水平有待提升，重要的是忽视构建农业服务联结机制的重要性。因此，第一，创新服务双方的利益共享机制。探索服务价格优惠、股份合作、保底＋盈余分红、二次利润返还等多种"风险共担、利益共享"的分配方式，促使小农户通过采纳服务分享到农业二三产业增值收益。第二，强化服务双方的组织联结机制。农户对乡村社会网络依赖度较强，致使熟人服务在乡土社会中具有典型的优势，原因在于农户与异地陌生的服务主体合作面临较高的交易成本和不确定性。因此，服务交易中有必要建立基于熟人社会网络的服务组织联结机制。引导异地农业企业、跨区农机户与村经纪人、村集体或者合作社等中介组织联合建设专业服务点、服务代理商等，依托乡村地缘、血缘和亲缘社会关系构建复合型农业服务组织联盟，实现跨地域服务主体与异地服务对象的联合发展，稳定服务双方的组织联结。第三，创新服务交易的惠顾联结机制。为了调动农户参与服务的积极性，支持建设农业经营性服务与公益性服务配套供应的服务体系，包括免费提供技术指导、烘干仓储、物流运输等惠顾服务，稳定双方合作关系，实现与农户的有效对接。

三、强化对规范型服务组织的扶持

研究结果发现，农机大户、农机合作社、农资企业等规范型服务组织均面临不同程度的资源约束，有必要制定相应奖励机制提高服务主体供给能力。第一，在用地政策上，鼓励扶持合作社、企业等主体充分利用闲置校舍、废弃工厂等建设仓储、农机库棚和配套设施建设用地，解决服务主体在存放农机设备、粮食储存、开展深加工时面临的用地困难。第二，在农机补贴上，扩大对农机合作社、农机大户等服务主体的农机具补贴力度，允许服务主体对利用补贴购买的农机具进行报废、更新、以旧换新和出售等，将闲置资源放置在市场中进行再配置，提高资源利用效率。对于供应全程机械服务的主体给予农机补贴政策倾斜，激发组织服务动力。第三，在金融政策上，扩大对服务主体的融资贷款额度，积极扶持服务主体进行厂房建设、生产大棚、农田水利设施建设、土地产权抵押等方面的融资，针对各类服务主体开展土地抵押、固定资产抵押等多种形式的贷款，并给予一定利率的优惠。第四，在税收政策上，鼓励各地利用政府购买服务和先服务后补贴等方式，完善对服务主体的税收优惠政策。第五，加大对服务组织薄弱环节服务供给的政策扶持。对提供农资供应、仓储、烘干、加工和销售等环节的服务主体给予专项资金扶持、税收减免或者项目支持等，对于薄弱环节服务面积大、带动效果好的服务主体重点扶持。

第四节　增强农户对农业生产性服务经济价值和环境价值的认知

研究发现，农业生产性服务应用对农户耕地利用效率和化肥投入效率改善程度明显，农业分工深化对于提高资源利用水平、激发服务规模经济效应和环境效应有重要贡献。因此，应该通过强化农业服务信息渠道建设、构建公益性服务辅助经营性服务的供给体系提高农户对农业生产性服务的认知。

一、强化农业生产性服务应用的信息渠道建设

研究结果发现，农户参与服务程度较低，认知水平较低。因此，第一，创新农业服务推广手段。构建涵盖政府农业农村部门、高校科研院所、农技推广中心、农业企业等经营主体的农业服务推广体系，一方面借助互联网服务平台及时向农户推送薄弱环节、高端增值环节服务相关信息，运用互联网、微信群和视频直播等形式进行远程服务指导培训，结合农户真实需求给予有针对性的技术指导和条件支持；另一方面，依靠村集体、农技推广中心等公益性服务组织定期开展服务大讲堂，宣传薄弱环节服务和高端增值服务的优势。此外，依托农机大户、农民专业合作社等经营性服务组织免费开展服务惠顾活动，利用农民能接受认可的表达方式，提升农户服务采纳认知。第二，提高农户对薄弱环节服务和高端增值服务相关信息的获取能力。组建农民微信群在农忙时节及时发布田间管理、应对自然灾害等关键信息，或者通过短信、关注公众号等形式直接向农民推送有关高效育秧、科学施肥等相关信息，提升农户对农业服务社会价值的认知。

二、发展农业公益性服务辅助经营性服务的供给体系

研究结果发现，合作社、农业企业等服务主体未能有效发挥公益性服务职能，影响农户采纳服务积极性和接受度。第一，支持农民专业合作社、农业企业发挥提供农资信息服务、提供技能培训服务和农业气象服务等公益性服务职能，密切结合农户实际需求发挥公益性服务对农户生产技能水平和信息获取能力的提升作用，确保关键性技术措施、减灾防灾等惠农利农服务政策的有效推广。第二，创新公益性服务与经营性服务供给模式，定期选择农民专业合作社、农业企业中高层次技术人才和管理者下派到县公共农业技术推广中心挂职锻炼，深入了解区域农业和农户发展实际需求，壮大农业公益性服务体系中的人才队伍建设，避免公益性服务职能逐步边缘化的问题。

第五节　本章小结

本书从农业服务供给内容、农业服务市场与农业要素市场建设、农业服务模式创新发展和农户服务采纳认知四方面有针对性地提出相应政策建议。

第一，强化高质量、低成本服务的有效供给，主要从构建多元化多层次服务体系、培育农业服务领域专业人才、完善农业生产性服务市场建设三个维度阐述。

第二，完善农业要素市场建设，主要从推动土地连片流转规模化经营、优化农村劳动力非农就业环境和创新农业技术服务推广方式三个维度阐述。

第三，引导农业服务模式创新发展，主要从推动传统服务模式转型升级、构建紧密的农业服务联结机制和强化对规范型服务组织的扶持三个维度阐述。

第四，增强农户对农业生产性服务经济价值和环境价值的认知，主要从强化农业生产性服务应用的信息渠道建设和发展农业公益性服务辅助经营性服务供给体系两个维度阐述。

第八章　结　　论

本书通过构建农业生产性服务—要素配置—生产技术效率的研究框架，系统剖析劳动密集型服务、技术密集型服务和产业链上下游服务对农户生产技术效率和单要素生产率的差异化影响，发现农业生产性服务增产增效机制，科学评估农业生产性服务市场的运行绩效，明确未来农业生产性服务模式的创新路径选择。

第一节　基本结论

本书基于农业分工深化的背景下，从生产技术效率和单要素生产率两个维度分析农业生产性服务应用的效果，系统回答"农业生产性服务对农户生产效率的作用机制及影响效应"这一核心问题。首先，探究农业生产性服务对农户要素配置的影响，明确农业服务在缓解农户资源约束、优化要素配置结构方面的重要作用。利用泊松模型、两阶段控制函数模型等分析农业生产性服务对农户土地流转、技术采纳、劳动力投入和农业资本投入的影响，考察不同类型服务对农户要素配置的差异化影响。其次，基于分工理论、规模经济理论和交易费用理论等构建农业生产性服务及不同类型服务影响农户生产技术效率的理论框架，利用多元回归模型、工具变量模型和内生转换回归模型分析农户采纳农业生产性服务、劳动密集型环节服务、技术密集型环节服务和产业链上下游服务对生产技术效率的影响，运用倾向得分匹配模型探讨不同服务模式的运行特征及带农高效生产水平。最后，分析农业生产性服务应用对单要素生产率的影响，运用超越对数随机前沿生产函数测算农户耕地利用效率、劳动生产率和化肥投入效率，利用回归调整方法探究农户各单要素生产率对农业生产效率的贡献度，利用 IVTobit 模型和多值处理效应模型分析农户采纳服务和参与不同服务模式对耕地利用效率、劳动生产率和化肥投入效率的差异化影响。根据以上研究内容，得出以下主要研究结论：

（1）农业生产性服务对农户要素配置有显著影响。第一，农业生产性服务有助于扩大农户土地转入规模、促进技术采纳和降低农业劳动力投入，产生显著的土地规模经营效应、技术改进效应和劳动力替代效应，但未能产生显著的成本节约效应。说明农业生产性服务能够有效缓解农户土地约束、技术约束和劳动力约束，提高农户要素配置水平。第二，农业生产性服务对农户技术应用水平的促进作用最显著，其次是土地流转，最后是劳动力投入。第三，劳动密集型环节服务对农户技术采纳和土地流转均有显著促进作用，对农业劳动力投入有显著抑制作用。技术密集型环节服务主要对农户技术采纳有显著促进作用，产业链上下游服务主要对农户技术采纳和农业劳动力投入均有显著促进作用。

（2）第一，农业生产性服务和不同类型服务对农户生产技术效率有显著影响。农业生产性服务对农户生产技术效率有显著正影响，农户服务参与程度越高，对农业生产技术效率促进作用越显著；土地流转、技术采纳和农业劳动力投入3个变量在农业生产性服务影响农户的生产技术效率中发挥了显著中介效应。农户种植经验、家庭借贷情况、农户家庭总收入、土地细碎化程度对农户生产性服务采纳决策有显著影响，农户家庭禀赋特征是影响采纳服务农户和未采纳服务农户的生产技术效率的主要因素。第二，不同类型服务对农户生产技术效率的处理效应存在显著差异，农户采纳植保服务和收割服务的生产率增加效应最明显，之后依次是耕整地服务、销售服务、插秧服务和农资供应服务，农户采纳育秧服务和施肥服务并未对生产技术效率产生显著影响；农户采纳劳动密集型环节服务的生产率增加效应最明显，其次依次是技术密集型环节服务、产业链上下游环节服务；土地细碎化程度低、家庭收入水平高、土地经营规模大和风险偏好型的农户采纳农业生产性服务能够显著促进生产技术效率提升。第三，农户参与产业化服务模式、合作化服务模式和市场化服务模式对生产技术效率均有显著促进作用，相比未参与服务农户，产业化服务模式促进农户生产技术效率提升 0.056 3，合作化服务模式促进农户生产技术效率提升 0.050 9，市场化服务模式促进农户生产技术效率提升 0.044 4，产业化服务模式对农户生产技术效率促进作用最显著，说明产业化服务模式通过一体化管理、产业链服务供给和服务联结机制创新促进农户生产技术效率提升效果最明显；通过群组差异分析发现，合作化服务模式对细碎化程度低和风险规避意识较强的农户生产技术效率促进作用最大，市场化服务模式对低收入农户生产技术效率促进作用最明显。

（3）第一，通过测算发现农户耕地利用率平均值为 0.754 1，平均耕地利用水平偏高，农户劳动生产率平均值为 0.589 7，平均劳动生产率处于普通水平，农户化肥投入效率平均值为 0.418 0，平均化肥投入效率偏低。第二，农业生产性服务应用水平对农户耕地利用效率有显著正影响，家庭农机现值、家庭人口数量和土地细碎化程度对农户耕地利用效率有显著负影响，农户组织化水平、生产规范性和土地经营规模对农户耕地利用效率有显著正影响。第三，农业生产性服务应用水平对农户劳动生产率有显著正影响，家庭总收入水平和土地细碎化程度对农户劳动生产率有显著负影响，农户组织化水平和家庭农机现值对农户劳动生产率有显著正影响。第四，农业生产性服务应用水平对农户化肥投入效率有显著正影响，农户种植经验、风险偏好和家庭总收入对化肥投入效率有显著负影响，家庭人口数量和农户人力资本水平对化肥投入效率有显著正影响。第五，各单要素生产率对农户生产技术效率的贡献度存在显著差异，耕地利用效率对农户生产效率贡献度最大，其次是化肥投入效率，最后是劳动生产率，说明农业生产性服务嵌入农业生产中明显推动土地规模经营和先进技术的嵌入，对耕地利用效率和化肥投入效率的改善程度明显。第六，合作化服务模式对农户耕地利用效率和劳动生产率促进作用最显著，产业化服务模式对农户化肥投入效率促进作用最显著。揭示了产业化服务模式具备供给一体化服务和创新服务联结机制的内在组织优势，在规范农户生产行为、提高要素投入质量方面发挥了重要作用。合作化服务模式主要通过规模化经营和组织资源共享改变农户传统经营方式，通过知识传递和技术溢出提高农户人力资本水平，有助于实现农业劳动力和土地等要素的合理配置。

（4）结合以上研究结论，主要从农业服务供给内容、农业服务市场与农业要素市场建设、农业服务模式创新发展和农户服务采纳认知四方面有针对性地提出相应政策建议。第一，强化高质量、低成本服务的有效供给，主要从构建多元化多层次服务体系、培育农业服务领域专业人才、完善农业生产性服务市场建设三个维度阐述。第二，完善农业要素市场建设，主要从推动土地连片流转规模化经营、优化农村劳动力非农就业环境和创新农业技术服务推广方式三个维度阐述。第三，引导农业服务模式创新发展，主要从推动传统服务模式转型升级、构建紧密的农业服务联结机制和强化对规范型服务组织扶持三个维度阐述。第四，增强农户对农业生产性服务经济价值和环境价值的认知，主要从强化农业生产性服务应用的信息渠道建设和发展农业公益性服务辅助经营性服务供给体系两个维度阐述。

第二节 创新之处

（1）本书构建了农业生产性服务影响农户要素配置的理论分析框架，梳理了农业生产性服务对土地流转、技术采纳、劳动力投入和农业资本投入的影响路径和作用机制，深入剖析了农业生产性服务能否产生显著的要素配置效应。

克服以往研究仅探究农业生产性服务对某一类要素配置影响的片面性，有助于厘清农业生产性服务对于改变要素配置结构、缓解农户资源约束的作用机制，完善农业服务市场与农业要素市场的相互关联机制。

（2）本书从生产技术效率和单要素生产率两个维度探究了农业生产性服务的应用效果具有视角创新性，结合分工理论和规模经济理论梳理了农业生产性服务及不同类型服务与多维生产效率之间的逻辑关系，弥补了以往研究仅仅关注单一生产效率的维度。多维度分析有助于考察农业服务市场的运行效果，明确不同类型服务供给的有效性，了解农业生产性服务高效发展的约束条件，有助于构建农业生产性服务的增产增效机制。

（3）本书考虑到农户在获得某环节服务后，更重视在获得服务内容基础上从适合的服务交易关系中有所获利，更在乎"如何获得与从哪获得"等服务交易形式对生产效率的影响。因此，深入探讨不同服务模式运行特征及其带农高效生产的作用机制具有必要性，这也是对于现实情况中频繁暴露出服务交易关系松散、服务质量难以保证和服务双方信息不对称等问题的有效解决，弥补以往研究对此问题的忽略。通过考察不同服务模式带农高效生产水平有助于发现未来农业生产性服务模式的创新路径选择，便于有针对性地培育高水平农业服务组织，构建紧密的农业服务交易联结机制。

第三节　研究不足与展望

本书围绕农业生产性服务对农户生产效率的影响进行探究，由于时间、笔者能力和客观条件的限制，仍存在不足且有待完善之处。

（1）本书研究仅聚焦于单一地区的单一作物，难以对比分析同一地区不同作物、不同地区同一作物关于采纳农业生产性服务的经济效应差异。此外，受到时间和资金限制，本书研究仅有一期稻农调查数据，难以观测农业生产性服务发展动态趋势，未来有必要进一步跟踪受访农户和服务主体，了解农业生产性服务市场的长期变化特征。

（2）本书研究从规模经济的角度探究农业生产性服务的要素配置效应和生产率效应，并没有探究农业生产性服务的福利效应，未来要扩展研究视角，构建农业生产性服务影响农户经济效益、社会效益和生态效益的分析框架，从多维视角考察农业生产性服务的运行效果。

（3）本书研究并未将现阶段国家大力扶持的农业生产全托管服务模式纳入研究框架，结合农业生产性服务发展实际情况，农业全托管服务模式主要盛行于玉米、大豆等旱田作物，对于水稻并未发现应用全托管服务模式的情况。由于水稻前期投资成本高、生产过程繁杂、耗费较多的人力、物力和财力，经营风险和外部不确定性较大，服务主体提供全托管服务的积极性较低。未来可以进一步探究通过多元服务主体联合为稻农提供全托管服务的有效组织形式和内在联结机制。

参 考 文 献

阿林·杨格，贾根良，1996. 报酬递增与经济进步[J]. 经济社会体制比较（2）：52-57.

蔡昉，王美艳，2016. 从穷人经济到规模经济——发展阶段变化对中国农业提出的挑战[J]. 经济研究（5）：14-26.

蔡键，刘文勇，2017. 社会分工、成本分摊与农机作业服务产业的出现——以冀豫鲁三省农业机械化发展为例[J]. 江西财经大学学报（4）：83-92.

蔡键，刘文勇，2019. 农业社会化服务与机会主义行为：以农机手作业服务为例[J]. 改革（3）：18-29.

蔡荣，蔡书凯，2014. 农业生产环节外包实证研究——基于安徽省水稻主产区的调查[J]. 农业技术经济（4）：34-42.

曹光乔，张凡，2019. 农业技术补贴、社会网络与作业效率——以农作物秸秆还田服务为例[J]. 南京农业大学学报（社会科学版）（4）：117-125，159-160.

曹峥林，姜松，王钊，2017. 行为能力、交易成本与农户生产环节外包——基于 Logit 回归与 csQCA 的双重验证[J]. 农业技术经济（3）：64-74.

陈超，黄宏伟，2012. 基于角色分化视角的稻农生产环节外包行为研究——来自江苏省三县（市）的调查[J]. 经济问题（9）：87-92.

陈超，李寅秋，廖西元，2012. 水稻生产环节外包的生产率效应分析——基于江苏省三县的面板数据[J]. 中国农村经济（2）：86-96.

陈超，唐若迪，2020. 水稻生产环节外包服务对农户土地转入的影响——基于农户规模分化的视角[J]. 南京农业大学学报（社会科学版）（5）：156-166.

陈飞，翟伟娟，2015. 农户行为视角下农地流转诱因及其福利效应研究[J]. 经济研究（10）：163-177.

陈品，孙顶强，钟甫宁，2018. 劳动力短缺背景下农时延误、产量损失与外包服务利用影响[J]. 现代经济探讨（8）：112-118.

陈竹，张安录，2013. 农地城市流转外部性研究进展评述[J]. 长江流域资源与环境（5）：618-625.

程华，卢凤君，谢莉娇，2019. 农业产业链组织的内涵、演化与发展方向[J]. 农业经济问题（12）：118-128.

褚彩虹，冯淑怡，张蔚文，2012. 农户采用环境友好型农业技术行为的实证分析——以有机肥与测土配方施肥技术为例[J]. 中国农村经济（3）：68-77.

董莹，穆月英，2019. 农户环境友好型技术采纳的路径选择与增效机制实证[J]. 中国农村观察（2）：34-48.

段培，王礼力，陈绳栋，等，2017. 粮食种植户生产环节外包选择行为分析[J]. 西北农林科技大学学报（社会科学版）（5）：65-72.

范丽霞，李谷成，2012. 全要素生产率及其在农业领域的研究进展[J]. 当代经济科学（1）：109-119，128.

高鸣，2017. 粮食直接补贴政策对小麦生产率的影响[D]. 北京：中国农业大学.

格鲁伯，沃克，1993. 服务业的增长：原因和影响[M]. 陈彪如，译. 上海：上海三联书店.

耿鹏鹏，2021. "规模实现"抑或"技术耗散"：地权稳定如何影响农户农业生产效率[J]. 南京农业大学学报（社会科学版）（1）：108-120.

管珊，2020. 社会化服务的双重组织化：小农户与现代农业的衔接机制——基于土地托管模式的分析[J]. 当代经济管理（11）：37-42.

韩春虹，张德元，2020. 小农户与现代农业衔接的服务组织模式：机理及效应评价[J]. 广东财经大学学报（2）：82-92.

郝爱民，2015. 提升农业生产性服务业外溢效应的路径选择[J]. 农业现代化研究（4）：580-584.

赫伯特·西蒙，1989. 现代决策理论的基石[M]. 杨砾，徐立译. 北京：北京经济学院出版社.

洪炜杰，2019. 外包服务市场的发育如何影响农地流转？——以水稻收割环节为例[J]. 南京农业大学学报（社会科学版）（4）：95-105，159.

侯晶，应瑞瑶，周力，2018. 契约农业能有效提高农户的收入吗？——以肉鸡养殖户为例[J]. 南京农业大学学报（社会科学版）（3）：122-132，156.

胡凌啸，2018. 中国农业规模经营的现实图谱："土地＋服务"的二元规模化[J]. 农业经济问题（11）：20-28.

胡霞，2009. 日本农业扩大经营规模的经验与启示[J]. 江苏农村经济（5）：66-67.

胡新艳，米薪宇，2020. 产权稳定性对农机服务外包的影响与作用机制[J]. 华中农业大学学报（社会科学版）（3）：63-71，171-172.

胡新艳，张雄，罗必良，2020. 服务外包、农业投资及其替代效应——兼论农户是否必然是农业的投资主体[J]. 南方经济（9）：1-12.

胡新艳，朱文珏，刘恺，2015. 交易特性、生产特性与农业生产环节可分工性——基于专家问卷的分析[J]. 农业技术经济（11）：14-23.

胡祎，张正河，2018. 农机服务对小麦生产技术效率有影响吗？[J]. 中国农村经济（5）：68-83.

黄季焜，2018. 农业供给侧结构性改革的关键问题：政府职能和市场作用[J]. 中国农村经济（2）：2-14.

黄季焜，齐亮，陈瑞剑，2008. 技术信息知识、风险偏好与农民施用农药[J]. 管理世界（5）：71-76.

黄莉，王定祥，李伶俐，2021. 环境禀赋、农业投资与农户生产效率[J]. 西南大学学报（社会科学版）（1）：72-82.

黄泽颖，王济民，2017. 契约农业、地区差异与养殖信心恢复——以 H7N9 禽流感事件为例[J].资源科学（4）：782-794.

黄宗智，2000.中国乡村社会研究丛书—华北的小农经济与社会变迁[M].台北：中华书局.

纪龙，徐春春，李凤博，等，2018.农地经营对水稻化肥减量投入的影响[J].资源科学
（12）：2401-2413.

纪月清，钟甫宁，2013.非农就业与农户农机服务利用[J].南京农业大学学报（社会科学
版）（5）：47-52.

冀名峰，2018.农业生产性服务业：我国农业现代化历史上的第三次动能[J].农业经济问
题（3）：9-15.

冀名峰，李琳，2019.关于加快发展农业生产性服务业的四个问题[J].农村工作通讯（8）：
39-44.

冀名峰，李琳，2020.农业生产托管：农业服务规模经营的主要形式[J].农业经济问题
（1）：68-75.

江雪萍，李大伟，2017.农业生产环节外包驱动因素研究——来自广东省的问卷[J].广东
农业科学（1）：176-182.

姜松，曹峥林，刘晗，2016.农业社会化服务对土地适度规模经营影响及比较研究——基
于CHIP微观数据的实证[J].农业技术经济（11）：4-13.

姜长云，2020.论农业生产托管服务发展的四大关系[J].农业经济问题（9）：55-63.

科斯，阿尔钦，诺斯，1994.财产权利与制度变迁[M].刘守英，译.上海：上海人民出版社.

孔祥智，徐珍源，史冰清，2009.当前我国农业社会化服务体系的现状、问题和对策研究
[J].江汉论坛（5）：13-18.

李冰冰，王曙光，2013.社会资本、乡村公共品供给与乡村治理——基于10省17村农户调
查[J].经济科学（3）：61-71.

李丹，周宏，夏秋，2021.农业生产性服务采纳为什么存在结构性失衡？——一个来自环
节风险异质性的探讨[J].财经论丛（4）：3-11.

李谷成，冯中朝，范丽霞，2007.农户家庭经营技术效率与全要素生产率增长分解
（1999—2003年）——基于随机前沿生产函数与来自湖北省农户的微观证据[J].数量经
济技术经济研究（8）：25-34.

李谷成，冯中朝，占绍文，2008.家庭禀赋对农户家庭经营技术效率的影响冲击——基于
湖北省农户的随机前沿生产函数实证[J].统计研究（1）：35-42.

李谷成，李烨阳，周晓时，2018.农业机械化、劳动力转移与农民收入增长——孰因孰果？
[J].中国农村经济（11）：112-127.

李霖，郭红东，2017.产业组织模式对农户种植收入的影响——基于河北省、浙江省蔬菜
种植户的实证分析[J].中国农村经济（9）：62-79.

李霖，王军，郭红东，2019.产业组织模式对农户生产技术效率的影响——以河北省、浙
江省蔬菜种植户为例[J].农业技术经济（7）：40-51.

李明文，王振华，张广胜，2020.农业服务业促进粮食高质量发展了吗——基于272个地
级市面板数据的门槛回归分析[J].农业技术经济（7）：4-16.

李宁，汪险生，王舒娟，等，2019. 自购还是外包：农地确权如何影响农户的农业机械化选择？[J]. 中国农村经济（6）：54-75.

李卫，薛彩霞，姚顺波，等，2017. 保护性耕作技术、种植制度与土地生产率—来自黄土高原农户的证据[J]. 资源科学（7）：1259-1271.

李寅秋，陈超，2011. 细碎化、规模效应与稻农投入产出效率[J]. 华南农业大学学报（社会科学版）（3）：72-78.

李英，张越杰，2013. 基于质量安全视角的稻米生产组织模式选择及其影响因素分析——以吉林省为例[J]. 中国农村经济（5）：68-77.

李忠旭，庄健，2021. 土地托管对农户家庭经济福利的影响——基于非农就业与农业产出的中介效应[J]. 农业技术经济（1）：20-31.

梁志会，张露，张俊飚，2020. 土地转入、地块规模与化肥减量——基于湖北省水稻主产区的实证分析[J]. 中国农村观察（5）：73-92.

梁志会，张露，张俊飚，等，2019. 小农发展气候智慧型农业的效率与成本改进：倡导农地流转还是发展社会服务？[J]. 长江流域资源与环境（5）：1164-1175.

廖文梅，袁若兰，王璐，等，2020. 社会化服务、农地确权对农业生产效率的影响研究[J]. 农业现代化研究（6）：978-987.

廖西元，申红芳，王志刚，2011. 中国特色农业规模经营"三步走"战略——从"生产环节流转"到"经营权流转"再到"承包权流转"[J]. 农业经济问题（12）：15-22.

林俊瑛，2019. 农户生产外包的选择及对生产效率和收入的影响研究[D]. 杭州：浙江大学.

林文声，王志刚，王美阳，2018. 农地确权、要素配置与农业生产效率——基于中国劳动力动态调查的实证分析[J]. 中国农村经济（8）：64-82.

刘波，李娜，彭瑾，等，2016. 环卫服务外包中的正式契约、关系契约与外包效果——以深圳市为例[J]. 公共行政评论（4）：23-44，205-206.

刘家成，徐志刚，钟甫宁，2019. 村庄和谐治理与农户分散生产的集体协调——来自中国水稻种植户生产环节外包的证据[J]. 南京大学学报（哲学人文科学社会科学）（4）：107-118.

刘家成，钟甫宁，徐志刚，等，2019. 劳动分工视角下农户生产环节外包行为异质性与成因[J]. 农业技术经济（7）：4-14.

刘强，杨万江，孟华兵，2017. 农业生产性服务对我国粮食生产成本效率的影响分析——以水稻产业为例[J]. 农业现代化研究（1）：8-14.

刘世定，1999. 嵌入性与关系合同[J]. 社会学研究（4）：77-90.

卢现祥，2003. 西方新制度经济学（第 2 版）[M]. 北京：中国发展出版社.

芦千文，高鸣，2020. 中国农业生产性服务业支持政策的演变轨迹、框架与调整思路[J]. 南京农业大学学报（社会科学版）（5）：142-155.

罗必良，2017. 论服务规模经营——从纵向分工到横向分工及连片专业化[J]. 中国农村经济（11）：2-16.

罗必良，2020. 小农经营、功能转换与策略选择——兼论小农户与现代农业融合发展的

"第三条道路"[J].农业经济问题（1）：29-47.

马九杰，赵将，吴本健，等，2019.提供社会化服务还是流转土地自营：对农机合作社发展转型的案例研究[J].中国软科学（7）：35-46.

马克思，1894.资本论[M].上海：上海三联书店.

马林静，王雅鹏，田云，2014.中国粮食全要素生产率及影响因素的区域分异研究[J].农业现代化研究（4）：385-391.

马歇尔，2005.经济学原理（中译本）[M].北京：华夏出版社.

毛慧，周力，应瑞瑶，2018.风险偏好与农户技术采纳行为分析——基于契约农业视角再考察[J].中国农村经济（4）：74-89.

孟庆国，董玄，孔祥智，2021.嵌入性组织为何存在？供销合作社农业生产托管的案例研究[J].管理世界（2）：165-184，12.

穆娜娜，钟真，孔祥智，2019.交易成本与农业社会化服务模式的选择——基于两家合作社的比较研究[J].农林经济管理学报（3）：366-375.

穆娜娜，周振，孔祥智，2019.农业社会化服务模式的交易成本解释——以山东舜耕合作社为例[J].华中农业大学学报（社会科学版）（3）：50-60，160-161.

潘经韬，陈池波，2018.农机购置补贴对农机作业服务市场发展的影响——基于2004—2013年省级面板数据的实证分析[J].华中农业大学学报（社会科学版）（3）：27-34，153.

庞春，2010.一体化、外包与经济演进：超边际—新兴古典一般均衡分析[J].经济研究（3）：114-128.

朋文欢，黄祖辉，2017.农民专业合作社有助于提高农户收入吗？——基于内生转换模型和合作社服务功能的考察[J].西北农林科技大学学报（社会科学版）（4）：57-66.

彭柳林，池泽新，付江凡，等，2019.劳动力老龄化背景下农机作业服务与农业科技培训对粮食生产的调节效应研究——基于江西省的微观调查数据[J].农业技术经济（9）：91-104.

戚振宇，2019.中国农业产业化组织模式优化研究[D].长春：吉林大学.

恰亚诺夫，1996.农民经济组织[M].北京：中央编译出版局.

邱海兰，唐超，2020.劳动力非农转移对农机外包服务投资影响的异质性分析[J].农林经济管理学报（6）：690-698.

仇童伟，2019.自给服务与外包服务的关联性：对农业纵向分工的一个理论探讨[J].华中农业大学学报（社会科学版）（1）：44-53，164.

仇童伟，罗必良，2018.市场容量、交易密度与农业服务规模决定[J].南方经济（5）：32-47.

仇童伟，罗必良，2020.从经验积累到分工经济：农业规模报酬递增的演变逻辑[J].华中农业大学学报（社会科学版）（6）：9-18，160-161.

申红芳，陈超，廖西元，等，2015.稻农生产环节外包行为分析——基于7省21县的调查[J].中国农村经济（5）：44-57.

申红芳，陈超，王磊，2014. 农技推广组织环境对农技推广人员行为影响的实证分析：基于全国 8 省 24 县的调查数据[J]. 贵州农业科学 (6)：235-240.

史常亮，2018. 土地流转对农户资源配置及收入的影响研究[D]. 北京：中国农业大学.

舒尔茨，1987. 改造传统农业[M]. 北京：商务印书馆.

宋震宇，黄强，陈昭玖，2020. 规模经营、分工深化与农业生产率——基于江西省水稻种植户的经验证据[J]. 湖南农业大学学报（社会科学版）(3)：17-25.

苏卫良，刘承芳，张林秀，2016. 非农就业对农户家庭农业机械化服务影响研究[J]. 农业技术经济 (10)：4-11.

速水佑次郎，神门善久，2005. 发展经济学：从贫困到富裕（第 3 版）[M]. 李周，译. 北京：社会科学文献出版社.

孙顶强，Misgina Asmelash，卢宇桐，等，2019. 作业质量监督、风险偏好与农户生产外包服务需求的环节异质性[J]. 农业技术经济 (4)：4-15.

孙顶强，卢宇桐，田旭，2016. 生产性服务对中国水稻生产技术效率的影响——基于吉、浙、湘、川 4 省微观调查数据的实证分析[J]. 中国农村经济 (8)：70-81.

孙小燕，刘雍，2019. 土地托管能否带动农户绿色生产？[J]. 中国农村经济 (10)：60-80.

佟大建，黄武，应瑞瑶，2018. 基层公共农技推广对农户技术采纳的影响—以水稻科技示范为例[J]. 中国农村观察 (4)：59-73.

王建英，陈志钢，黄祖辉，等，2015. 转型时期土地生产率与农户经营规模关系再考察[J]. 管理世界 (9)：65-81.

王金秋，钱煜昊，王晨，2020. 水稻直播的再出现：简单的复古还是理性的回归[J]. 农业技术经济 (9)：130-142.

王颜齐，史修艺，2019. 组织化内生成本视角下小农户与现代农业衔接问题研究[J]. 中州学刊 (9)：33-40.

王志刚，申红芳，廖西元，2011. 农业规模经营：从生产环节外包开始——以水稻为例[J]. 中国农村经济 (9)：4-12.

王子成，2012. 外出务工、汇款对农户家庭收入的影响——来自中国综合社会调查的证据[J]. 中国农村经济 (4)：4-14.

温日宇，邵林生，姜庆国，等，2019. "增益型、套餐式"农业生产托管下玉米全产业链服务模式在山西的实践与启示[J]. 玉米科学 (5)：186-190.

温忠麟，叶宝娟，2014. 中介效应分析：方法和模型发展[J]. 心理科学进展 (5)：731-745.

翁贞林，徐俊丽，2019. 农机社会化服务与农地转入：来自小规模稻农的实证[J]. 农林经济管理学报 (1)：1-11.

亚当·斯密，1776. 国富论[M]. 北京：商务印书馆.

杨丹，2019. 市场竞争结构、农业社会化服务供给与农户福利改善[J]. 经济学动态 (4)：63-79.

杨进，向春华，张晓波，2019. 中国农业的劳动分工——基于生产服务外包的视角[J]. 华中科技大学学报（社会科学版）(2)：45-55.

杨思雨，蔡海龙，2020. 不同环节农机社会化服务对粮食生产技术效率的影响——以早稻为例[J]. 中国农业大学学报（11）：138-149.

杨万江，李琪，2017. 新型经营主体生产性服务对水稻生产技术效率的影响研究——基于12省1926户农户调研数据[J]. 华中农业大学学报（社会科学版）（5）：12-19，144.

杨小凯，2003. 经济学—新兴古典与新古典框架[M]. 北京：社会科学文献出版社.

杨小凯，黄有光，1999. 专业化与经济组织——一种新兴古典微观经济学框架[M]. 北京：经济科学出版社.

杨宇，李容，吴明凤，2018. 土地细碎化对农户购买农机作业服务的约束路径分析[J]. 农业技术经济（10）：17-25.

杨志海，2019. 生产环节外包改善了农户福利吗？——来自长江流域水稻种植农户的证据[J]. 中国农村经济（4）：73-91.

杨志海，王洁，杨欣，2020. 自给还是外包：小农户如何参与土壤保护？——基于社会资本视角的研究[J]. 中国土地科学（10）：89-98.

杨子，饶芳萍，诸培新，2019. 农业社会化服务对土地规模经营的影响——基于农户土地转入视角的实证分析[J]. 中国农村经济（3）：82-95.

杨子，张建，诸培新，2019. 农业社会化服务能推动小农对接农业现代化吗——基于技术效率视角[J]. 农业技术经济（9）：16-26.

杨宗耀，许永钦，纪月清，2020. 农机作业服务的地块规模经济研究——以江苏省水稻收割为例[J]. 农业现代化研究（5）：793-802.

曾亿武，郭红东，金松青，2018. 电子商务有益于农民增收吗？——来自江苏沭阳的证据[J]. 中国农村经济（2）：49-64.

张琛，黄斌，钟真，2020. 农业社会化服务半径的决定机制：来自四家农民合作社的证据[J]. 改革（12）：121-131.

张凤兵，王会宗，2021. 劳动力返乡、要素配置和农业生产率[J]. 华南农业大学学报（社会科学版）（3）：73-84.

张红宇，2019. 农业生产性服务业的历史机遇[J]. 农业经济问题（6）：4-9.

张理，2007. 应用SPSS软件进行要素密集型产业分类研究[J]. 华东经济管理（8）：55-58.

张露，罗必良，2019. 农业减量化及其路径选择：来自绿能公司的证据[J]. 农村经济（10）：9-21.

张露，罗必良，2021. 规模经济抑或分工经济——来自农业家庭经营绩效的证据[J]. 农业技术经济（2）：4-17.

张士云，李博伟，2020. 种粮大户社会资本、雇佣劳动与生产效率关系研究——基于道德风险的视角[J]. 农业技术经济（4）：66-78.

张学彪，2018. 中国小农户经营规模变迁与生产效率研究[D]. 北京：中国农业科学院.

张忠军，易中懿，2015. 农业生产环节外包对水稻生产率的影响研究——基于358个农户的实证分析[J]. 农业经济问题（10）：69-76.

张忠明，钱文荣，2010. 农户土地经营规模与粮食生产效率关系实证研究[J]. 中国土地科学（8）：52-58.

章仁俊，刘耀祥，2007. 社会资本促进经济增长的机理分析[J]. 商场现代化（35）：170-171.

赵丹丹，周宏，2018. 农户分化背景下种植结构变动研究——来自全国 31 省农村固定观察点的证据[J]. 资源科学（1）：64-73.

赵祥云，2020. 土地托管中的关系治理结构与小农户的组织化——基于西安市 C 区土地托管的分析[J]. 南京农业大学学报（社会科学版）（3）：44-52.

郑旭媛，徐志刚，2017. 资源禀赋约束、要素替代与诱致性技术变迁——以中国粮食生产的机械化为例[J]. 经济学（1）：45-66.

中共中央马克思恩格斯列宁斯大林著作编译局，1995. 马克思恩格斯选集（第 1 卷）[M]. 北京：人民出版社.

钟甫宁，陆五一，徐志刚，2016. 农村劳动力外出务工不利于粮食生产吗？——对农户要素替代与种植结构调整行为及约束条件的解析[J]. 中国农村经济（07）：36-47.

钟真，2019. 社会化服务：新时代中国特色农业现代化的关键——基于理论与政策的梳理[J]. 政治经济学评论（2）：92-109.

钟真，胡珺祎，曹世祥，2020. "路线竞争" 还是 "相得益彰"？——基于山东临沂 12 个村的案例分析[J]. 中国农村经济（10）：52-70.

钟真，王玉迪，2019. 经营规模、契约特征对新型农业经营主体农地整治积极性的影响——基于 5 省 15 县的调查[J]. 中国土地科学（12）：89-98.

周月书，俞靖，2018. 规模农户产业链融资对生产效率的影响研究[J]. 农业技术经济（4）：65-79.

庄丽娟，贺梅英，张杰，2011. 农业生产性服务需求意愿及影响因素分析——以广东省 450 户荔枝生产者的调查为例[J]. 中国农村经济（3）：70-78.

Alexander E R, 2001. A Transaction Cost Theory of Land Use Planning and Development Control: Towards the Institutional Analusis of Public Planning [J]. The Town Planning Review (72): 45-75.

Alzaidi A A, Baig M B, Kassem H S, et al., 2020. The Role of Cooperative Association in Providing the Agricultural Services in the Governorate of Unaizah-Kingdom of Saudi Arabia [J]. The Journal of Agricultural Sciences-Sri Lanka (2): 280-289.

Arndt S W, Kierzkowski H, 2001. Fragmentation: New Production Patterns in the World Economy [M]. London: Oxford University Press.

Arnold U, 2000. New Dimensions of Outsourcing: A Combination of Transaction Cost Economics and the Core Competencies Concept [J]. European Journal of Purchasing and Supply Management (1): 23-29.

Bachke M E, 2019. Do Farmers' Organizations Enhance the Welfare of Smallholders? Findings from the Mozambican national Agricultural Survey [J]. Food Policy (89): 78-96.

Baiyegunhi L J S, Majokweni Z P, Ferrer S R D, 2019. Impact of Outsourced Agricultural

Extension Program on Smallholder Farmers' net Farm Income in Msinga, South Africa [J]. Technology in Society (57): 1-7.

Bellemare M F, 2018. Contract Farming: Opportunity Cost and Trade-Offs [J]. Agricultural Economics (44): 453-478.

Benjamin E O, Sauer J, 2018. The Cost Effectiveness of Payments for Ecosystem Services- Smallholders and Agroforestry in Africa [J]. Land Use Policy (71): 293-302.

Bidzakin J K, Fialor S C, Vitor D A, et al. , 2020. Contract Farming and Rice Production Efficiency in Ghana [J]. Journal of Agribusiness in Developing and Emerging Economies (3): 269-284.

Cattaneo M D, 2010. Efficient Semi-parametric Estimation of Multi-valued Treatment Effects Under Ignorability [J]. Journal of Econometrics (2): 138-154.

Cherukuri R R, Reddy A A, 2014. Producer Organizations in Indian Agriculture their Role in Improving Services and Intermediation [J]. South Asia Research (34): 209-224.

Coase R, 1995. The Nature of the Firm [M]. Macmillan Education UK.

Davis K, 2012. Outsourcing Agricultural Advisory Services: Enhancing Rural Innovation in Sub-Saharan Africa [J]. Journal of Agricultural Education & Extension (3): 303-320.

Egger H, Egger P, 2006. International Outsourcing and the Productivity of Low-skilled Labor in the EU [J]. Public Administration Abstracts (1): 98-108.

Elias A, Nohmi M, Yasunobu K, et al. , 2013. Effect of Agricultural Extension Program on Smallholders' Farm Productivity: Evidence from Three Peasant Associations in the Highlands of Ethiopia [J]. Journal of Agricultural Science (8): 163.

Fan Q, Salas Garcia V B, 2017. Information Access and Smallholder Farmers' Market Participation in Peru [J]. Journal of Agricultural Economics (2): 476-494.

Gebrehiwot K G, 2015. The impact of Agricultural Extension on Households' Welfare in Ethiopia [J]. International Journal of Social Economics (8): 733-748.

Gianessi L P, Reigner N, 2005. Value of Fungicides in US Crop Production [J]. Weed Technology (21): 559-566.

Gillespie J, Nehring R, Sandretto C, et al. , 2010. Forage Outsourcing in the Dairy Sector: The Extent of Use and Impact on Farm Profitability [J]. Agricultural and Resource Economics Review (3): 399-414.

Githiomi C, Muriithib B, Irungu P, et al. , 2019. Economic Analysis of Spillover Effects of an Integrated Pest Management (IPM) Strategy for Suppression of Mango Fruit Fly in Kenya [J]. Food Policy (84): 121-132.

Goe W R, 2002. Factors Associated with the Development of Nonmetropolitan Growth Nodes in Producer Services Industries [J]. Rural Sociology (3) 416-441.

Gorg H, Hanley A, Strobl E, 2004. Outsourcing Foreign Ownership Exporting and Productivity: An Empirical Investigation with Plant Level Data [J]. University of Nottingham Researcher Paper （2）：233-256.

Greenfield H I，1966. Manpower and the Growth of Producer Services [M]. London：Columbia University Press.

Grossman G M，Rossi H E，2008. Trading Tasks：A Simple Theory of Offshoring [J]. American Economic Review （98）：1978-1997.

Grover V，Cheon M J，Teng James T C，1996. The Effect of Service Quality and Partnership on the Outsourcing of Information Systems Functions [J]. Journal of Management Information Systems （4）：89-116.

Harrigan K R，1985. Strategies for Intrafirm Transfers and outside Sourcing [J]. The Academy of Management Journal （4）：914-925.

Heckman J J，1979. Sample Selection Bias Specification Error [J]. Econometrica （1）：153-161.

Kadhim Z R，2018. Perceptions toward Transaction Costs：Aspect of Hiring the Agricultural Machinery Services by Rice Farmers in Iraq [J]. Bulgarian Journal of Agricultural Science （6）：975-982.

Kadhim Z R，2018. Perceptions toward Transaction Costs：Aspect of Hiring the Agricultural Machinery Services by Rice Farmers in Iraq [J]. Bulgarian Journal of Agricultural Science （6）：975-982.

Kakabadse A，Kakabadse N，2000. Sourcing：New Face to Economies of Scale and the Emergence of New Organizational Forms [J]. Knowledge and Process Management （2）：107-118.

Kassie M，Shiferaw B，Muricho G，2011. Author's Personal Copy Agricultural Technology，Crop Income，and Poverty Alleviation in Uganda [J]. Agricultural Economics （9）：133-152.

Keil A，D'souza A，McDonald A，2015. Zero-tillage as a Pathway for Sustainable Wheat Intensification in the Eastern Indo-Gangetic Plains：Does it Work in Farmers' Fields [J]. Food Security （5）：983-1001.

Keil A，D'souza A，McDonald A，2016. Growing the Service Economy for Sustainable Wheat Intensification in the Eastern Indo-Gangetic Plains：Lessons from Custom Hiring Services for Zero-Tillage [J]. Food Security （8）：1011-1028.

Khan M F，Nakano Y，Kurosaki T，2019. Impact of Contract Farming on Land Productivity and Income of Maize and Potato Growers in Pakistan [J]. Food Policy （45）：134-156.

Kleemann L，Thiele R，2015. Rural Welfare Implications of Large-Scale Land Acquisitions in Africa：A Theoretical Framework [J]. Economic Modelling （51）：269-279.

Klein S，Frazier G L，Roth V J，1990. A Transaction Cost Analysis Model of Channel Integration in International Markets [J]. Journal of Marketing Research （2）：196-208.

Krugman P，1994. Does Third World Growth Hurt First World Prosperity [J]. Harvard Business Review（72）：113-121.

Kruseman G，Bade J，1998. Agrarian Policies for Sustainable Land Use：Bio-economic Modelling to Assess the Effectiveness of Policy Instruments［J］. Agricultural Systems（58）：465-481.

Liu Z，Yang D，Wen T，2018. Agricultural Production Mode Transformation and Production Efficiency A Labor Division and Cooperation Lens［J］. China Agricultural Economic Review（1）：160-179.

Lyne M C，Jonas N，Ortmann G F，2017. A Quantitative Assessment of an Outsourced Agricultural Extension Service in the Umzimkhulu District of KwaZulu-Natal，South Africa ［J］. The Journal of agricultural education and extension（44）：56-76.

Machila M，Lyne M，Nuthall P，2015. Assessment of an Outsourced Agricultural Extension Service in the Mutasa District of Zimbabwe［J］. Journal of Agricultural Extension and Rural Development（5）：142-149.

Marshall J N，Damesick P，Wood P，1987. Understanding the Location and Role of Producer Services in the United Kingdom［J］. Environment and Planning（5）：575-595.

Meeusen W，Broeck J V D，1977. Efficiency Estimation from Cobb-Douglas Production Functions with Composed Error［J］. International Economic Review（2）：435-444.

Mfitumukizaa D，Barasab B，Kiggunduc N，2020. Smallholder farmers' Perceived Evaluation of Agricultural Drought Adaptation Technologies used in Uganda：Constraints and Opportunities［J］. Journal of Arid Environments（177）：104-137.

Mi Q，2020. How to Improve the Welfare of Smallholders Through Agricultural Production Outsourcing：Evidence from Cotton Farmers in Xinjiang，Northwest China［J］. Journal of Cleaner Production（120）：63-80.

Mighell R L，Jones L A，1963. Vertical Coordination in Agriculture［R］. USDA，Economic Research Service，Agricultural Economic Report（19）.

Mottaleb K A，Krupnik T J，Erenstein O，2016. Factors Associated with Small-Scale Agricultural Machinery Adoption in Bangladesh：Census Findings［J］. Journal of Rural Studies（46）：155-168.

Oliveira G M，Zylbersztajn D，2018. Make or Buy：the Case of Harvesting Mechanization in Coffee Crop in Brazil［J］. International Food and Agribusiness Management Review（7）：895-913.

Paudela G P，Kca D B，Justice S E，2019. Scale-Appropriate Mechanization Impacts on Productivity Among Smallholders：Evidence from Rice Systems in the Mid-hills of Nepal［J］. Land Use Policy（85）：104-113.

Picazo T A，Reig M E，2006. Outsourcing and efficiency：The Case of Spanish Citrus Farming［J］. Agricultural Economics（3）：213-222.

Popkins S，1979. The Rational Peasant：The Polotical Economu of Peasant Society in

Vietnam [M]. Berkeley: University of California Press.

Postner H H, 1982. Problems of Identifying and Measuring Intermediate (Producer) Services in the Compilation and Use of Input-output Tables [J]. Review of Income and Wealth (2): 217-241.

Quark A A, 2019. Outsourcing Regulatory Decision making: "International" Epistemic Communities, Transnational Firms, and Pesticide Residue Standards in India [J]. Science, Technology, Human Values (1): 3-28.

Ragasa C, Lambrecht I, Kufoalor D S, 2018. Limitations of Contract Farming as a Pro-poor Strategy: The Case of Maize Outgrower Schemes in Upper West Ghana [J]. World Development (102): 30-56.

Reinert K A, 1998. Rural Nonfam Development: a Trad Theoretic View [J]. Journal of International Trade and Economic Development (4): 1-17.

Riera O, Swinnen J, 2016. Household Level Spillover Effects from Biofuels: Evidence from castor in Ethiopia [J]. Food Policy (59): 55-65.

Roumasset J A, 1977. Rice and Risk: Decision-Making Among Low-Income Farmers [J]. The Economic Journal (348): 825-828.

Rubin D B, 1997. Estimating Causal Effects from Large Data Sets using Propensity Scores [J]. Annals of Internal Medicine (8): 757-763.

Sattaka P, Pattaratuma S, Attawipakpaisan G, 2017. Agricultural Extension Services to Foster Production Sustainability for Food and Cultural Security of Glutinous Rice Farmers in Vietnam [J]. Kasetsart Journal of Social Sciences (1): 74-80.

Vernimmen T, Verbeke W, VanHuylenbroeck G, 2000. Transction Cost Analysis of Outsourcing Farm Administration by Belgain Farmers [J]. European Review of Agricultural Economics (27): 325-345.

Wander A E, Zeller M, 2004. Transaction Cost and their Implications to Formation of Contractual Arrangements: Aspects of Machinery Contracting by Family Farmers in Southern Brazil [J]. Quarterly Journal of International Agriculture 41 (4): 317-334.

Williamson, O. E, 1998. Transaction cost economics: how it works; where it is headed [J]. De economist 146: 23-58.

Wolf C A, 2003. Custom Dairy Heifer Grower Industry Characteristics and Contract Terms [J]. Journal of Dairy Science 86 (2): 3016-3022.

Wollnia M, Andersson C, 2014. Spatial Patterns of Organic Agriculture Adoption: Evidence from Honduras [J]. Ecological Economics (97): 120-128.

Wossen F, Addoulaye T, Alene A, et al. , 2017. Impacts of Extension Access and Cooperative Membership on Technology Adoption and Household Welfare [J]. Journal of Rural Studies (54): 223-233.

Yang W, Sharp B, 2017. Spatial Dependence and Determinants of Dairy Farmers' Adoption of

Best Management Practices for Water Protection in New Zealand [J]. Environmental Management (4)：594-603.

Young A A，1928. Increasing Returns and Economic Progress [J]. The Economic Journal (152)：527-542.

附　　录

农业生产性服务主体调查问卷

尊敬的合作社、农业企业、农机大户等服务主体：

感谢您在百忙之中参加东北农业大学经济管理学院课题组开展的关于"农业生产性服务经济效应"的调研，所有内容仅用于学术研究且将严格保密，不涉及任何商业用途，非常感谢您的支持和帮助！

被调查人姓名	调查地点（乡镇、村）		联系方式

A. 服务主体负责人基本情况

1. 负责人年龄：_____；

2. 文化程度：_____（1＝小学及以下；2＝初中；3＝高中或中专；4＝大专、本科及以上）；

3. 是否为党员：_____（1＝是；2＝否）；

4. 是否为村干部：_____（1＝是；2＝否）。

B. 服务主体的基本情况

服务主体名称及成立时间	主体类型	服务模式
名称：	种植作物：_____（1＝玉米；2＝水稻；＝3 大豆；4＝小麦；5＝经济作物）	
(1) 自营土地规模：_____亩； (2) 对外服务规模：_____亩； (3) 2019 年主营业务收入：_____万元/年； (4) 农业生产服务业经营收入：_____万元/年； (5) 主营业务：_____（1＝粮食种植；2＝农资销售；3＝粮食收购；4＝农机服务；5＝农产品加工销售；6＝其他）； (6) 成立以来累计生产性投资额：_____万元	(1) 服务供给情况：您提供以下哪些农机服务：_____（1＝耕整地；2＝插秧；3＝施肥；4＝植保；5＝收割；6＝全托管）； (2) 您提供以下哪些农业技术服务：_____（1 ＝ 深松；2＝免耕；3＝秸秆还田；4＝测土配方；5＝增施有机肥；6＝其他)	服务模式：_____[1＝政府购买服务模式；2＝市场化服务模式；3＝村社合一服务模式；4＝合作社＋农户；5＝龙头企业＋（基地、合作社、园区）＋农户；6＝土地托管模式；7＝其他模式]

1. 服务主体拥有农业机械包括：＿＿＿＿＿＿＿＿＿＿＿＿＿（1＝拖拉机；2＝烘干机；3＝农用运输车；4＝农用水泵；5＝农业排灌动力机械；6＝耕整机；7＝播种机；8＝育秧机；9＝插秧机；10＝拉苗机；11＝联合收割机；12＝大中型拖拉机及配套工具）；

2. 家庭农机总价值为＿＿＿＿＿＿＿＿＿＿＿万元；

3. 农机资金来源：＿＿＿＿＿＿（1＝个人出资；2＝银行借款；3＝亲朋借款；4＝高利贷；5＝合作社集资；6＝其他）；

C. 对外服务内容

1. 服务环节：＿＿＿＿＿＿（1＝单环节；2＝多环节；3＝全程托管）；

2. 服务内容

环节	内容可多选划√			
产前	农资供应			
产中	耕整地	育秧	插秧	施肥
	灌溉	病虫害防治	收割	
产后	销售（订单）	加工	冷库、检测	
综合	农业技术服务	农业信息服务	信贷服务	

3. 对外服务面积（提供哪个环节的服务就填写哪个环节的对外服务面积）

服务	2019年耕地面积（亩）	服务价格（元/亩）	最大服务能力（亩）
耕整地			
育秧			
插秧			
病虫害防治			
收割			
全托管			

4. 您为多少农户提供农资供应服务：＿＿＿＿＿＿户或＿＿＿＿＿＿亩；

5. 农资供应价格是否有优惠：＿＿＿＿＿＿（1＝是；2＝否）；

6. 您为多少农户提供农业技术服务：＿＿＿＿＿＿户或＿＿＿＿＿＿亩；

7. 技术服务价格是否有优惠：＿＿＿＿＿＿（1＝是；2＝否）；

8. 是否免费提供农业技术指导培训：＿＿＿＿＿＿（1＝是；2＝否）；

9. 您为多少农户提供订单销售服务：＿＿＿＿＿＿户或＿＿＿＿＿＿亩；

10. 收购农户粮食的利益分配：＿＿＿＿＿＿（1＝随行就市；2＝固定价格；

3＝最低保护价；4＝比市场价格高一点）；

11. 您为多少农户提供水稻深加工服务：_____户或_____亩；

12. 作为您的合作社社员，能享受到合作社分红吗：_____ （1＝可以；2＝不可以）；

13. 合作社年底分红形式：_____ （1＝固定分红；2＝保底收益＋分红；3＝其他）。

D. 服务主体收益情况

年份	是否获得农业服务补贴（1＝是；2＝否）	农业服务补贴（元/亩）	农业技术补贴（元/亩）（免耕、秸秆还田、深松等）	服务地块产出（斤/亩）
2019				

E. 服务方式

1. 您为农户提供服务费用的支付形式：_____ （1＝现金；2＝实物抵扣；3＝互相帮忙；4＝其他）；

2. 服务收费方式：_____ （1＝按环节给农民收费；2＝按种植季给农民收费；3＝年底统一收费）；

3. 服务利益联结方式：_____ （1＝收益联结；2＝人情联结；3＝股份联结；4＝组织联结；5＝产业联结）；

4. 服务风险共担机制：_____ （1＝服务主体不承担任何风险；2＝承担产量保底风险；3＝共担各种风险）；

5. 为农户提供服务有没有书面合同：_____ （1＝有；2＝无）；

6. 服务合同签订年限：_____年；

7. 您为农户提供服务是否有第三方中介（村集体、合作社等）介入：_____ （1＝是；2＝否），若是，中介费：_____元/亩；

8. 服务后每个环节质量验收方式：_____ （1＝第三方机构负责验收；2＝服务交易双方联合验收；3＝政府负责验收；4＝无需验收）；

9. 为农户提供服务形成以下哪种利益联结方式：_____ （1＝服务价格优惠；2＝集中采购农资降价幅度；3＝免费提供技术、脱粒等服务；4＝通过村集体对接农户；5＝通过签订协议建立稳定合作关系；6＝给农户补贴；7＝其他）；

10. 您提供各种服务为农户让利占服务经营利润的_____％，

您提供服务促使农户农业经营总成本降低约_____元/亩，

服务促使农户粮食产量增加＿＿＿＿＿斤/亩，促使农户农业收入增加＿＿＿＿＿元/亩；

11. 您为农户提供服务属于：＿＿＿＿＿（1＝政府主导的服务供给；0＝市场主导的服务供给）；

12. 通过几家农户联合与您确定服务交易的面积：＿＿＿＿＿亩；

13. 服务小农户面积占总面积比重：＿＿＿＿＿，服务大农户比重：＿＿＿＿＿；

14. 您提供农业服务范围：＿＿＿＿＿（1＝本村村内；2＝村外乡镇内；3＝乡镇外县内；4＝县外省内；5＝省外）。

F. 全程托管收益分配（未能提供托管、代耕服务者不用填写此部分）

1. 有没有最低产量保证：＿＿＿＿＿（1＝有；0＝无）；

2. 托管最低产量为＿＿＿＿＿斤/亩；托管最高产量为＿＿＿＿＿斤/亩；

3. 托管期间农户是否会监督作业质量：＿＿＿＿＿（1＝有；0＝无）；

4. 托管费用为＿＿＿＿＿元/亩；

5. 托管分成方式：＿＿＿＿＿（1＝按总产量分成；2＝按总收益分成；3＝仅分成）；

6. 如何收取托管费：＿＿＿＿＿（1＝仅固定服务费；2＝固定服务费＋分成；3＝仅分成）；

7. 托管分成比例为＿＿＿＿＿%，托管协议的期限为＿＿＿＿＿年；

8. 托管契约签订：＿＿＿＿＿（1＝口头契约；2＝双方书面契约；3＝三方书面契约）；

9. 粮食产量的确定方式：＿＿＿＿＿（1＝双方同时在场；2＝托管方收获称量）；

10. 全托管服务对象：大户占比＿＿＿＿＿%；小户占比＿＿＿＿＿%；

11. 全托管过程中搜寻农户、与农户谈判、契约签订成本高吗：＿＿＿＿＿（1＝很高；2＝比较高；3＝一般；4＝比较低；5＝很低）。

G. 服务主体未来打算

1. 您对未来提供农业生产性服务的基本设想是：＿＿＿＿＿（1＝扩大规模；2＝维持现状；3＝缩小规模；4＝自主经营，顺带提供一点服务）；

2. 您对提供服务获取收入满意吗：＿＿＿＿＿（1＝非常满意；2＝比较满意；3＝一般；4＝不太满意；5＝很不满意）；

3. 您如何保证为他人提供服务的质量呢？

＿＿＿＿＿＿＿＿＿＿＿＿＿＿＿＿＿＿＿＿＿＿＿＿＿＿＿＿＿＿＿＿＿＿；

4. 您认为为周边农户提供服务存在哪些制约因素：＿＿＿＿＿（1＝地块细

碎；2＝与农户交易谈判成本高；3＝与农户信任机制不健全；4＝其他）；

5. 您认为怎样能形成持续长久的服务交易关系：_____（1＝签订合同；2＝降价优惠；3＝通过第三方中介组织介入；4＝其他）；

6. 您希望政府或国家解决什么问题？

农业生产性服务应用的调研问卷（农户）

尊敬的农户：

您好，我们是东北农业大学经济管理学院的研究生，感谢您接受我们的访谈，所有内容仅用于学术研究且将严格保密，不涉及任何商业用途。您的个人资料不会以任何形式在任何地方出现，非常感谢您的支持和帮助！

问卷代码：_____

被调查农户姓名：_____电话号码：_____

农村所在地：_____省_____市_____县_____镇_____村

种植规模：_____亩（其中，水稻_____亩、玉米_____亩、大豆_____亩）；

农户类型：_____（1＝普通农户；2＝种粮大户；3＝农机大户；4＝农民专业合作社；5＝家庭农场；6＝农业企业）

A. 户主及家庭基本情况

1. 您的年龄：_____；

2. 文化程度：_____（1＝小学及以下；2＝初中；3＝高中或中专；4＝大专、本科及以上）；

3. 是否为党员：_____（1＝是；2＝否）；

4. 2020年，您是否外出务工：_____（1＝是；2＝否）（回答否就不用回答5、6）；

5. 外出务工收入：_____元/年；

6. 外出务工时间：_____（1＝全年在外；2＝半年在外；3＝几个月在外；4＝很少在外）；

7. 家里总人数（按户籍）有_____人；其中，务农劳动力：_____人；外出务工（连续6个月以上在外）：_____人；女性劳动力：_____人；55岁以上劳动力_____人；

8. 您家农业机械有哪些：_____（1＝拖拉机；2＝烘干机；3＝农用运输车；4＝农用水泵；5＝农业排灌动力机械；6＝耕整机；7＝播种机；8＝育秧机；9＝插秧机；10＝拉苗机；11＝收割机）；

9. 家庭农机总价值为_____万元；

10. 您家是否从银行、农村信用社等正规机构进行借贷：_____（1＝是；2＝否）；

11. 您是否每年参加农业技术培训：_____（1＝是；2＝否）；

村庄农业技术培训都是由谁举办的：_____（1＝合作社；2＝企业；3＝村集体或农技推广中心；4＝农资供应商；5＝其他）；

12. 您家过年拜访的亲戚朋友有_____人；

13. 您和邻居朋友交流互动程度频繁吗：_____（1＝没有；2＝很少；3＝一般；4＝较多；5＝非常多）；

14. 您手机联系人有_____人；

15. 您家种植水稻有_____年；

16. 您家种地是否施用有机肥或者农家肥：_____（1＝是；2＝否）；

17. 您家种地是否进行过机井、灌溉设施的投资：_____（1＝是；2＝否）；

18. 您对农民专业合作社的了解程度：_____（1＝完全不了解；2＝比较不了解；3＝一般；4＝比较了解；5＝十分了解）；

19. 您是否参加农民专业合作社：_____（1＝是；2＝否）；

（1）若是，参加合作社能否提升您的农业经营收益：_____（1＝可以；2＝不可以）；

（2）参加合作社能为您提供哪些福利：_____（1＝农资供应服务；2＝农业技术服务；3＝农机服务；4＝销售服务；5＝加工服务；6＝降低农业经营成本；7＝保证农产品质量）；

（3）您作为社员，是否享受合作社年底分红：_____（1＝是；2＝否）；

（4）您参加的合作社是否具有独立加工的能力：_____（1＝是；2＝否）；

20. 您家粮食销售主要渠道：_____（1＝粮贩收购；2＝合作社收购；3＝企业收购；4＝其他）；

21. 您家粮食销售是否通过订单销售：_____（1＝是；2＝否）；

（1）若是，您与谁签订的订单：_____（1＝农民专业合作社；2＝农业企业；3＝其他）；

（2）若是，通过订单销售，您还能享受到什么其他福利：_____（1＝统一供应农资；2＝统一提供农业技术服务；3＝统一提供农机服务；4＝协助进行田间管理；5＝降低农资供应价格或者服务价格；6＝提供免费脱粒、打药等服务；6＝给补助；7＝享受分红；8＝其他）；

（3）您签订订单是否通过第三方组织介入（村集体或企业等）：_____

（1＝是；2＝否）；

22. 您和服务主体签订订单的价格：＿＿＿＿＿＿（未签订单不用回答）（1＝随行就市；2＝固定价格；3＝最低保护价；4＝比市场价格高一点；5＝保底＋分红）；

23. 您与服务主体（签订单或托管）之间的风险共担机制：＿＿＿＿＿＿（未签订单或托管不用回答）（1＝服务主体不承担任何风险；2＝服务主体承担产量保底风险；3＝双方共担各种风险）；

24. 您采纳以下哪些保护性耕作技术：＿＿＿＿＿＿（1＝免耕；2＝秸秆还田；3＝测土配方；4＝增施有机肥或农家肥；5＝轮作；6＝深松；7＝不采纳）；

若采纳保护性耕作技术，谁为您提供的：＿＿＿＿＿＿（1＝农机大户；2＝农民专业合作社；3＝亲戚朋友；4＝村集体或者政府；5＝农业企业；6＝自己）；

25. 您很容易获取到农业技术服务吗（比如秸秆还田、深松、免耕、增施有机肥）：＿＿＿＿＿＿（1＝很容易；2＝一般；3＝不容易获得）；

26. 村里的合作社或者农业企业会为您统一进行农资（农药、化肥、种子）供应吗：＿＿＿＿＿＿（1＝是；2＝否）；

27. 您收获的水稻会进一步进行深加工再售卖吗：＿＿＿＿＿＿（1＝是；2＝否）；

若是，深加工成本＿＿＿＿＿＿元/斤；

28. 您认为近几年农药、化肥价格波动大吗：＿＿＿＿＿＿（1＝基本无波动；2＝波动较小；3＝波动一般；4＝波动较大；5＝波动很大）；

29. 您施用农药化肥的依据是：＿＿＿＿＿＿（1＝凭自己经验；2＝合作社指导；3＝农业企业指导；4＝其他）；

30. 您认为近年自然灾害对您的冲击大吗：＿＿＿＿＿＿（1＝很大；2＝一般；3＝没有）；

31. 您最需要以下哪几种服务？（选择 2～3 种）：＿＿＿＿＿＿（1＝农资采购服务；2＝农机服务；3＝农业技术服务；4＝销售服务；5＝信贷服务；6＝农产品价格信息服务；7＝全托管服务；8＝深加工服务；9＝保险服务）；

32. 您获取农业政策信息渠道有哪几种：＿＿＿＿＿＿（1＝政府部门或村集体；2＝电视、手机、电脑；3＝农业专业合作社或企业；4＝亲朋好友；5＝没有）

33. 您采纳的服务交易模式为：＿＿＿＿＿＿［1＝市场化服务模式；2＝合作化服务模式（采纳合作社提供的服务）；3＝全托管服务模式；4＝产业化服务模式（采纳农业企业提供的服务）；5＝几家联合互帮互助提供服务］；

34. 假设有个新的水稻品种，品种价格与您家目前用的价格一样，一半可能使现在的产量翻倍，另一半可能会减产 1/3，您会不会试着种一些：

_____ （1＝会；2＝不会）；

35. 假如有个粮食加工企业有意愿与您签合同收购您家的新粮，价格与您上年新粮卖的价格一样，您会考虑签约吗：_____ （1＝会；2＝不会）；

36. 您家在进行打药时候，农药用量与要求的相比高点还是低点：_____ （1＝会高点；2＝会低点）；

37. 您种植水稻目的：_____ （1＝自给自足；2＝少部分销售；3＝大部分销售）；

38. 您采纳以下哪种水稻作物种植技术：_____ （1＝秸秆还田技术；2＝覆膜插秧技术；3＝水稻直播技术；4＝测土配方施肥技术；5＝增施有机肥技术；6＝病虫害防治技术；7＝其他）。

B. 您对村庄环境评价

1. 您对所在村水利设施的满意度：_____ （1＝不满意；2＝不太满意；3＝一般；4＝比较满意；5＝非常满意）；

2. 您认为村庄交通条件怎样：_____ （1＝非常差；2＝比较差；3＝一般；4＝比较好；5＝非常好）；

3. 您所在村是否有提供以下服务（提供打√）

农资统一供应	农机服务	劳务服务	订单收购	农业技术指导	水稻深加工	农业托管服务

4. 您所在村到乡镇的距离：_____千米；

5. 您所在村水田平均租金_____元/晌①；

您所在村是否有农民专业合作社：_____ （1＝是；2＝否），合作社：_____个	
您所在村是否有农业企业：_____ （1＝是；2＝否），农业企业：_____个	
您所在村是否有加工厂、产业园：_____ （1＝是；2＝否）	
您所在村土地流转面积占比：_____	1＝0～10%；2＝11%～30%；3＝31%～50%；4＝51%～80%；5＝81%～100%
您所在村外出务工人数占比：_____	

_____

① 1晌＝1公顷＝15小亩＝10大亩，本书提到的亩均为大亩。

附　　录

C. 土地流转情况

1. 您家耕地总面积：_____响	2. 您家土地流转情况：_____（1＝转入；2＝转出；3＝未流转）
3. 转入或转出面积：_____响	4. 土地流转租金：_____元/响
5. 土地流转签订合同形式：_____（大多数情况）（1＝不签订；2＝口头合同；3＝书面合同）	6. 土地流转时间期限：_____（大多数情况）（1＝1年以下；2＝1～5年；3＝6～10年；4＝10年以上）
7. 您承包的耕地是否确权颁证：_____（1＝是；2＝否）	8. 您承包的耕地质量大约为：_____（1＝好；2＝一般；3＝不好）
9. 地块数量：_____块；	10. 您是否将土地入股或资金入股合作社：_____（1＝是；2＝否）
11. 您的土地从哪流转过来的：_____（1＝亲人或朋友；2＝本村不熟悉的农户；3＝外来农户；4＝都有）	

D1. 农业投资情况（以水稻为主）

年份	雇工成本	种子支出	化肥费用支出	农药费用支出	自家农业机械（油费及修理）	机械雇佣费（雇佣插秧机和收割机）	粮食产出	粮食售价
	元/响	元/响	元/响	元/响	元/年	元/响	斤/响	元/斤
2019								

农业雇工（育秧）价格：_____元·天·人；农业雇工（补苗）价格：_____元·天·人；

农业雇工（挑苗）价格：_____元·天·人；

注：未进行农业雇工不需要填雇工价格。

D2. 家庭收入情况

年份	家庭总收入（元/年）	家庭非农收入（元/年）	农业补贴收入（粮补＋地补）（元/公顷）	农业经营总成本（不包括地租）（元/公顷）
2019				

E. 农户认知

1. 您认为通过采纳农业生产性服务完成农业生产有风险吗：_____（1＝完全有风险；2＝比较有风险；3＝一般；4＝较少风险；5＝完全没有风险）；

2. 您对为您提供农机、插秧的服务主体信任吗：_____（1＝十分信任；2＝比较信任；3＝一般；4＝不太信任；5＝完全不信任）；

3. 您会通过关注手机上农业社会化服务平台公众号等了解农业信息或者农业新技术吗：_____（1＝是；2＝否）；

4. 您采纳农业生产性服务完成农业生产有_____年了；

5. 假如您已经购买专业病虫害防治服务，您是否会去现场看服务方如何打药，打什么药呢：_____（1＝全程都在；2＝经常过去；3＝偶尔过去；4＝不去现场，完全不管）；

6. 您认为自己承包的耕地归谁所有：_____（1＝国家；2＝县乡政府；3＝村民小组集体；4＝农民自己）；

7. 您认为承包的农村土地是否可以抵押贷款：_____（1＝是；2＝否）；

8. 您是否在部分农业生产环节转由专业服务组织协助完成：_____（1＝是；2＝否）（填1，无需回答第8题；填2，无需回答F1后问题）（注：比如雇佣劳动力或者农机插秧、雇佣机械收割、雇无人机植保等）；

9. 未采纳农业生产性服务的原因：_____（1＝雇佣服务获取难；2＝雇佣质量难以监督；3＝雇佣价格过高；4＝自己能干不需要雇佣；5＝雇佣市场交易不规范，容易产生利益纠纷；6＝互帮互助完成）

F1. 农业生产性服务采纳行为（未采纳服务的农户不需回答以下题目）

最主要种植品种的服务环节	以下哪些环节您选择由外部服务主体完成（打√）	服务面积（亩）	服务价格（元/晌）或（元·天·人）	服务信息来源（代码1）	选择谁来完成（代码2）	如何联系到服务主体的（代码3）	需要提前几天预约这一环节服务吗（代码4）
育秧							
耕整地							
插秧							

（续）

最主要种植品种的服务环节	以下哪些环节您选择由外部服务主体完成（打√）	服务面积（亩）	服务价格（元/晌）或（元·天·人）	服务信息来源（代码1）	选择谁来完成（代码2）	如何联系到服务主体的（代码3）	需要提前几天预约这一环节服务吗（代码4）
施肥							
病虫害防治							
收割							
全托管							

注：代码1：1＝未接触；2＝亲友邻居；3＝专业协会或合作社；4＝政府部门；5＝手机互联网；6＝外村的人。代码2：1＝农机大户；2＝合作社；3＝劳动力市场；4＝周边亲戚朋友；5＝其他。代码3：1＝自己去找；2＝几家农户联合去找；3＝村干部牵头去找；4＝服务主体主动找我。代码4：1＝需要；2＝不需要。

F2. 农业服务交易方式

1. 您对服务作业质量满意吗：＿＿＿＿＿＿＿（1＝非常满意；2＝比较满意；3＝一般满意；4＝不太满意；5＝很不满意）；

2. 当服务主体干活的时候，您是否要下田监督或者观望：＿＿＿＿＿＿（1＝是；2＝否）；

3. 服务报酬支付形式：＿＿＿＿＿＿＿（1＝现金；2＝粮食；3＝请客吃饭；4＝送礼物；5＝互相帮忙）；

4. 您进行服务交易是否签订正式协议：＿＿＿＿＿＿＿（1＝是；2＝否）（选择2不需回答5、6题）；

5. 正式协议年限：＿＿＿＿＿＿＿月；

6. 正式协议形式：＿＿＿＿＿＿＿[1＝口头；2＝双方书面协议；3＝三方书面协议（第三方如村集体、政府或企业介入）]；

7. 服务交易结束后每个环节验收方式：＿＿＿＿＿＿＿（1＝第三方机构负责验收；2＝服务交易双方联合验收；3＝政府负责验收；4＝无需验收）；

8. 您与服务主体对接是否通过第三方介入（村集体或企业等）：＿＿＿＿＿＿＿（1＝是；2＝否）；

9. 您和服务主体是否发生过服务交易纠纷：＿＿＿＿＿＿＿（1＝是；2＝否）；

10. 问题（右侧打√）	完全不同意	不太同意	一般	比较同意	非常同意
在您采纳服务前，您是要花很多时间来寻找有关服务作业价格等市场相关信息吗？	1	2	3	4	5
您对农业新技术和订单收购等相关服务信息了解吗？	1	2	3	4	5

（续）

10. 问题（右侧打√）	完全不同意	不太同意	一般	比较同意	非常同意
在您采纳服务之前，您会去打听周边农户采纳服务的情况吗？	1	2	3	4	5
您认为市场服务价格是否公平合理？	1	2	3	4	5
您是要花费一些时间和精力来制定雇佣服务主体作业的具体要求吗？	1	2	3	4	5
在服务交易结束后，您会花时间专门验收服务成果吗？	1	2	3	4	5
您会通过签订合同来约束服务方的偷懒行为？	1	2	3	4	5
您会花一些时间来监督服务方提供的服务吗？	1	2	3	4	5
您会与服务方交流确保为您提供的技术支持和信息帮助等是否完全吗？	1	2	3	4	5

后　记

白驹过隙，时光荏苒。从大学到博士，已然十载。博士生活给我留下满满的回忆，奋斗岁月历历在目，心情激动，倍感充实。博士生涯即将告一段落，画上一个小小的句号并开启新的征程。一时之间，心中感慨万千，充满对学生生涯的不舍，千言万语难表心中的感激之情。

首先，衷心感谢我的导师——张永强老师。本书是在导师悉心指导下完成的，从书稿的选题、调研、写作到定稿都得到导师的指导和帮助，在导师的培养下，我由一张茫然的"学术白纸"逐渐转变为具备一定科研能力的博士生。在这几年里，在导师的谆谆教诲之下、耳濡目染之中，不仅教会了我做科研的思路和方法、做学术严谨的态度，更教会了我待人处事的世界观和格局。感谢导师为我提供难能可贵的学习交流平台让我不断成长，感谢导师在我生病之时为我介绍最好的医生，感谢导师总是无条件信任我，给我很多锻炼的机会。虽然我总是犯错误，导师也十分宽容地原谅我。感谢您带我走进学术研究的殿堂，让我成为一名更有价值的人，感谢您给予我殷切的关怀和耐心的指导，让我深切体会到了什么叫做"学高为师、身正为范"，师恩难忘，永记于心！我的导师在学术上的孜孜不倦、求真务实，在生活上的温厚谦逊、知行合一，在做事上的高瞻远瞩、心胸开阔，永远是我学习的榜样！

其次，感谢张启文、郭翔宇、李翠霞、刘畅、余志刚、赵建、杨辉、王洋、王刚毅、张亚娟等老师对我书稿的指导点拨；感谢刘秀云、李大为、卢达和张有望等老师在平日里的支持帮助；感谢我的同门兄弟姐妹：马桂芳师妹、牛佳宸师弟、杨洁师妹、严远荣师妹、常金鑫师妹、吴广昊师弟、王博师弟、张琢师妹、付小钊师妹、董全瑶师妹、唐晨宇师妹、彭瑞娜师妹、阿萨帝师兄、Gerelee 师姐等对我平日里的帮助，对我的包容理解，对我的信任与支持。有你们在，让我的博士生涯充满欢声笑语；有你们陪伴，让我体会到家人的温暖；有你们的帮助，让我充满了力量。每一次聚会都让我的心灵得以放松，每一次讨论都让我受益匪浅，弟弟妹妹们对我的爱我会铭记心中，很庆幸与大家相遇相伴，一路同行！此外，我还要感谢已经毕业的蒲晨曦师妹、王珧师妹、王荣师妹、彭有幸师妹，我们始终是无话不谈的好姐妹，真心感恩与你们相遇。还要感谢在我平日书稿撰写中给予耐心指导的单宇师兄、高延雷师兄、张晓飞和周宁，感谢师门大家庭对我的倾力相助。

最后，我要感谢我的父母和家人，20多年含辛茹苦的养育之恩，感谢你们为我创造良好的生活条件，让我安心求学。感谢父亲对我的严格要求，让我在跌跌撞撞的人生路上学会坚强勇敢，不放弃。感谢母亲一直以来对我的鼓励支持，父母永远是支撑我勇敢前行的不竭动力。感谢小戈一直以来的宽容理解，默默陪伴。感谢我的家人们，是你们给了我人世间最美好的爱和最温暖的港湾，让我成为始终不忘初心、不负光阴、充满活力、乐观向上的赶路人。

图书在版编目（CIP）数据

农业生产性服务对农户生产效率的影响及对策研究 /
田媛，张永强著 . —北京：中国农业出版社，2023.12
ISBN 978-7-109-31630-0

Ⅰ.①农… Ⅱ.①田… ②张… Ⅲ.①农业生产—生
产服务—影响—农村生产—生产效率—研究—中国 Ⅳ.
①F323.5

中国国家版本馆 CIP 数据核字（2024）第 018478 号

中国农业出版社出版

地址：北京市朝阳区麦子店街 18 号楼
邮编：100125
责任编辑：姚　佳　　文字编辑：王佳欣
版式设计：杨　婧　　责任校对：张雯婷
印刷：三河市国英印务有限公司
版次：2023 年 12 月第 1 版
印次：2023 年 12 月河北第 1 次印刷
发行：新华书店北京发行所
开本：720mm×960mm　1/16
印张：12.25
字数：233 千字
定价：88.00 元